中国文化形态

一本通

ZHONG GUO WEN HUA XING TAI YI BEN TONG

何正波 ● 编著

一册在手，纵览中华五千年历史文化

北方联合出版传媒（集团）股份有限公司
万卷出版公司

© 何正波 2021

图书在版编目(CIP)数据

中国文化形态一本通 / 何正波编著. -- 沈阳：万
卷出版公司，2021.3
ISBN 978-7-5470-5573-1

Ⅰ．①中… Ⅱ．①何… Ⅲ．①文化研究-中国 Ⅳ.
①G12

中国版本图书馆 CIP 数据核字（2021）第 000224 号

出版发行：北方联合出版传媒(集团)股份有限公司
　　　　　万卷出版公司
　　　　　（地址:沈阳市和平区十一纬路 25 号　邮编:110003）
印　刷　者：长沙市精宏印务有限公司
经　销　者：全国新华书店
开本尺寸：170mm×240mm
字　　数：290 千字
印　　张：19
出版时间：2021 年 3 月第 1 版
印刷时间：2021 年 3 月第 1 次印刷
责任编辑：张冬梅
责任校对：高　辉
策　　划：张立云
装帧设计：潇湘悦读
ISBN 978-7-5470-5573-1
定　　价：98.00 元
联系电话：024-23284090
传　　真：024-23284448

目 录

前　言
我的文化形态观

一

形态，即形式或状态，是指事物存在的样貌，或在一定条件下的表现形式。"形态"是可以把握、可以感知的。

文化形态是指文化的表现形式。按时间划分，有原始文化、中世纪文化、现代文化、当代文化等；按性质划分，有传统文化和现代文化、资本主义文化和社会主义文化等；按地域来分，有世界文化和民族文化、中国文化和西方文化等。

近代以来，国外兴起了一种从文化形态的角度来研究历史的方法和理论，即文化形态史观。最早提出这一理论的是德国历史学家奥斯瓦尔德·施本格勒（1880—1936 年）。在他的《西方的没落》一书中认为，世界上有 8 种自成体系的文化，它们是埃及文化、巴比伦文化、印度文化、中国文化、希腊罗马的古典文化、墨西哥的玛雅文化、西亚和北非的伊斯兰教文化、西欧文化。每种文化最初都是以青春的活力蓬勃兴起，在其出生的地方茁壮成长，繁荣茂盛，然后枯萎凋谢，完成生命的周期。后来英国历史学家阿诺德·汤因比（1889—1975 年）发展了这一观点。在《历史研究》一书中，汤因比认为

◎《西方的没落》

◎《历史研究》

历史上曾经有过26种"文明"。文明与文化是两个既有区别又有联系的概念,在这里我等同使用。

那么,与"形态"相对的概念是什么呢?由于"精神"往往和"物质"对应,如物质文明与精神文明,所以我选择"理念"与"形态"对应。也就是说,文化形态强调的是文化的外在表现形式,而文化理念强调的是不同文化形态所蕴含的内在思想理念、精神观念等。如中华优秀传统文化就蕴含着天下为公、大同世界,自强不息、厚德载物,革故鼎新、与时俱进、脚踏实地、实事求是等丰富的哲学思想、人文精神和道德理念等。

本书讲述的重点是文化形态而不是文化理念。形态是浅层的、外在的,理念是深层的、内在的。这正是作者作为一个文化草根为什么能够胜任"中国传统文化形态研究"这一重大课题的主要原因。因为这个课题并不难,只是需要足够的时间。对作者来说,从2009—2019年,至少花了10年的业余时间,才基本完成这一课题。

二

本书的编著,有以下几个前提。

一是采用广义文化观。文化有广义和狭义之分。广义的文化,指的是人类改造客观世界过程中创造的物质成果和精神成果的总和;狭义的文化,则是指人类改造客观世界过程中创造的精神成果。本书采用的是广义文化观。

二是从时间上来说,本书阐述的是中国传统文化。大家知道,中华文化主要包括博大精深的中华优秀传统文化、党领导人民创造的激昂向上的革命文化和生机勃勃的社会主义先进文化。这实际上也是一种关于文化形态的表述,也就是说,中华文化是由中华优秀传统文化、革命文化和社会主义先进文化3种形态组成的。本书只是对中华优秀传统文化形态作进一步细分。

三是本书是采用逻辑标准来细分中国传统文化形态的。前面讲了,文化形态可以从不同的角度和标准来划分。如按时间划分,我们可以把中国传统文化形态细分为周秦文化、秦汉文化……一直排到清代文化;按地域划分,可以细分为山东的齐鲁文化、四川的巴蜀文化、湖南的湖湘文化,等等。不同的地域有不同的文化。当然,还可以从物质文化和非物质文化的标准来划分。本书主要是从逻辑的标准来进行划分。所谓文化的逻辑形态,是基于一种文化区别于另一种文化的内在属性。如天文和地理,音乐和美术,都各有其不同的内在属性,也就是属于不同的文化。

三

人们常说中国地大物博,历史悠久,文化灿烂。的确,中国有960万平方公里陆地面积,约470万平方公里海域面积,是世界上国土面积第三大的国家。同时,中国历史源远流长,旷古悠久,如果自黄帝时期算起,至今已有约5000年的历史了,是世界四大文明古国之一。然而,中国文化何以灿烂?或者用文化形态学的观点来看,就是中国文化到底有哪些不同形态?

关于中国文化形态研究问题,2017年是一个特别的年份。年初,由南京大学丁帆教授倡议,内地及香港特区知名高校的近30位教授、学者共同撰写的通识读物《中国文化二十四品》正式出版发行。丛书分24个主题,全

◎《中国文化二十四品》

面、系统地阐述了中国古代哲学、传统宗教、伦理道德、科学技术、古典文学、传统艺术、工艺美术、史学、教育等优秀传统文化内容。紧接着，由北京大学哲学系教授干春松、南开大学教授张晓芒共同主编、40多位专家参与编纂的《中国文化常识》出版（后来增加到3册），详细介绍了中国传统文化的相关知识，包括思想、艺术、文学、日常生活、传说故事、典章制度等各个方面。年末，由山东大学传统文化研究所所长、博士生导师、二级教授马新担任主编，全国10余所高校及科研机构的20余名中青年学者共同完成的《中国文化四季》系列丛书由山东大学出版社出版面世。丛书共分为4组16个专题，分门别类地叙述了中国传统文化的基本知识，全面立体地展现了中国传统文化的魅力风采。

其实，至少从20世纪80年代以来，很多专家学者就在有意或无意地探讨这个问题。从出版的著作来看，主要分为四类：

（一）辞书类

《中国文化史三百题》：上海古籍出版社出版，1987年；

《中国文化史词典》：杨金鼎主编，浙江古籍出版社出版，1986年。

（二）丛书类

《中国文化四季》系列丛书：山东大学出版社出版，共16册，2017年；

《中国文化二十四品》系列丛书：江苏人民出版社出版，共24册，2017年；

《中国文化史知识丛书》：任继愈教授主编，共100册，自1996年由商务印书馆独家出版。

（三）概述类

《中国古代文化史精要》：中州古籍出版社出版，2002 年；

《中国文化概论》：张岱年、方克立主编，北京师范大学出版社出版，1994 年；

《中国文化史》：张凯著，北京燕山出版社出版，1992 年。

（四）成就列举类

《中国文化导读》：叶朗、费振刚、王天有主编，三联书店出版，2007 年；

《中国文化的由来》：李一宇主编，中国档案出版社出版，2007 年。

作者近年也在思考探索这一问题，充分吸收已有的研究成果，初步构建了一个包含 20 种一级形态、50 种二级形态的中国传统文化形态体系：中国汉字文化、中国农耕文化、中国游牧文化、中国海洋文化、中国儒家文化、中国民俗文化、中国民族文化、中国宗教文化（中国佛教、中国道教、中国伊斯兰教、中国天主教、中国基督教）、中国政治文化、中国法律文化、中国军事文化、中国经济文化、中国教育文化、中国体育文化、中国古典文学（神话、寓言、诗、赋、骈文、散文、词、曲、小说、对联）、中国传统艺术（音乐、舞蹈、绘画、书法、篆刻、雕塑、戏曲、曲艺、杂技、工艺美术、建筑）、中国史学文化（史学、金石学）、中国术数文化、中国古代科技（数学、物理学、化学、天文学、地理学、生物学、医学）、中国交通文化。

四

关于 20 种一级形态的排序问题，原则上是参照《中国图书馆分类法》的分类次序排列。

在 20 种一级形态中，中国宗教文化（B）、中国政治文化（D）、中国法律文化（D）、中国军事文化（E）、中国经济文化（F）、中国古代科技（G）、中国教育文化（G）、中国体育文化（G）、中国汉字文化（H）、中国古典文学（I）、中国传统艺术

（J）、中国史学文化（K）、中国交通文化（U）等 13 种形态均可在《中国图书馆分类法》中找到相应类别，原则上就按《中国图书馆分类法》的分类次序排列，只是考虑中国汉字文化的特殊性，我把它列为第一。一般认为，金属工具的出现、文字的发明和国家的形成是人类跨入文明社会的三大标志。并且，有人认为，中西书写文字的差异，是造成两者思维方式不同的根本原因。进而，中西不同的文字和思维方式造就了中西不同的文化风貌。故"中国汉字文化"虽对应《中国图书馆分类法》"H 语言、文字"，但前置列为第一。

另外 7 种一级形态是：中国农耕文化、中国游牧文化、中国海洋文化、中国儒家文化、中国民俗文化、中国民族文化、中国术数文化。其中中国农耕文化、中国游牧文化、中国海洋文化可以看作一类，属于文化的经济生活土壤。根据经济基础决定上层建筑的原理，我把它依次排在中国汉字文化后面。绵延久远的中国文化大体植根于农耕与游牧两种经济生活的土壤之中，这不言而喻。之所以把海洋文化单列出来，一方面，中国是一个海陆兼备的国家，海洋文化是客观存在的；另一方面，也是出于当前中国海洋战略的需要。当然从学理上看，似乎更应提中国水文化，同样是出于中国海洋战略的需要，我把水文化分解处理了：一是农业水利部分，包括治河防洪和农田水利等，列入中国农耕文化；二是水运交通部分，列入中国交通文化；三就是海洋部分，单列为中国海洋文化，作为一级形态的一种。紧接着，由于儒家文化和农耕文化是中国文化的两种基本形态，且互为表里，农耕文化是"里"，儒家文化是"表"，故列第五。

剩下的中国民俗文化、中国民族文化、中国术数文化 3 种，怎么处理呢？先看中国术数文化。由于我国古代在天文、历法、数学、医学、化学等领域取得的令世人瞩目的成就，大多与术数文化有密切关系，所以我把中国术数文化放到中国古代科技前面。剩下的中国民俗文化、中国民族文化，就依次列入中国儒家文化之后。这样，20 种一级形态的排序就是：

中国汉字文化、中国农耕文化、中国游牧文化、中国海洋文化、中国儒家文化、中国民俗文化、中国民族文化、中国宗教文化、中国政治文化、中国法律文化、中国军事文化、中国经济文化、中国教育文化、中国体育文化、中国古典文学、中国传统艺术、中国史学文化、中国术数文化、中国古代科技、中国交通文化。

五

我认为，要真正认识一种文化，则要全面了解文化的三种形态。

一是文化的逻辑形态。它基于一种文化区别于另一种文化的内在属性。如天文和地理，音乐和美术，都各有其不同的内在属性，也就是属于不同的文化。这也是我研究传统文化的第一个路径，即中国文化形态研究。通过系统研究，我初步确定了中国传统文化的 20 种形态。这就很好地解释了中国文化何以灿烂的问题。

二是文化的历史形态。事物总是发展变化的，文化也一样。所谓文化的历史形态，是指一种文化在不同历史时期的表现形态。如儒家文化，在两汉时集中表现为经学，在宋明时集中表现为理学。一般地，我们可以从两个阶段去把握文化的历史形态。一是该文化在形成阶段的表现形态，即形成态；二是处在发展高峰的表现形态，即高峰态。例如，秦汉是中国古代数学体系的形成时期，宋元是中国古代数学的全盛时期。又如，中国古代海洋文明曾有过四次高峰，一是在殷商时期，二是在三国的东吴时期，三是在宋元时期，四是在明初的郑和下西洋时期。这也是我研究传统文化的第二个路径，即中国文化历史研究。当然，我只重点了解该种文化的形成态和高峰态。

三是文化的比较形态。当然，同一种文化在不同的地区，可能有不同的特色，这是文化的地域差异性。比如，同是先秦时期的诗歌，北方的《诗经》是典型的现实主义风格，而南方的《楚辞》却有着浓厚的浪漫主义色彩。但北方也好，南方也好，还是在同一个文化系统（中国文化）里面。在这里，所谓文化的比较形态，主要是从相对独立的不同文化系统来讲的。而国界是最封闭的文化分界线。因此，文化的比较形态，主要是进行中外比较。比如，同是古代数学，中国的构造性、机械化的算法体系就完全有别于以古希腊为代表的西方数学的逻辑风格和演绎体系。要全面认识一种文化，除了要了解它自身的逻辑形态以及历史形态以外,还必须要有更广阔的视野,即要看到相对外国文化的比较形态。这也是我研究传统文化的第三个路径,即中外文化比较研究。

此外,文化的逻辑形态还是有层次的。比如中国古典文学,还可细分为神话、寓言、诗、赋、骈文、散文、词、曲、小说、对联等 10 种体裁。如果把中国古典文学看作一级形态的话,神话等 10 种文学体裁就是它的二级形态。同样,中国传统艺术也可再细分为音乐、舞蹈、绘画、书法、篆刻、雕塑、戏曲、曲艺、杂技、工艺美术、建筑等 11 种二级形态。根据本人的初步研究,中国传统文化可包含如前所述 20 种一级形态和 50 种二级形态,从而进一步说明了"中国文化何以灿烂"的问题。

本书主要表述中国文化的逻辑形态和历史形态,关于中国文化的比较形态,详见本人另一本著作《中外文化比较概要》。

六

对每一种传统文化形态的概述,既有内容组织上的要求,也有表达方式上的要求。

(一)要有一个精致的结构。就是对每一种文化形态的展开表述,要有一个精致的结构作为支撑。这样才能使一般读者很快了解一种文化形态的要义。比如,第 1 章"中国汉字文化",它主要从汉字、汉语、汉籍三个方面来展开。又如,第 13 章"中国教育文化",它从纵横两个维度来展开,从横的维度来看,中国古代教育可分为官学和私学两种类型;从纵的维度来看,中国古代教育分为蒙学、小学和大学三个阶段。

(二)要体现文化的逻辑形态和历史形态。至于比较形态将另有专著表述。

(三)以形态为主,历史和精神次之。对于一种文化形态,如果要全面地了解它,我们当然要从它的表现形态、发展历史和观念精神等方面去把握,但作为一个文化普及项目,我把研究的重点放在文化的表现形态方面。比如,第 16 章"中国传统艺术",我把它分成了音乐、舞蹈、绘画、书法、篆刻、雕塑、戏曲、

曲艺、杂技、工艺美术、建筑等11种二级形态，每种艺术门类又都有它自身发展的历史，也有它独特的或者和其他艺术门类共有的艺术精神。那么，我表述的重点只在形态方面，历史和精神都略讲或不讲。又如，在讲汉字文化时，汉字对中国人思维的影响是一个重要问题，但这不是形态问题，所以不讲。关于对文化思想或精神的认识，可

◎《中国思想通史》

以参看20世纪五六十年代出版的侯外庐等著的《中国思想通史》（五卷共6本），该书内容覆盖了从殷商至鸦片战争的中国古代思想史全程，堪称中国思想史研究的传世之作。就中国思想通史而言，无论在体系规模还是学术功力上，抑或在思想深度和理论的穿透力上，以及在材料梳理与人物挖掘上，目前尚无人整体超过侯外庐主编的《中国思想通史》。

（四）以文化为主，技术次之。比如，我在讲述第19章"中国古代科技"的时候，主要从文化的层面来讲述各种技术成就，那些专业的具体的技术内容则略讲。又如，我在讲中国古代音乐时，对节奏、节拍、音程、调式、和弦、旋律等技术性的内容并没讲述。

（五）以宏观和中观为主，微观次之。我们发现，对一种文化的阐述，辞书相对要详细一些。但我们有时并不要那么具体，只要掌握宏观和中观就行，不必拘泥于细枝末节。比如，"小学"分为文字学、音韵学和训诂学，音韵学又可细分古音学、今音学、等韵学，文字学也还能细分，但作为文化通识，我们没必要太深入、太烦琐。

（六）要点面结合。前面讲的结构，是面上的表述。还要有点上的具体的成就来丰富。这样才能让每一种文化形态的表述显得层次分明，形象丰满。例如，我们在阐述第19章"中国古代科技"的时候，就要充分运用《中国古代重要科技发明创造》一书列举的88项中国古代重大科技发明创造研究成果。

（七）语言表述要精练。表达要有文采，生动形象，深入浅出。

第一章 中国汉字文化

文字是人类记录思想、交流思想的符号，它于1万年前"农业化"开始以后萌芽，随着人类向文明过渡，是由先人在生产和交换的过程中，经过了无数年月的不断创造和改进而形成的。文字是文明产生的重要标志。

汉字是文字的一种，是用来交流和传播的工具。口头上的交流就是"汉语"，书面上的交流就是"汉籍"（文献典籍）。所以，我们要全面了解汉字文化，汉字、汉语、汉籍就是它的基本结构。

一、汉字

汉字是"音、形、义"的结合体。音即读音，每个汉字都有一定的读音，同时以符号的形式记录下来，就是形。无论是读音还是符号，都要表达一定的意义，就是义。音、形、义，也即汉字的三要素。

（一）字形

一是要了解同一汉字的形体变化，亦即汉字的演变问题。

在汉字发展史上,有不同的发展阶段。传统的分期是以汉字字体变化为标准,即以大篆、小篆、隶书、楷书为标准划分为四个阶段。其实,字体变化不是汉字发展中的本质变化,不能说明汉字的历史发展规律,而应从汉字构造方法的变化来说明汉字的本质变化。从这个角度看,汉字的发展可分为三个阶段。第一阶段是图画文字阶段。商代以前的文字属于这个阶段。第二阶段是以表形文字为基础,以表音文字为主体的表音文字阶段。从甲骨文到秦代的文字都属于这个阶段。第三阶段是以形声字为主体,还保留了一些表形字和表音字的形音文字阶段,从秦汉到现代,汉字都属于这个阶段。

今天我们所使用的汉字,经过了几千年的演变,在这个漫长的过程中,逐渐形成了"汉字七体",即甲骨文、金文、篆书、隶书、楷书、草书、行书。其中前面五种字体都是在某个历史阶段上正式运用的字体,后两种字体是在正式字体运用的同时,在非郑重场合运用的起辅助作用的字体。

甲骨文:古代用写或刻的方式,在龟甲、兽骨上所留下的文字。现在发现最早的甲骨文是商朝盘庚时期的甲骨文,其内容多为"卜辞",也有少数为"记事辞"。甲骨文象形程度高,且一字多体,笔画不定。这说明中国的文字在殷商时期尚未统一。甲骨文是一种成熟而系统的文字,为后世的汉字发展奠定了基础。之后流行的青铜铭文(金文)虽有字数的增加,但形体并无大的变化。至今发现有大约 15 万片甲骨,4600 多个单字。

	魚	鳥	羊
甲骨文			
金文			
小篆			
隸書			
楷書	魚	鳥	羊
草書			

【甲骨文】	【铜器铭文◇金文】	【简书◇大篆】	【小篆】
【隶 书】	【魏 碑】	【楷 书】	【行 楷】	【宋 体】

◎ 汉字七体

金文：古代称铜为金，故铸刻在青铜器上的文字叫作金文，又叫钟鼎文、铭文。金文始见于商代二里岗的青铜器，不过商代二里岗发现的青铜器有金文的只有少数几件。殷墟出土的青铜器上金文增多，至西周时，青铜器上金文已经较为普遍。金文应用的年代，上自商代的早期，下至秦灭六国，约1200年。金文的字数，据容庚《金文编》记载，共计3722个，其中可以识别的有2420个。

篆书：分为大篆和小篆。大篆据传为周朝史籀所创，故又称籀文、籀篆、籀书等。史籀是周宣王的史官。大篆散见于《说文解字》和后人所收集的各种钟鼎彝器中，其中以周宣王时所作石鼓文最为著名。小篆是由大篆简化而成。相传小篆是战国时代秦国宰相李斯（约公元前284—公元前208年）负责整理出来的。汉代隶书开始流行，小篆的地位被取代。唐玄宗时，篆书一度又受到重用，李阳冰被誉为"李斯之后的千古第一人"。清朝是篆书发展史上的又一高峰，乾隆皇帝还下令创制了篆书32体。

隶书：是相对篆书而言，隶书之名源于东汉。隶书相传为秦末程邈在狱中所整理，去繁就简，字形变圆为方，笔画改曲为直。隶书的出现是汉字发展史上的一个重要里程碑。自隶书出现后，汉字的结构基本上固定下来，一直到中华人民共和国成立，基本上没有太大的变化。现在见到的古代隶书，以东汉时期的《熹平石经》《曹全碑》《张迁碑》最为著名。

楷书：又称正书，或称真书。曹魏时钟繇（151—230年）创立。其特点是形体方正，笔画平直，可作楷模，故名。至此，汉字的演化已臻完善。唐朝是楷书发展的鼎盛时期，书体成熟，名家辈出。楷书四大名家中，欧阳询、颜真卿、柳公权皆唐代书家，仅赵孟頫是元代人。

草书：形成于汉代，是为书写简便在隶书基础上演变出来的。有章草、今草、狂草之分。

行书：介于楷书、草书之间的一种字体，可以说是楷书的草化或草书的楷化，一般认为始于东汉刘德升。它是为了弥补楷书的书写速度太慢和草书的难以辨认而产生的。笔势不像草书那样潦草，也不要求像楷书那样端正。楷法多于草法的叫"行楷"，草法多于楷法的叫"行草"。王羲之的《兰亭集序》，被誉为"天下第一行书"；颜真卿的《祭侄季明文稿》，被誉为"天下第二行书"；苏东坡的《黄州寒食帖》，被誉为"天下第三行书"。

二是要了解不同字形的汉字，亦即汉字的数量问题。

关于汉字的数量，根据古代的字书和词书的记载，可以看出其发展情况。秦代的《仓颉》《博学》《爰历》三篇共有 3300 字，汉代扬雄作

◎《康熙字典》

《训纂篇》，有 5340 字，到许慎作《说文解字》有 9353 字，晋宋以后，文字又日渐增繁。据唐代封演《闻见记·文字篇》所记晋吕忱作《字林》，有 12824 字，后魏杨承庆作《字统》，有 13734 字，梁顾野王作《玉篇》有 16917 字。唐代孙强增字本《玉篇》有 22561 字。到宋代司马光修《类篇》多至 31319 字，到清代《康熙字典》就有 47000 多字了。1915 年欧阳博存等编的《中华大字典》，有 48000 多字。1971 年张其昀主编的《中文大辞典》，有 49888 字。

随着时代的推移，字典中所收的字数越来越多。1990 年徐仲舒主编的《汉语大字典》，收 54678 字。1994 年冷玉龙等编的《中华字海》，收集的字数更是惊人，多达 85000 字。

有人统计过"十三经"（儒家经典），全部字数为 589283 个，其中不相同的单字数为 6544 个。因此，实际上人们在日常使用的汉字不过六七千而已。据统计，1000 个常用字能覆盖约 92% 的书面资料，2000 字可覆盖 98% 以上，3000 字时已到 99%，简体与繁体的统计结果相差不大。

三是要了解一下通假问题。

古人在使用文字时，不用表示这个词义的本字，而借用一个与它音同或

音近的字来代替,这种现象叫作通假。因为通假是以古音的相同或相近为前提的,所以又叫"古音通假"。在通假中,替用的字叫作通假字,被替用的字叫作本字,又叫作"正字"。例如,"沛公旦日不可不蚤自来谢项王(《史记·项羽本纪》)"中用通假字"蚤"来代替本字"早"。在古代汉语中,我们经常会遇到通假的现象。

四是要了解一下繁体和简体的问题。

◎ 简体繁体

繁体字,亦称繁体中文,一般是指汉字简化运动被简化字所代替的汉字,有时也指汉字简化运动之前的整个汉字楷书、隶书书写系统。繁体中文至今已有三千年以上的历史,直到1956年前一直是各地华人中通用的中文标准字。

近代成规模的汉字简化运动,最早在太平天国,简化字主要来源于历朝历代的古字、俗体字、异体字、行书与草书的楷书化。1956年1月28日,中华人民共和国国务院发布《关于公布〈汉字简化方案〉的决议》,中国大陆开始全面推行简化字。

目前仍然使用繁体字的地区有中国的台湾、香港和澳门,汉字文化圈诸国,新加坡以及马来西亚等海外华人社区多为繁简体并存,中国内地在文物古迹、姓氏异体字、书法篆刻、手书题词、特殊需要等情况下保留或使用繁体字。

(二)字音

汉语字音结构的三要素为:声母、韵母和声调。汉字是汉语的书写文字,每个字代表一个音节。中国大陆现今以普通话作为标准读音,普通话的音节由一个声母、一个韵母及声调确定。普通话有 410 个不分声调的音节，大约 1200 个声调有别的音节。由于汉字数目庞大，因而有明显的同音字（一音多字）现象，如卟、补、捕、哺，都读"bǔ"；同时还有一字多音的情形，称为多音字，如"薄"：báo，不厚的意思，一般单用，薄饼、薄纸；bó，一般用于合成词，薄礼、厚古薄今；bò，薄荷（专有名词）。不同的读音表义不同，用法不同，词性也往往不同。这一情况在汉语各种方言中是普遍存在的。

（三）字义

字义，指一个文字所具有的含义、意思。它有本义、引申义之分。本义：指一个词的最初含义。例如，"兵"的本义为"武器"，一般来说它是这个多义词几个意义中最常用的一种意义。有时候也指词的基本（常用）意义。例如，"红"的基本意义是红的颜色，后又派生出成功、受人赞赏、赏识

◎《说文解字》

的意思。引申义：由一个词的本义引申发展出来的相关意义。例如，"生"，《说文解字》："象艸木生出土上。"《广雅·释诂二》："生，出也。" 这是生的基本意义，也可以说是"生"的本义。由这个本义引申而有"生养""生产""生活""生命"等义。

二、汉语

从历史的角度看，汉语可分为古代汉语和现代汉语。由于古代人民的口头语言现在已经无法听到，我们常说的古代汉语只指书面语言。广义的古代汉语有两个系统：一个是以先秦口语为基础而形成的上古汉语书面语及其后人用这种书面语写成的作品，也就是我们所说的文言；另一个是六朝以后在

北方方言的基础上形成的古代白话。

从地域的角度看,现代汉语有标准语和方言之分。现代标准汉语以北京语音为标准音、以北方话为基础方言、以典范的现代白话文著作为语法规范。汉语方言通常分为七大方言:北方方言、吴方言、湘方言、赣方言、客家方言、粤方言、闽方言。

从逻辑的角度看,语言的要素有三:语音、词汇、语法。语音,即语言的物质外壳,是语言的外部形式。它是人的发音器官发出的具有一定社会意义的声音。语音的物理基础主要有音高、音强、音长、音色,这也是构成语音的四要素。词汇,又称语汇,是一种语言里所有的(或特定范围的)词和固定短语的总和。固定短语是词跟词的固定组合,一般不能任意增减、改换其中词语。与之相对应的是自由短语,自由短语是词跟词按表达需要的临时组合。固定短语又可分为专名(专有名称)和熟语两类。专名以企事业单位名称占绝大多数。熟语包括成语、谚语、歇后语、格言和惯用语。语法是对语言的组织规范,包括词法和句法两部分。词法主要是指词的构成、变化和分类规律。句法主要是指短语和句子等语法单位的构成和变化规则。

修辞是对语言的修饰,是在使用语言的过程中,利用多种语言手段以达到尽可能好的表达效果的一种语言活动。已知的修辞手法(修辞格)有 63 大类、78 小类。常见的修辞手法有:比拟、比喻、排比、夸张、借代、对偶、设问、反问、反复、衬托、用典、化用、互文等。修辞与一个民族的文化传统有密切的关系。受汉文化传统的影响,汉语修辞大量用"比",用得既多且广;以整齐、对称为主,以参差错落为辅;有虚写和实写之分。

三、汉籍

图书在古代称作典籍,也叫文献,兼有文书、档案、书籍三重意义。中国自古以来重视文献及其整理,文献起源之久远、种类之众多、数量之浩广、整理之频繁,蔚为大观。

（一）古籍的种数

我国古籍从秦到近代,经水、火、兵、虫四厄劫难,所剩不过十分之一二,然而流传至今的仍达20余万种(汉族古籍),详见《中国古籍总目》(26卷);另外,少数民族古籍约30万种,两者共计约50万种。

◎ 古籍

（二）古籍的分类

春秋时代,孔子整理文献,将其编为"六艺":诗、书、易、礼、乐、春秋,即每类各有其书。而后西汉刘向父子编就《七略》,共分辑略、六艺略、诸子略、诗赋略、兵书略、术数略、方技略七大部分,其中辑略实为总序,故可以暂称六分法。但是,文学、历史、佛经、阴阳家、五行家的文献增多,这种分类方法已无法满足分类需要。晋武帝时,秘书监荀勖与中书令张华整理书籍,又得汲冢竹书,便仿依《魏中经簿》编成《中经新簿》。该分类法改变了原先的体制,将书分为甲乙丙丁四部。在唐初官修的《隋书·经籍志》中,首次以经史子集四部命名分类,正式确立了四分法在古代目录学中的地位。最后在清朝编辑我国古代最大一部丛书《四库全书》时,将编辑过程中撰写古籍提要按经史子集四部分类,汇编成《四库全书总目提要》。

经部,以儒家经典及其释作为主,如《御笔诗经图》,也收录古乐、文字方面的书籍。

史部,主要收录各种体裁的史书,另纳入地理、政书及目录类图书。

子部的范围比较广,诸子百家、算术、天文、生物、医学、军事、艺术、宗教、占卜、堪舆、命算、笔记、小说、类书等,皆入子部。

集部,则录诗文集、文学评论及词曲方面的著作;个人著作称"别集",集体创作称"总集"。

四、"小学"和文献学

（一）小学

小学，又称中国传统语文学，包括分析字形的文字学，研究字音的音韵学，解释字义的训诂学。

◎《大宋重修广韵》

◎《尔雅》

读书必先识字，掌握字形、字音、字义，学会使用。周朝儿童入学，首先学六甲六书（六甲指儿童练字用的笔画较简单的六组以甲起头的干支。六书即指事、象形、形声、会意、转注、假借），西汉时称"文字学"为"小学"，唐宋以后又称"小学"为字学，"小学"之名即由此而得。

文字学的代表著作有《说文解字》，简称《说文》。作者是东汉的经学家、文字学家许慎。许慎根据文字的形体，创立540个部首，将9353字分别归入540部。许慎在《说文解字》中系统地阐述了汉字的造字规律——六书。《说文解字》开创了部首检字的先河，后世的字典大多采用这个方式。段玉裁称这部书"此前古未有之书，许君之所独创"。历代对于《说文解字》都有许多学者研究，清朝时研究最为兴盛。段玉裁的《说文解字注》、桂馥的《说文解字义证》、朱骏声的《说文通训定声》、王筠的《说文释例》《说文句读》尤被推崇，四人也获尊称为"说文四大家"。

训诂学的代表著作有《尔雅》。它是中国最早的一部解释词义的书，是中国最早的词典，作者不可考。大约开始编撰于战国中后期，至汉代形成现在所见的规模，共收录上古时期词语 4300 多个。

音韵学的代表著作有《广韵》，全称《大宋重修广韵》，五卷，是北宋时期（1008 年）官修的一部韵书，由陈彭年等奉旨在前代韵书的基础上编修而成，是我国历史上完整保存至今并广为流传的最重要的一部韵书，是我国宋以前的韵的集大成者。韵书还有隋唐时期陆法言的《切韵》，《切韵》是现今可考的最早的韵书，但原书已失传。

（二）文献学

文献学以研究古代典籍的分类、编目、版本、校勘、辨伪、辑佚、注释、编纂、校点、翻译和流通等为主要内容。

中国古代虽无"文献学"一词，但许多学者在开展学术研究的同时，进行了大量文献整理和研究工作；历代文献收藏家也积累了丰富的经验。从中国古代文献研究的情况来看，其内涵比较广泛，除研究一般的文献发展史外，还涉及文字的校订、版本的鉴别，对内容得失的评品及目录的编制等。例如，汉代刘向、刘歆父子校理群书，编制《别录》《七略》是整理文献；郑玄为群经作注，也属整理文献。最早以专著形式系统讨论文献学的是南宋的郑樵，他在《通志·校雠略》中从理论上阐述了文献工作中的文献收集、鉴别真伪、分类编目、流通利用等问题。郑樵以后，系统研究文献学理论的是清代的章学诚，其著名观点是"辨章学术、考镜源流"，即要求在文献整理过程中要明确反映并细致剖析各种学术思想的发生、发展过程及相互关系等。但他和郑樵一样，都把这些工作称为"校雠学"。最早以"文献学"作为书名的著作是郑鹤声、郑鹤春合著的《中国文献学概要》（1933 年）。

第二章
中国农耕文化

农耕文明是人类历史上的第一种文明形态。原始农业和原始畜牧业、古人类的定居生活等的发展,使人类从食物的采集者变为食物的生产者,是第一次生产力的飞跃,人类进入农耕文明。

中国几千年来主要是一个自给自足的农业国家。截至 2009 年年底,中国农村土地面积占全国总面积的 94.7%,人口占 53.4%。中国文化本质上是一种农耕文化。

一、农业的起源和发展

(一)农业的起源

农业起源分为两个发展阶段,即农作物栽培的起源和原始农业的兴起。农作物栽培的起源是指野生植物经过人工筛选后成为栽培植物,该阶段人类社会的经济、文化变化不大。原始农业的兴起是指农作物的种植已经达到一定的规模,成为先人重要的生计从业活动,进而推动了人类社会的经济、文化的发展。栽培作物起源先于原始农业的兴起。

中国是世界上最早的农业起源中心区之一。中国的农业起源，一是以种植黍和粟两种小米为代表的北方旱作农业起源；二是以种植稻谷为代表的南方稻作农业起源。考古工作者通过碳 13 与氮 15 分析相结合的方法和植物浮选法等，对湖南道县玉蟾岩遗址和江西万年仙人洞与吊桶环遗址的研究结果证实，中国栽培稻起源时间在公元前 10000 年前后。通过对内蒙古赤峰西辽河上游地区兴隆沟遗址的研究，目前学术界认为，栽培粟的野生祖本可能是狗尾草或谷莠子，栽培黍的野生祖本可能是铺地黍或野糜子，这四种植物都是现今常见的田间野草。兴隆沟遗址可能是粟和黍的起源地，距今 8000 年左右。

(二)中国传统农业的发展历史

以精耕细作农业技术体系的形成和发展为主要线索，中国传统农业大体经历了四个阶段：

第一阶段是虞、夏、商、西周、春秋，这是由原始农业形态向传统农业形态过渡的时期，也是精耕细作农艺的萌芽时期。这是中国历史上的青铜时代，黄河流域的沟洫农业是这一时期农业的主要标志，耒耜、沟洫、井田三位一体，构成黄河流域上古农业的重要特点，也是我国上古文明的重要特点。这一时期农业虽然保留了它所由脱胎的原始农业的若干痕迹，但技术已有长足的进步，在它的晚期，精耕细作农艺已经出现在黄河中下游的沟洫农业之中。

第二阶段是战国、秦、汉、魏晋、南北朝，这是精耕细作农艺的成型期。这一时期的经济重心仍然在黄河流域。铁器、牛耕的逐步推广，大型农田水利灌溉工程的出现，标志着生产力的新飞跃，导致黄河流域农业全方位的发展。在此基础上，北方旱地精耕细作技术体系臻于成熟，并获得系统的总结。

第三阶段是隋、唐、宋、辽、金、元，这是精耕细作农艺的扩展时期。这一时期我国经济重心由黄河流域转移到长江流域及其以南地区。南方的大规模开发和农业的全面发展，导致了南方水田精耕细作技术体系的形成并逐步臻于成熟；南北农业文化的交流使我国精耕细作农艺更加丰富多彩。

第四阶段是明、清，这是精耕细作农艺继续向广度和深度发展的时期。这个时期一个比较突出的现象是,宋以后出现的人口长期增长的趋势达到一个新的阶段,由于人口激增导致原有耕地的紧缺,人们致力于增加复种指数和扩大耕地,土地利用率达到了传统农业的最高水平。

二、中国农耕文化的基本内容

(一)农田水利

古代最重要的生产部门是农业,农业受自然因素的影响极大。这在古代科学技术不发达、人们抵御自然灾害能力低下的情况下更是如此。因此中国历代王朝都十分重视农业基础建设、兴建公共水利工程。同时,兴修水利不仅直接关系到农业生产的发展,而且还可以扩大运输,加快物资流转,发展商业,推动整个社会经济繁荣。

由于历代政府的重视,中国古代的水利事业处于向前发展的趋势。夏朝时我国人民就掌握了原始的水利灌溉技术。西周时期已构成了蓄、引、灌、排的初级农田水利体系。春秋战国时期,都江堰、郑国渠等一批大型水利工程的完成,促进了中原、川西农业的发展。其后,农田水利事业由中原逐渐向全国发展。两汉时期主要在北方有大量发展(如六辅渠、白渠),同时大的灌溉工程已跨过长江。魏晋以后水利事业继续向江南推进,到唐代基本上遍及全国。宋代更掀起了大办水利的热潮。元、明、清时期的大型水利工程虽不及宋前为多,但仍有不少,且地方小型农田水利

◎ 都江堰水利工程

工程兴建的数量越来越多。各种形式的水利工程在全国几乎到处可见，发挥着显著的效益。

就我国古代重大水利工程而言，其中尤以连通二江（长江、珠江）的广西灵渠、灌溉成都平原的都江堰、沟通南北的大运河最称伟构，举世推崇，不仅为中国古代三大水利工程，即在世界水利史上亦属罕见。这3项伟大水利工程，先后经历了两千年以上的拓建与经营，工程浩大，人力开凿，历千百年而不衰，迄今仍有灌田、水运及调洪济水之利，诚为古今中外水利史上的奇迹。

（二）中国传统农业技术

精耕细作是现代人对中国传统农技精华的一种概括，指的是中国传统农业的一个综合技术体系。这个技术体系的中心或基础是集约的土地利用方式，具体表现为两类技术体系。

一是北方旱地耕作技术体系。我国大约从春秋中期开始步入铁器时代，奴隶社会也逐步过渡到封建社会，并在秦汉时期形成中央集权制的统一帝国。全国经济重心在黄河流域中下游。铁器和牛耕的使用与普及为中国传统农业走上精耕细作的道路奠定了坚实的基础。春秋战国以后，中国北方旱地农业出现了耕耨相结合的耕作体系，到了魏晋时期，随着耙的出现，标志着以耕—耙—

◎ 旱地耕作

◎ 水田耕作

耰—锄为核心的北方旱地抗旱保墒耕作技术体系的最终形成。

二是南方水田耕作技术体系。随着北方人口的大量南迁,中国经济重心的逐渐南移,南方的水田农业也开始摆脱原来的"火耕水耨"的原始状态,到唐宋时期,走上了精耕细作的道路。"灌钢"技术的流行提高了铁农具的质量,唐时出现的江东曲辕犁标志着中国传统犁臻于完善,而宋代出现的耖则是专为水稻移栽前平整田面而使用的特殊农具。在这基础上,水田耕作形成耕—耙—耖—耘—耥相结合的技术体系。这种技术体系主要包括以耕、耙、耖为主要技术环节的整地技术,以培育壮秧为核心的水稻移栽技术和以耘田烤田为主的田间管理技术。

(三)中国传统农业内容

在农村,人们一直沿用"农林牧副渔"即所谓"五业"的提法。其实它是农业的统称,利用土地资源进行种植生产的部门是种植业;利用土地上水域空间进行水产养殖的是水产业,又叫渔业;利用土地资源培育采伐林木的部门,是林业;利用土地资源培育或者直接利用草地发展畜牧的是畜牧业;对这些产品进行小规模加工或者制作的是副业。

1. 从空间分布的角度来看"五业"

一是以种植业为主的农区。在中国分布广泛,黄河上下、大江南北,都是重要的农区。东北平原是我国最大的商品粮基地和林业基地,长江中下游平原和珠江三角洲是著名的"鱼米之乡",四川盆地素有"天府之国"的美誉。

二是以林业生产为主的林区。中国辽阔广大,自然条件优越,树木种类繁多。据不完全统计,常见的树木就有五千多种,是世界上树种最多的国家之一。主要有三大林区:东北部的大兴安岭、小兴安岭和长白山是我国最大的森林区,一般称为东北林区;西南林区主要包括四川、云南和西藏三省区交界处的横断山区,以及西藏东南部的喜马拉雅山南坡等地区;秦岭、淮河以南,云贵高原以东的广大地区,属于我国第三个大林区——南方林区(东南林区)。

三是以畜牧业生产为主的牧区。主要有内蒙古、新疆、西藏、青海、甘肃五

大牧区。

四是以渔业生产为主的渔区。在中国有四大渔场,它们分别是渤海湾渔场、南海渔场、舟山渔场以及北部湾渔场。

2. 以家庭为单位来看"五业"

（1）种植业的主要内容是五谷、桑麻和茶

"谷"原来是指有壳的粮食,像稻、稷、黍等外面都有一层壳,所以叫作谷。"五谷",古代有多种不同说法,最主要的有两种:一种指稻、黍、稷、麦、菽;另一种指麻、黍、稷、麦、菽。两者的区别是:前者有稻无麻,后者有麻无稻。古代经济文化中心在黄河流域,稻的主要产地在南方,而北方种稻有限,所以"五谷"中最初无稻。两种说法结合起来,就得出了稻、黍、稷、麦、菽、麻六种作物。战国时代的名著《吕氏春秋》里有四篇专门谈论农业的文章,其中"审时"篇谈论栽种禾（稷）、黍、

◎ 南方水田农业区

◎ 林区

◎ 渔区

◎ 蚕桑

稻、麻、菽、麦这六种作物的情况；"十二纪"篇中说到的作物，也是这六种。很明显，稻、黍、稷、麦、菽、麻就是当时的主要作物。明、清时代，原产美洲大陆的玉米、甘薯、马铃薯传入中国，并迅速传播开来。

蚕桑，即养蚕与种桑，是古代农业的重要支柱。中国是世界上最早开始养蚕、缫丝和织绸的国家。相传公元前3000年，黄帝的元妃——嫘祖发明了"育蚕治丝"的方法，把蚕丝作为纺织的原料。殷代甲骨文中不仅有蚕、桑、丝、帛等字，而且还有一些和蚕丝生产有关的完整卜辞。1958年，浙江吴兴钱山漾遗址出土世界上迄今最早的绸片，经鉴定已有4200—4400年历史。1977年浙江余姚河姆渡出土了纺织工具组件和饰有蚕纹和编织纹的牙雕小盅（距今6000多年）。这说明，中国长达5000年以上的养蚕、缫丝历史并不是传说。

中国古代种植的麻类作物，主要是大麻和苎麻；苘麻、黄麻和亚麻居次要地位。大麻、白叶种苎麻（又称中国苎麻）和苘麻原产中国。大麻至今还被一些国家称为"汉麻"或"中国麻"，而苎麻则被称为"中国草"或"南京麻"。中国利用和种植麻类作物的历史悠久。在新石器时代的遗址中，就有纺织麻类纤维用的石制或陶制纺锤、纺轮等。浙江吴兴钱山漾新石器时代遗址中出土了苎麻织物的实物，证明中国利用和种植麻类，至少已有四五千年之久。

茶是当今世界三大非酒精饮料（茶、咖啡、可可）之一。中国是茶树的原产地，也是世界上最早利用茶叶和人工种植茶树的国家。世界其他产茶国都是直接或间接引种于中国。在我国古代，茶叶最初是用于食用或药用，后又发展为一种祭祀品，关于饮茶的文字记载最早见于西汉人王褒的《僮约》。但茶树栽培则可追溯到商周时代——在甲骨文的考古研究中发现了有关采茶的记载。唐人陆羽所著的《茶经》是中国乃至世界现存最早、最完整、最全面介绍茶的专著。从此之后茶叶更为风行，并远销海内外。宋、元以后茶更是中国人民日常生活中不可缺少的一件大事，故有"开门七件事，柴米油盐酱醋茶"之说。

（2）林业

从很远的古代起，人们就有在宅院内外树艺木果的习惯。栽种的树果有桃、李、杏、梨、枣、柿、石榴、核桃、柑橘、樱桃、枇杷、荔枝、龙眼等果树；椒、椿、桂、橡、榛、漆等经济树；松、竹、杨、柳、槐、榆、杞、檀、梓、楸樟、楠、榕、梧桐等器材树。

树艺木果的首要目的在于获利，也是古人营产业遗子孙的一部分。除获利外，房前屋后植树还有作器材、柴薪，遮阴，祈求宅院吉祥等目的。

特别是中国竹子栽培有悠久的历史，早在 7000 年前的浙江余姚河姆渡遗址内就发现了竹子的实物；距今约 6000 年的仰韶文化遗址，出土的陶器上可辨认出"竹"字符号；距今 5300—4200 年的浙江钱山漾遗址出土了 200 多件竹编日常器物。中国人用竹筷、食竹笋已有 2500 多年的历史。由于竹简的利用，使中国文字记载的历史可上溯到殷商时代，为中华文明的传承立下了汗马功劳。中国是柑橘的原产地，也是世界上栽培柑橘历史最早的国家，可能有 4000 年以上的历史。《尚书·禹贡》中的"厥包橘柚锡贡"是关于柑橘栽培的最早记载。公元前 300 多年前，诗人屈原写下中国历史上第一首咏物诗——《橘颂》。宋人韩彦直所著的《橘录》是世界上有关柑橘的最早著作。

（3）畜牧业的主要内容是六畜

"六畜"指的是猪、牛、马、羊、鸡、狗等六种动物，这是中国古代所饲养的主要动物。六畜的饲养在农区并不是一个独立的生产部门，而是为农业生产服务的，但六种动物的地位和作用却各不相同。马主要用作运输，作为战争的工具，养马业受到了统治阶级的重视。牛是农民的宝贝，主要用于耕作。马和牛除了用于运输和耕地以外，还用于积肥，猪和羊也有同样的功能。农谚中有"养猪不赚钱，回头望望田"的说法。狗最初是为了助猎，进入农业定居生活以后，狗的作用变为了看家。养鸡除了提供肉、蛋外，最重要的作用大概就是司晨，因为农业社会的一大特点就是日出而作，日落而息，公鸡啼鸣就是日常生活中的计时器。

（4）副业

副业的内容主要有采集野生植物，如采集野生药材、野生油料、野生淀粉原料、野生纤维、野果、野菜和柴草等；捕猎野兽、野禽；依附于农业并具有工业性质的生产活动，如农副产品加工、手工业以及砖、瓦、灰、砂、石等建筑材料生产。

中国的农村副业源远流长，传统的农村副业以自给性的家庭副业为主，生产种类和产品数量都较少。随着农村商品经济的发展，有的副业转向商品性生产；一部分掌握手工业生产技术的人，如木匠、铁匠等逐步转向专业经营，成为独立的个体手工业者或发展形成各种手工业作坊和工厂。明人宋应星所著《天工开物》记录了中国古代农村手工业生产技术的各个方面，包括舂谷、磨面、制糖、酿酒、榨油以至纺织、染色、制盐、造纸、采矿、冶炼、车船制造等，反映了当时农村副业的发展盛况。

（5）渔业的主要内容是四大家鱼

在唐代以前，鲤鱼是最为广泛养殖的淡水鱼类。但是因为唐皇室姓李，所以鲤鱼的养殖、捕捞、销售均被禁止。渔业者只得从事其他品种的生产，这就产生了青鱼、草鱼、鲢鱼、鳙鱼四大家鱼。四大家鱼都属于鲤形目鲤科。由于这四类鱼生长迅速，抗病力强，适于作为大众食用鱼。

三、中国传统农学

从先秦时代开始，中国就出现农家学派和农书，流传至今的《吕氏春秋·上农》四篇（公元前 239 年），就是它们的代表。到汉代则出现了《氾胜之书》和《四民月令》两部著名的农书。北魏时期出现了中国历史上最伟大的农学著作，这便是贾思勰所著的《齐民要术》（532—544 年）。该书共 10 卷，92 篇，11 万余字，内容包括从农业生产到生活等多方面，被称为"中国古代的百科全书"。

《齐民要术》以前的农书都是以北方农业技术为主要写作对象，只是在《齐民要术》出现之后600余年，才出现了第一部反映南方水田农业技术的农书，这便是南宋人陈旉的《农书》（1149年）。这本农书包括三卷，上卷以水稻生产为

◎《中华农器图谱》

主，涉及农业生产的一些基本原理和技术；中卷"牛说"，讲述耕牛的饲养和疾病防治；下卷"蚕桑"，阐述有关种桑养蚕事宜。全书篇幅不大，却是中国农学史上一本不可多得的农书。

元代统治中国的时间不长，总共不到一百年的时间，但在中国历史上却留下了三本了不起的农书，它们是由司农司出面主编的《农桑辑要》（1273年），由地方官员王祯和鲁明善编著的《农书》和《农桑衣食撮要》（1313年前后）。其中最值得注意的是王祯的《农书》，该书第一次系统地兼论南北农业技术，并首创了"农器图谱"，以图文并茂的形式记载了二百余种农具的形制与功用，集中国传统农具之大成。

明清时期，出现了大量的地方性农书，这些农书都非常切合当地的农业生产实际，除此之外还出现了徐光启的《农政全书》（1639年）和清乾隆皇帝钦定的《授时通考》（1737年）等大型农书。

第三章
中国游牧文化

游牧文化是在游牧生产的基础上形成的，包括游牧生活方式以及与之相适应的文学、艺术、宗教、哲学、风俗、习惯等具体要素。

一、游牧的起源

早期西方的学者多认为，游牧是原始人类在狩猎过程中驯养幼小动物开始的，早于农耕生产，是狩猎进化到农耕的一个中间阶段。在农耕出现以后，一些人依然专事畜牧，形成了游牧业。后来，经过大量的研究积累，人们的观点有了很大变化，现在普遍认为，游牧业的出现比较晚，它起源于种植与养殖于一体的混合经济，而不同的游牧类型和游牧民族可有不同的形成背景。

◎ 游牧民族

世界上有那么一些地方,由于自然条件的限制,远古时期,人们需要动物性食物和植物性食物的相互补充才能维持生存。农耕开始以后,作物种植依然满足不了食物的需要,还要通过养殖动物作为重要的食物补充。与饲养相比,放牧是一种效率更高的畜牧业生产方式,他们在农耕区域附近放牧牲畜,日出而行,日落而返,同时还要种植一些作物。但是,气候变化、人口压力、农业扩张、草场枯竭等各种可能的原因,附近找不到合适的放牧地方,一部分人就一步步向远离农耕区域的草原深处走去,最后成了专门的放牧人。

二、中国游牧文化

(一)中国古代的游牧民族

中国古代的游牧民族主要由六大部分演化而来:

匈奴部分:主体在东汉时期被汉人消灭,剩余部分向西逃往欧洲,与马扎尔人融合,构成今天的匈牙利人;氐,匈奴一部分,后被汉族融化;羯,匈奴的一部分,公元4世纪灭绝。

东胡部分:秦时被匈奴灭亡,之后分成两大部分:乌桓和鲜卑,乌桓被曹魏消灭,鲜卑主体被汉族同化,剩余的演化为柔然;柔然被突厥击败,分化为室韦(蒙古)和契丹;契丹主体被女真族和汉族同化,剩余的向西逃到中亚,与当地人融合,成为中亚人的一部分;蒙古族一直生存到现在。

突厥部分:有可能是匈奴的一个分支,后灭亡了柔然,其自身的主体被回鹘人和汉族人所灭,剩余的向西逃窜,形成了今天的土耳其人。

通古斯部分:原称肃慎(商、周时分布于黑龙江、乌苏里江流域和长白山一带),后为女真、满洲,一直生存到现在,即今天的满族人。

羌藏部分:羌,一直生存到今天;吐蕃也就是今天的藏族,是古代羌族的一部分;党项,羌族的一部分,后被蒙古人灭亡。

回鹘部分:主体由丁零人构成,融入了铁勒和高车人的一部分,在唐朝时期,将突厥主体灭亡。回鹘生存到现在,即今天的维吾尔族。

(二)中国游牧文化的五种类型(见贺卫光《中国古代游牧文化的几种类型及其特征》一文)

中国牧区集中分布在北部、西北部干旱、半干旱及西南部青藏高原地区。通常称内蒙古、新疆、西藏、青海、甘肃为五大牧区。此外,宁夏、四川西部草场面积大,畜牧业历史悠久,也是重要牧区。具体可以分为以下五种类型:

1. 蒙古高原型游牧文化

蒙古高原位于亚洲的北部,大体上为大兴安岭以西,长城和祁连山以北,阿尔泰山脉以东,西伯利亚大平原以南的广大地区。

蒙古高原的地理环境适合狩猎和游牧,孕育了匈奴、东胡、乌桓、鲜卑、突厥、契丹、蒙古等游牧民族,是游牧文化的摇篮。勤劳智慧的蒙古族是游牧文化的集大成者,也是游牧文化的典型代表。

2. 青藏高原型游牧文化

青藏高原位于我国的西南部,它的大体范围是昆仑山—阿尔金山—祁连山以南,喜马拉雅山以北,东到横断山脉,包括西藏自治区和青海省的全部,以及甘肃、四川、云南和新疆等省区的部分地区。就青藏高原型游牧文化而言,其分布除了西藏、青海之外,还包括云南省的迪庆藏族自治州,四川省的甘孜、阿坝两个藏族自治州,以及甘肃省的甘南藏族自治州等地区。目前生活在青藏高原的游牧民族主要是藏族以及门巴族和珞巴族。

3. 古代黄土高原—黄河上游型游牧文化

黄土高原的大体范围是太行山以西、乌鞘岭以东、秦岭以北、长城以南,包括今天的山西省和陕西、甘肃的部分地区。黄河上游地区主要是指今天的青海省东部、甘肃省的东南部和四川省的西北部。虽然这一区域主要是青藏高原的东北部边缘地带,但也包括了部分黄土高原,即甘肃省的东南部地区。

4.西域山地河谷型游牧文化

从地理类型来说,狭义的西域即今天的新疆可以作为一个单元类型,这里传统的游牧民族一般都分布在山地河谷地带,以山地河谷为发展畜牧业的主要场所。受自然条件的制约,这些游牧民族一般都是十分典型的以游牧畜牧业为主要生计方式的民族,他们基本上不发展农耕经济。同时,也由于他们所处的特殊的地理位置,又使得这些类型的游牧文化具备了许多与众不同的特点。

5.西域绿洲半农半牧型文化

历史上的西域地区,除了以北疆地区为代表的山地河谷游牧文化之外,还存在着非典型的一种游牧文化,即分布在南疆塔克拉玛干沙漠周围的河谷平原和山前地带的游牧文化和半农半牧型游牧文化。南疆的游牧文化载体大体上可以分为三种类型:古代以畜牧业为主的"行国"、农牧兼营的城邦诸国以及入居南疆地区的来自北方的游牧民族。

(三)游牧文化的基本内容

1.生产文化

游牧人以血缘为纽带,以地域分聚落,过群居生活。其生产集体进行,人数多,规模大。游牧社会,以家庭为细胞,以部落为单位,牲畜集体放牧,随时随地,追逐水草而成。由部落占地放牧,家庭负责放养。家庭在生产上和消费上有权处置,保卫牧场和出售产品则归部落处理。在生产与生活上,个人依附家庭,家庭与部落则互相依托,共同生存。为了适应草原游牧生产的需要,游牧民族逐渐形成了规模大、人数多的生产体制。

一个部落放牧的牲畜,羊常以万计,马常以千计,牛和骆驼常以百计。部落和部落联盟出兵征战,铁骑常以万计、数十万计,精骑常以千计、数千计。匈奴、突厥、蒙古与中原王朝交聘或互市,骆驼常以百计,牛常以千计,马、羊常以万计甚至数十万计。

2. 生活文化

以蒙古族为例,蒙古族在衣食住行等方面具有适应游牧的动态生活方式。

在服饰上,蒙古族服饰具有浓厚的草原风格和适合游牧生活的基本款式。它主要由首饰、袍子、腰带和靴子四部分组成,是丰富多彩的生态艺术。蒙古袍是最实用、最具“生态”特征的:肥大的下摆一直垂到靴子,冬天防寒护膝,夏天防蚊虫叮咬、遮暴晒。宽松的上身部位,穿着时与身体分离,形成封闭的“小气候”。腰带系得宽而紧,使得牧民骑在马上,能始终保持腰部的稳定垂直,减少腰部的疲劳。行可当衣,卧可作被。

◎ 蒙古包

在饮食上,更可看出蒙古族游牧文化的创造力,食物构成大体可分成两大类,即乌兰依德根(肉食)与查干依德根(奶食)。肉食多以煮食为主,春夏季肉食丰富,便将剩余的生肉割成细条、撒上盐,放在通风处晾干;也有人再把干肉磨成肉粉。吃不完的奶乳品分离成奶和油。奶经加工制成奶干、奶豆腐、奶酪等干制食品。这样不但减小体积,而且不易变质,便于携带和保存。

◎ 勒勒车

在居所上,蒙古族的游牧居室蒙古包,早在匈奴时期就已发明并广泛使用。《黑鞑事略》曰:“其居穹庐,无城壁栋宇,迁就水草无常……得水则止,谓之定营。"它由木骨架和外覆毡片组成,冬暖夏凉,抗风御雪,建造和搬迁都很方便,是适应游牧生产生活的一大创造。蒙古包是人类长久性住宅建筑中用材最少、建筑方式对自然破坏性最小的建筑,非常有利于保护草原植被。

蒙古族的传统交通工具主要是马、骆驼和勒勒车。蒙古人从小就在马背上长大,无论外出放牧、搬迁转场,还是传递信息、探亲访友,甚至婚嫁,等等,都要骑马去完成。马在他们的生产和生活中有着极为重要的地位。骆驼,性情温顺,易驯服,耐饥渴,耐寒暑,善跋涉,能负重。既产乳、肉、绒毛,又可役用,一身兼有四种用途,是其他家畜所不及的。内蒙古西部地区骆驼很多,蒙古语称它为"特莫",是牧民们不可缺少的交通运输工具,可骑乘、可载货。勒勒车是蒙古式的牛车,是适应草原上的自然环境和蒙古族的生活习惯而制造出的一种交通运输工具。"勒勒"是赶车的牧民吆喝牲口的声音。这种车的特点是车轮较大,轮子直径可达 1.4 米左右,相当于牛身的高度,轴、轮都是桦木做的,耐磕碰,车体又轻,适宜在草原、沙滩上通行。牧区冬天雪深过膝,夏季草深,沼泽地多,轻便灵活、车轮大的勒勒车,可以免于陷入沼泽和深雪之中。车身长,一般在 4 米以上,车上可带篷。带上篷,车厢形若船舱,"行则车为室,止则毡为庐",常常是一家人住在里头。

3. 贸易文化

游牧经济,以游牧业为主,他业为次。后来人口日益繁衍,生活日渐提高,交换物品成为必要,于是商品意识由需要而萌生,交换日益增多,范围逐渐扩大。

游牧人的交换,最初只在部落之内及邻近部落之间进行,形式是以物易物,以皮毛换马具、饰物或其他生活用品。游牧生活逐水草,常迁徙,时序不同,居地也异。各地产品不同,因而交换的商品、交换的对象、交换的方式,均不相同。游牧民族为了适应环境变化,除以皮毛为主换取自己需用的物品以外,也常以一地区的商品,贩卖到其他部落或地区,从中取利。所以除以物易物而外,也采用农耕地区的货币进行大致的等价交换。等价观念、货币观念,于是逐渐形成。游牧部落不造货币,货币来自农耕地区,属他族货币。

　　游牧人驰骋草原,扩地千万里。建立王朝后,为了增加财政收入,供应王族权贵,遂在其王朝辖区内,或直接或间接经营中介贸易。丝绸、黄金、土特产等的贸易都有王朝插手其间。匈奴人、突厥人、蒙古人都扮演过争夺中介贸易的重要角色。交换范围日趋扩大化,也日趋国际化。在中世纪以前,这种大交换的局面主要是由游牧人开拓出来的。大交换表现为路线长、维持久、商品多、花色繁。

　　4. 迁徙文化

◎ 逐水草迁徙

游牧民族"逐水草迁徙",季节营地的划分是游牧业最明显的特征。营地指集中放牧牲畜的地方,是牧人对牧场的惯称。可以分为四季营地、三季营地以及两季营地。三季营地一般将牧场划分为冬春营地、夏营地以及秋营地。除上述形式,也有夏秋为一季牧的情况。冬营地不但要求植物枝叶保存良好,盖度大,植株高,还要求不易被雪埋;春季草场要求萌发早;夏季草场要求生长快,种类多,草质软;秋季的牧草要求多汁、干枯较晚,结实丰富。每一季营地驻牧期间,牧人还要根据草场与牲畜状况,做多次迁移。游牧民族每年移动的轨迹叫大游牧圈。大游牧圈形成的原因与水源有无、草场优劣以及去年迁移中畜群留下来的粪便都有关系。游牧民族以牲畜粪便作燃料,放牧地当年的牛粪浊湿不能利用,所烧的牛粪是前一年留下的,经水洗、风干、自然发酵后,有机养分已随雨渗透到土壤中。这就要求游牧路线一般不轻易改变,每年基本都一样。

5. 尚武文化

游牧人幼习骑射,青壮从戎,至于老死。游牧民族因习武而养成尚武精神,在兵法上亦多有讲求。游牧人的兵法,讲究速战速决,进退迅猛,往往出奇制胜。游牧部落,人人皆兵。战争起时,举族出征,且大多作战勇敢,能人自为战,兵锋所指,一往无前。按其习惯法,凡退缩者杀无赦。他们出征,无大后方,粮饷就地取用,因而辎重不多,行动自由。其主力为骑兵,侦察先行,发现敌情,调度神速,能攻守自如。战斗组织严密,十夫长、百夫长、千夫长、万夫长,各有专责。各族形制不完全相同,其名称更因族、因时而异,但分层领导、严密组织则相同。

游牧人最善于突然袭击,他们往往不宣而战,出敌不意,骤然临阵,攻其不备,使敌人措手不及。突袭之后,掠劫尽其所有,破坏尽其所能。

游牧人战略的常用手段是大迂回。游牧人的主力,主攻中路,左右翼迂回两侧。探得虚实,乘虚而入,一路得手,众路齐进,然后集中全力,击溃对方。游牧人经常采用包抄战术,范围小者数十里,大者数百里,甚至数千里。骑兵行动快速,绕道周边,包围心脏,一旦得手,如神兵从天而降,使敌方无力组织还击。例如,在蒙古战史中,蒙哥攻潼关,绕行四川钓鱼城;忽必烈灭南宋,绕行云南、湖南,其战略迂回规模之大,历史少见。游牧民族擅长于此,也是与其生活习性有关。游牧生活追逐水草,经常迂回往返,回旋行进。游牧千里,充满艰险,相当于行军千里,游牧与"游击"也往往融为一体。所以他们在作战中,迂回绕行,也来往自如。

游牧人常用伏击战。他们熟悉各种地形、地势,如关隘、谷地、丛林、草泽、险地及丘陵。因而常利用有利地形设伏兵,诱敌人,聚而歼之。伏兵队伍,骑步并用;伏击技巧,精益求精。

第四章
中国海洋文化

在我们看来,海洋文化即为人类征服、依赖海洋生活的一种文化方式。成熟的海洋文化表现为在某一区域人类的生活与生产中,海洋已是不可缺少的因素,并在开发、征服海洋方面形成系统的文化方式——即包含生产方式与生活方式,以及特定的文化消费方式。

一、中国古代海洋文明的四次高峰

第一个高峰是大约从公元前 1600 年到公元前 1044 年的殷商时期,那是中国文明第一次触碰到海洋和拥抱海洋。从商人这样的名称可以看出,商是一个非常善于从事贸易的民族,传说夏代的时候,商族的首领王亥就是一位非常有名的生意人。与此同时,商还是一个手工业相当发达的民族,这可以从当时的纺织品和高超的金属冶炼技术得到证明。还有人推测商代文明与山东半岛沿海一带的古代文化有一定渊源关系,而山东半岛的古人类中有很多来自原始南岛语族(包括今天生活在台湾原住民和太平洋诸岛上的土著民族)的成分。商代王室墓葬妇好墓中出土了大量海贝壳,其中有的来自印度洋（当然不排除是从陆路而来）。不过在今天出土的甲骨文中出现了"帆"字，证明商人已经掌握了风帆技术。还有的历史学者曾推测周灭商之后，亡国的殷人逃亡海外，甚至有的推测说到达了墨西哥（王国维、郭沫若等学者都相信此说）。

中国海洋文明的第二个高峰，是在三国的东吴时期。由于在陆上与魏蜀两国的对峙，吴国制定了"舟楫为舆马，巨海化夷庚"的向海洋发展的国家战略，力图经略海洋，发挥东吴的海洋优势，最终完成自己的历史使命。东吴孙权（182—252年）可以说是中国历史上第一位拥有较明确的海洋战略的英主。他曾派舰队七次远征辽东，深入高句丽，赢得当地势力的归附。还派出卫温、诸葛直率上万人的舰队远征东南沿海，这次伟大的航行在历史上首次将台湾、海南岛纳入版图。东吴的航海家、外交家朱应还远赴东南亚，所到各国皆"遣使奉贡"。东吴的开疆拓土还包括了今天越南的一部分，孙权还接见过来自罗马（大秦）的商人秦论，询问对方的风土人情，并派人送其归国。

中国海洋文明的第三个高峰，是在宋、元时期。在这一时期，中国的造船技术有许多领先于世界，其中船舵、水密隔舱和龙骨装置这三大发明对世界造船技术产生了深远的影响。中国是世界上最早使用舵的国家，欧洲人直到12、13世纪才开始使用舵，舵的出现为15世纪大航海时代创造了有利的条件，其意义不亚于航海罗盘的发明。宋代的平衡舵技术，直至今天仍是船舶设计中降低转舵力矩的最有效的措施，欧洲人直到18世纪末才开始使用这一技术。中国人发明的水密隔舱在宋、元时期已相当成熟，1795年英

◎ 郑和下西洋

国人本瑟姆将这一技术引进欧洲,用于为皇家海军设计的六艘新型军舰。龙骨结构是中国古代造船业的又一项重大发明,宋代的尖底海船甲板平整,船舷下削如刃,横断面为 V 形,尖底船下设置贯通首尾的龙骨,支撑船身,使船只更坚固,同时吃水更深,抗御风浪能力强大。欧洲在 19 世纪初才开始采用这种龙骨结构,比中国晚了数百年。

中国海洋文明的第四个高峰,是在明初。人们所熟知的明初郑和下西洋的航海壮举,是沟通东西方的人类大航海的先驱。郑和的庞大船队,无论数量、船只的吨位都几十倍于 70 多年后的哥伦布船队。还有不少人推测,欧洲人的航海大发现,有可能参考了包括郑和在内的其他先驱者的航海资料。可惜的是,这一足以与达伽玛、哥伦布等人媲美的壮举,未能开启属于中国的大航海时代,却成为中国古代海洋文明最后的辉煌尾声。

二、中国古代海洋文明的主要表现形态

(参见贺云翱《考古视角的中国海洋文化》一文)

(一)靠海吃海

大海拥有各种水生动物,是沿海人民的重要饮食来源之一。为此,在中国沿海区域的广西、广东、福建、江苏、河北及山东半岛、庙岛群岛、辽东半岛等地,几乎都发现过新石器时代至商周时期的贝丘遗址,这些遗址中出土大量来自海洋的鱼类和贝类等生物遗骸,年代最早的达到 9000 年左右。此外是海盐业,近年来,考古学者在浙江宁波北仑区大榭遗址发现了良渚文化晚期至商周时期的盐灶及相关制盐遗存;山东和河北的渤海南岸地区发现了大批商周时期的盐业生产遗迹,遗迹沿海岸地带分布,范围长度竟达到 200 多公里,其中山东潍坊、寿光一带的制盐遗迹时代可延续到金、元时期。历史文献证明,至少从汉代开始,盐税就已经开始成为国家财政收入中的最重要来源之一。

(二)环海交流

中国海岸线长达 3.2 万公里,漫长的海岸线成为不同地区人们进行迁徙、交流的重要空间引导和活动廊道。在考古学家的眼中,环海交流的文化因素有多种多样,以玉器为例,早在 7000 年前,东北地区的玉玦就已经沿着渤海、黄海和东海海岸来到太湖之滨和宁绍平原;良渚文化玉器也曾经沿着海滨区域南下到达广东沿海,北上进入苏北和山东地带,以至于杨伯达先生提出在中国沿海存在着一个半弧状玉器带:北部是红山文化,向南有龙山文化、青莲岗文化、河姆渡文化、马家浜文化、崧泽文化、良渚文化以及广东石硖文化等。辽东半岛继后洼遗存之后的小珠山文化和山东半岛的大汶口文化以及龙山文化产生了相互影响;陶釜作为炊器,存在于沿海区的北辛文化、马家浜文化、河姆渡文化、昙石山文化、石峡文化;拔牙习俗的流行范围大体也与这些文化分布区有关,这一习俗在不晚于早商的时期,还由大陆沿海传到台湾;沿海区域还是水稻及其种植技术的重要传播路线,有学者认为,大约在公元前 2000—前 1000 年间,水稻也是由中国的浙江沿海经由海路传入日本。

(三)陆海联动

中国的海洋文化发展离不开与深广内陆的联动。沿海地区的史前新石器文化大多是顺着入海河流从内陆走向沿海,此后的历史时期还在大江大河与海洋的交汇之地逐渐形成一个个连通内陆与海洋的海港型城市,丹东、大连、天津、扬州、南京、南通、太仓、上海、杭州、宁波、温州、福州、漳州、泉州、广州等无不如此;通过古代发达的"海上丝绸之路",或称"陶瓷之路""茶叶之路",走向世界各国的丝绸、瓷器、茶叶、漆器等也都是产自沿海陆地或直接来自内陆地区,当然,从海上进口的香料、玻璃、宝石以及佛教文化等也从沿海顺着人工运河或自然河流进入内地的大小城市,可以说,离开广阔内陆的支撑,也就没有中国海洋文化的持续发展,衰而复生。

（四）善于航海

中国是一个富有航海传统的国家,如果我们把起源于中国东南沿海的南岛语族的扩散视作航海的最初成就的话,那么,至少在五六千年前,航海已经成为沿海民族的重要文化创造。在浙江跨湖桥遗址、河姆渡遗址、田螺山遗址等,都出土了7000年前左右的船桨或船模,我们虽然无法判断它们是否用于航海,但从河姆渡文化能够出现于远离陆地的舟山群岛,新石器时代晚期的大陆文化因素能够出现于台湾,史前有段石锛能够广泛分布于中国沿海和太平洋区域的若干海岛来看,这些都应该与航海能力有关。山东、江苏、浙江沿海保存的秦人徐福及其东渡扶桑的传说性遗迹;《汉书·地理志》所载"海上丝绸之路"的行程;唐宋时代中国越窑、长沙窑、龙泉窑等窑口瓷器的大量外销以及一艘艘发现于中国东海、南海的宋元明清时期的海底沉船及其丰富的出土文物;与"郑和下西洋"活动有关的南京明代宝船厂遗址考古等。它们都以极其丰富的资料诠释着中国先民从近海逐渐走向深海以及跨越大洋走向世界的非凡历程和精彩故事。

（五）妈祖信仰

妈祖,以中国东南沿海为中心的海神信仰,又称天妃、天后、天上圣母、娘妈等,是历代、现代船工、海员、旅客、商人和渔民共同信奉的神祇。妈祖是我国国家祭典的三大神明之一,另外两个是黄帝、孔子。妈祖,原名林默,宋建隆元年(960年)农历三月廿三日诞生于福建莆田湄洲岛,因救助海难于宋太宗雍熙四年(987年)九月初九逝世。妈祖是集无私、善良、亲切、慈爱、英勇等传统美德于一体的精神象征和女性代表。妈祖文化肇于宋、成于元、兴于明、盛于清、繁荣于近现代。湄洲妈祖祖庙,尊称湄洲祖庙,是妈祖信仰的发祥地,道教著名宫观,世界妈祖文化中心。民间在出海前要先祭妈祖,祈求保佑顺风和安全,在船舶上立妈祖神位供奉。妈祖信仰的主要文化内涵有:一是妈祖传说,是妈祖信俗有机组成部分,妈祖信仰传播重要文化载体,集中体现妈祖立德、行善、大爱精神。在古代航行条件落后的情况下,《妈祖传说》给航海人以精神力量，鼓舞着人们战胜恶劣的自然条件。宋、元、明、清各个时代，文人笔记、地方史册都记载了大量的妈祖传说。二是妈祖庙会，是指在每逢春节、元宵或妈祖诞辰、升天纪念日期间，在妈祖庙举行祈安的民俗活动。庙会期间，以妈祖神驾巡境保平安为主要项目，荟萃歌舞、戏剧、杂耍、工艺等民间艺术活动。三是妈祖祭典，每年农历三月廿三和九月初

◎妈祖信仰湄洲岛

九举行，分为春祭妈祖和秋祭妈祖两次祭典。最早的妈祖祭典，是指历代地方官员和湄洲妈祖祖庙在特定日期举行的祭祀妈祖的一种盛大礼仪规范。自宋代之后，妈祖祭奠的主要表现形式可分为庙祭、郊祭、海祭、舟祭、家祭五种。此外，还包括妈祖回娘家、妈祖金身巡安、妈祖信众谒祖进香、妈祖道场等内容。

中国儒家文化

儒家文化是以儒家学说为指导思想的文化流派。儒家学说为春秋时代孔丘所创，倡导血亲人伦、现世事功、修身存养、道德理性，其中心思想是恕、忠、孝、悌、勇、仁、义、礼、智、信，其核心是"仁"。儒家学说经历代统治者的推崇，以及孔子后学的发展和传承，使其对中国文化的发展起了决定性的作用，在中国文化的深层观念中，无不打着儒家思想的烙印。

一、礼乐

礼乐文明是中国古代文明的重要组成部分。早在夏商周时期，古代先贤就通过制礼作乐，形成了一套颇为完善的礼乐制度，并推广为道德伦理上的礼乐教化，用以维护社会秩序上的人伦和谐。礼和乐相辅相成，构成了一个完整有序的社会政治文化制度。礼乐文明在数千年的中华文明发展史上产生了重大而深远的影响，至今仍有其强大的生命力。

礼原本是古人事神祈福的一种原始宗教仪式，在这种仪式上，献祭、颂神、祈福的各项活动都按照一定的规程进行。西周初年，经过周公等人的改造,礼便从宗教的制度转换成了基本的社会典章制度,规定着贵族社会生活和国家政治生活的方方面面,这便是历史上著名的周公"制礼作乐"。据《仪礼》记载,周初的礼,内容有17项,包括士冠礼、婚礼、相见礼、乡饮酒礼、乡射礼、聘礼、朝觐礼、丧礼、祭礼、凶礼、军礼、宾礼等。

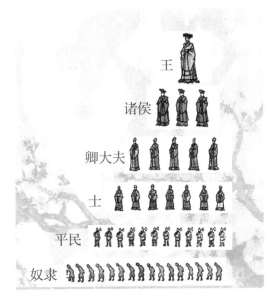

◎ 礼乐制度

乐原本是一种辅助性的原始宗教仪式,是古人将"颂神娱神"的愿望以舞和乐的形式"送达天听"的手段。周初,经过周公等人的改造,乐便成了人们在宗庙中、在族长乡里之间、在父子长幼闺门之内等社交场合沟通情感的基本方式,其目的就在于通过唤起血缘亲情,增进社会成员之间的亲近感,从而化解因为礼的等级化、秩序化而引起的种种对立感和心理矛盾。荀子把乐的这种功能恰当地称之为"和"。

儒家经典《周礼》《仪礼》《礼记》合称《三礼》,是古代中国礼乐文化的理论形态,对礼法、礼义作了最权威的记载和解释,对历代礼制的影响最为深远。其中,《周礼》偏重政治制度;《仪礼》偏重行为规范;而《礼记》则偏重对具体礼仪的解释、论述。

二、儒学

中国儒学,是在孔子学说基础上不断发展演变形成的。中国古代儒学大致可分为先秦儒学、两汉经学、魏晋玄学、宋明理学、清代朴学五种形态。

（一）先秦儒学

中国儒学发展的第一个阶段，是以孔子、孟子、荀子等为代表的先秦原始儒学。

儒家学派之前，古代社会贵族和士通过"师"与"儒"接受传统的六德（智、信、圣、仁、义、忠）、六行（孝、友、睦、姻、任、恤）、六艺（礼、乐、射、御、书、数）的社会化教育。从施教的内容看，中国古代的社会教育完全是基于华夏民族在特定生活环境中长期形成的价值观、习惯、惯例、行为规范和准则等文化要素之上而进行的。儒家学派正是吸收这些文化要素并上升到系统的理论高度。

孔子（公元前551—前479年），名丘，字仲尼，春秋末期鲁国陬邑（今山东曲阜）人。孔子是中国古代著名思想家、教育家，他开创了私人讲学的风气，倡导仁、义、礼、智、信，是儒家学派创始人。孔子曾受业于老子，带领部分弟子周游列国十四年，晚年修订六经，即《诗》《书》《礼》《乐》《易》《春秋》。相传他有弟子三千，其中贤人七十二。孔子去世后，其弟子及其再传弟子把孔子及其弟子

◎ 孔子　　　　　　◎ 孟子　　　　　　◎ 荀子

的言行语录和思想记录下来，整理编成儒家经典《论语》。孔子在古代被尊奉为"天纵之圣""天之木铎"，是当时社会上的最博学者之一，被后世统治者尊为孔圣人、至圣、至圣先师、大成至圣文宣王先师、万世师表。其儒家思想对中国和世界都有深远的影响，孔子被列为"世界十大文化名人"之首。

孟子（约公元前372—前289年），名轲，字不详，战国时期邹国（今山东邹城市）人。伟大的思想家、教育家，儒家学派的代表人物，与孔子并称"孔孟"。孟子继承和发展了孔子的德治思想，发展为仁政学说，成为其政治思想的核心。《孟子》一书，是孟子的言论汇编，由孟子及其弟子共同编写完成。

荀子（约公元前313—前238年），名况，字卿，战国末期赵国人。著名思想家、文学家、政治家，时人尊称"荀卿"。曾三次出任齐国稷下学宫的祭酒，后为楚兰陵（位于今山东兰陵县）令。荀子对各家都有所批评，唯独推崇孔子的思想，认为是最好的治国理念。荀子以孔子的继承人自居，着重继承了孔子的"外王学"，对重新整理儒家典籍也有显著的贡献。

（二）两汉经学

经学原本是泛指各家学说要义的学问，但在中国汉代独尊儒术后为特指研究儒家经典，是一种解释其字面意义、阐明其蕴含义理的学问。经学是中国古代学术的主体，仅《四库全书》经部就收录了经学著作一千七百七十三部、二万零四百二十七卷。经学中蕴藏了丰富而深刻的思想，保存了大量珍贵的史料，是儒家学说的核心组成部分。

经学产生于西汉。秦代即设有博士官，由于秦始皇采纳李斯建议而焚书坑儒，将全国图书以及学术集中到咸阳城，秦亡后，项羽焚烧咸阳，致使大量先秦典籍消失于历史舞台，六经除了《易经》

◎《四库全书》

之外,其他几未能幸免于难。汉代初高祖刘邦并不重视这些儒家经典,从文景时期开始展开了大量的献书和古籍收集工作,部分年长的秦博士和其他儒生,或以口述方式默诵已遭焚毁的经典,或把秦时冒险隐藏的典籍重新拿出,使之传世。因为文字、传述和解释体系的不同,产生了不同的学派,但其版本上则基本相同,后来统称为今文经。

汉景帝末年鲁恭王兴建王府,坏孔子宅,从旧宅墙中发现一批经典;汉武帝时,河间献王刘德从民间收集了大批古典文献,其中最重要的就是《周官》,皆收入秘府(即官方皇家图书馆);汉宣帝时又有河内女子坏老屋,得几篇《尚书》。这些出土的文献都是用战国古文字书写,与通行的五经相比,不仅篇数、字数不同,而且内容上也有相当差异,此后即统称为古文经。

汉武帝即位后,为了适应大一统的政治局面和加强中央集权统治,实行了罢黜百家、独尊儒术,改变博士原有制度,增设弟子员,有五经博士之说。从此儒学独尊,由于《乐》已无书,《诗》《书》《礼》《易》《春秋》五经超出了一般典籍的地位,成为崇高的法定经典,也成为士子必读的经典。汉代儒生们即以传习、解释五经为主业。自此经学正式宣告诞生。

汉朝是经学最为昌盛的时代,朝野内外诵读经书蔚然成风,《汉书·韦贤传》引民间谚语说"遗子黄金满籝,不如一经"。汉朝的"以经义决狱"是汉朝经学与王朝政治相结合的一大特色,也是汉朝经学繁盛的一大标志。儒生通过司法实践及官学私学教育,移风易俗,把经学思想深深地植入了普通民众之中。

(三)魏晋玄学

魏晋玄学,为魏晋时代思想主流,虽不能看作严格意义上的儒学形态,但和儒学有一定的关系。

作为一种新思潮,它吸收道家精神形态,所讨论的问题是从《周易》《老子》《庄子》三本经典而来,以老庄思想为骨架,究极宇宙人生的哲理,即"本末有无"的问题,以讲究修辞与技巧的谈说论辩方式而进行的一种学术社交活动。其发展并非要取代儒家,而是要调和儒道,使儒道兼容。

魏晋玄学可分前后两期，魏末西晋时代为清谈的前期，是承袭东汉清议的风气，就一些实际问题和哲理反复辩论，亦与当时士大夫的出处进退关系至为密切，可概括地分为正始、竹林和元康三个时期，在理论上有老或庄之偏重，但主要的仍是对于儒家名教的态度，即

◎ 竹林七贤

政治倾向的不同。正始时期玄学家中，以何晏、王弼为代表，从研究名理而发展到无名；竹林时期玄学家以阮籍、嵇康为代表，皆标榜老庄之学，以自然为宗，不愿与司马氏政权合作；元康时期玄学家以向秀、郭象为代表。东晋一朝为清谈后期，清谈只为口中或纸上的玄言，已失去政治上的实际性质，仅作为名士身份的装饰品，并且与佛教结合，发展为儒、道、佛三位一体的趋势。

（四）宋明理学

理学，或称道学，亦称义理之学，是宋元明时期儒家思想学说的通称。理学，以宋儒论学多言天地万物之理而名。道学，以当时流行称谓、且《宋史》有《道学传》而名。又因其始兴于宋代，又称宋学，与汉学相对。理学是北宋以后社会经济政治发展的理论表现，是中国古代哲学长期发展的结果，特别是批判佛教、道教哲学的直接产物。

理学分两大流派：一称程朱理学，以"二程"（程颢、程颐兄弟）、朱熹为代表，强调理高于一切；一称陆王心学，以陆九渊、王阳明为代表，强调心是宇宙万物的主宰。今人又有三派之说：气本论一派，以张王（张载、王夫之）为代表；理本论一派，以程朱为代表；心本论一派，以陆王为代表。理学各派宗旨各异，对"本体论""自然哲学""心性伦理""政教方案"等方面的研究也各有侧重。

程朱理学，有时会被简称为理学，与心学相对。是指中国宋朝以后由程

◎ 明代画家郭诩绘"朱子像"

颢、程颐、朱熹等人发展出来的儒家流派，认为理是宇宙万物的起源。

心学作为儒学的一门学派，最早可推溯自孟子，而北宋程颢开其端，南宋陆九渊则大启其门径，而与朱熹的理学分庭抗礼。至明朝，陈献章开启先河，从陈献章倡导涵养心性、静养"端倪"之说开始，明代儒学实现了由理学向心学的转变，成为儒学发展史上的一个重要转折点。陈献章之后，湛若水和王守仁是明代中晚期心学的两个代表人物。湛若水在继承陈献章学说的基础上，提出其心学宗旨"随处体认天理"，而王守仁（即王阳明）提出心学的宗旨在于"致良知"，至此心学开始有清晰而独立的学术脉络。

气学是以"气"为最高范畴的哲学，与理学、心学构成了宋明理学的主要学术流派。张载提出了以"气"为核心的宇宙结构说，发挥了孟子学说中的浩然之气，尤其是阐发了孟子的"民本"思想，二者是相辅相成的。其学说被称为气学。儒家气学派代表主要有张载、罗钦顺与王夫之等，特别是王夫之是气学的集大成者。

在宋朝，理学又有四个重要学派，即濂、洛、关、闽。濂指周敦颐，因其原居道州营道濂溪，世称濂溪先生，为宋代理学之祖，程颐、程颢的老师。洛指程颐、程颢兄弟，因其家居洛阳，世称其学为洛学。关指张载，因其家居关中，世称横渠先生，张载之学称关学。闽指朱熹，朱熹曾讲学于福建考亭，故称闽学。

（五）清代朴学

朴学是一种治学方法，又称为考证学或考据学，主要工作是对古籍加以整理、校勘、注疏、辑佚等。其研究范围，以经学为中心，而衍及小学、音韵、史学、天算、水地、典章制度、金石、校勘、辑佚等。而引证取材，盛极于两汉，故亦有"汉学"之目。

明末清初,在顾炎武、黄宗羲等学者的影响下,朴学在与宋明理学的对立和斗争中发展起来,注重于资料的收集和证据的罗列,主张"无征不信",以汉儒经说为宗,从语言文字训诂入手,主要从事审订文献、辨别真伪、校勘谬误、注疏和诠释文字、典章制度以及考证地理沿革等,少有理论的阐述及发挥,也不注重文采,因而被称作"朴学"或"考据学",成为清代学术思想的主流学派。

　　清代朴学是对穷心于"天理""人欲",不出"心、性、气、理"范畴,淡忘儒学忧时济世传统,空谈误国的明代王学末流的反动,也是儒学自身发展史上否定之否定的结果。朴学的成熟与鼎盛期在清乾隆、嘉庆年间,因而又被称为"乾嘉学派",其影响力一直延续至当代,在保存和传递古代文化遗产方面具有积极的意义与重要的价值。"乾嘉学派"的共同之处是重汉学、识文字、通训诂、精校勘、善考证,根据各学派治学目的、取向、宗旨、对象等不同细分为以惠栋为代表的"吴派"、以戴震为代表的"徽派"(又称"皖派"),以及由清初黄宗羲开创的"浙东学派",和稍后的与"徽派""吴派"关系密切的"扬州学派"等小的学派分支。

第六章
中国民俗文化

在中国，"民俗"一词很早就已出现。如《礼记·缁衣》："故君民者，章好以示民俗"；《史记·孙叔敖传》："楚民俗，好庳车"；《汉书·董仲舒传》："变民因，化民俗"；《管子·正世》中也说"料事务，察民俗"；《韩非子·解老》中也提到了"民俗"字样。民俗，即民间风俗，指一个国家或民族中广大民众所创造、享用和传承的文化生活。民俗起源于人类社会群体生活的需要，在特定的民族、时代和地域中不断形成、扩布和演变，并为民众的日常生活服务。民俗一旦形成，就成为规范人们的行为、语言和心理的一种基本力量，同时也是民众习得、传承和积累文化创造成果的一种重要方式。大体上说，自古以来的民俗文化包括四大类和约五十个系列。

一、中国经济民俗

经济民俗指物质生产与消费的民俗，包括生态、采集、狩猎、捕捞、游牧、农耕、工匠、商贸、交通运输、医药和衣、食、住、行等系列。这里主要介绍中国服饰文化和中国饮食文化。

（一）中国服饰文化

1. 中国服饰的组成

服饰主要包括：衣着，即用不同的质料如棉、麻、丝绸等制作的衣、袍、裤、裙、鞋、袜等；附加的饰物，如夹、簪、钗、梳等头发饰物，耳环、耳坠等耳部饰物，项圈、项链等颈部饰物，胸针、腰佩等胸腰部饰物；人体自身饰物，如梳各种发式、画眉、描唇等；具有装饰作用的生产工具、护身武器和日常用品。具体分为：

头衣：又称元衣、元服、首服，是古代对帽子的统称。根据形制不同，它又有许多具体的名称，冠、冕、弁、巾、帻等。

体衣：即今人所讲的上衣，泛指人穿在腰部以上的服装。

胫衣：即今人所讲的裤子，泛指人穿在腰部以下的服装。

足衣：即穿着于足上的装束。先秦时，足衣泛指鞋袜。自汉代始，足衣又有内外之分：足之内衣为袜，足之外衣指鞋。古代的鞋有屦（jù）、履、屩（juē）、屐（jī）、鞜（dī）等名称，其间有异有同。古代的袜子，是用布帛、熟皮做的，字作韈、韤，《说文》："韤，足衣也。"

2. 中国传统服装的基本形制

中国传统服装汉服有两种基本形制，即上衣下裳制和衣裳连属制。

◎ 古代服饰

上衣下裳制,相传起于传说中的黄帝时代,《易·系辞下》载:"黄帝、尧、舜垂衣裳而天下治,盖取诸乾坤。"这一传说可以在甘肃出土的彩陶文化的陶绘中得到印证。这可以说是中国最早的衣裳制度的基本形式。上衣下裳的服制,据《释名·释衣服》载:"凡服上曰衣。衣,依也,人所依以避寒暑也。下曰裳。裳,障也,所以自障蔽也。"上衣的形状多为交领右衽,下裳类似围裙的形状,腰系带,下系芾。这种服制对后世影响很大。

衣裳连属制,古称深衣,始创于周代。《礼记·深衣》注称:"名曰深衣者,谓连衣裳而纯之以采也。"深衣同当代的连衣裙结构类似,上衣下裳在腰处缝合为一体,领、袖、裾用其他面料或刺绣缘边。深衣这一形制,影响于后世服饰,汉代命妇以它为礼服,古代的袍衫也都采用这种衣裳连属的形式。

3. 中国历代服饰

中国的冠服制度,大约在夏商时期初步确立,至周代趋于完善。这以前,古代男子一般都是长发披肩,或稍加系束,或梳成辫发,头戴冠巾。只有犯人才剃去头发。古代妇女的发式,与男子大体相同。夏商周时期,冠服制度已成为体现统治阶级意志、分别等级尊卑的东西,标志着权力和等级的冕服和官服以及各种饰品逐渐成为服饰发展的主流。到了春秋战国时期(公元前722—前221年),冠服制度则进一步纳入"礼治"范围,成为礼仪的表现形式,充分反映着封建的等级制度。按照《周礼》规定,举行祭祀大典或朝会时,帝王和百官必须身着冕服或弁服。它的具体形制因穿戴者身份的尊卑贵贱不同而各有差异。这个时期服装的主要形式是上衣下裳制。上衣大多为小袖,长到膝盖,下裳为前后分制,两侧各有一条缝隙,腰间用绦带系束。

战国时代,服饰发生了明显的变化。这就是"深衣"和"胡服"的出现。深衣是将原有的上衣和下裳缝合在一起的衣服(有些像后世的连衣裙),因"被于体也深邃"(意思是遮蔽身体的面积大。见《礼记·深衣》)得名。胡服是我国北方少数民族的服装。它一般由短衣、长裤和靴组成,衣身紧窄,便于游牧与射猎。赵武灵王为强化本国军队,在中原地区首先采取胡服作为戎装。由此,穿着胡服一时相沿成风,以致形成中国古代服饰史上第一次的大变革。

秦统一中国后,建立了各项制度,其中包括衣冠制度。汉代秦之初,大体上沿袭了秦制。至东汉明帝时,始参照三代与秦的服制,确立了以冠帽为区分等级主要标志的汉代冠服制度。服饰在整体上呈现凝重、典雅的风格。秦汉时期的男子,主要穿着的是一种宽衣大袖的袍服。它基本上可以分为曲裾与直裾两类。曲裾就是战国时的深衣;直裾又称襜褕,除祭祀、朝会外,其他场合均可穿着。汉代服饰的另一特点是实行佩绶制度。

汉代妇女一般都将头发向后梳掠,绾成一个髻。髻式名目繁多,不可胜举。此外贵族妇女头上还插步摇、花钗作装饰。奴婢则多用巾子裹头。汉代妇女的礼服是深衣,与战国时的不同。还有穿襦裙和裤(大多仅有两只裤管,类似今天的套裤)的。

汉代的鞋也有严格的等级规定。

魏晋南北朝时期的服饰,受到社会政治、经济、思想等方面显著影响,由魏晋的仍循秦汉旧制,发展到南北朝时期各民族服饰的相互影响、相互吸收、渐趋融合,从而形成了中国古代服饰史上的第二次大变革。这一时期的服饰主要以自然洒脱、清秀空疏为特点。当时,一些少数民族的统治者受到汉文化的影响,醉心于褒衣博带式的汉族服饰,开始穿着汉族服装;同时,在北方少数民族迁居中原、民族杂处的情况下,广大汉族人民也逐渐穿起少数民族服装。从此,原有的深衣形制在民间逐渐消失,胡服开始盛行。用巾帛包头,是这个时期的主要首服。较为流行的是一种在小冠上加笼巾的"笼冠"。这个时期汉族男子的服装主要是袖口宽大、不受衣祛约束的衫。汉族妇女的发饰也颇具特点,主要是假髻的风行。汉族妇女的服装,初承秦汉旧制,后有所变化。衣衫多为对襟,下着长裙,腰束帛带。

唐代服饰承上启下,"法服"与"常服"同时并行。法服是传统的礼服,包括冠、冕、衣、裳等;常服又称"公服",是一般性的正式场合所着的衣服,包括圆领袍衫、幞头、革带、长筒靴。"品色衣"至唐代已形成制度。平民则多穿白衣。唐代妇女的髻式繁复,还有在髻鬟上插金钗、犀角梳篦的。贵族妇女面部化妆成"额黄""花钿""妆靥"等。唐代女服主要为裙、衫、帔。由于唐代处在我国封建社会的鼎盛时期,在文化交流中取广采博收政策,对西域、吐蕃的服饰兼收并蓄,因而"浑脱帽""时世妆"得以流行。贵族女服呈现以展示女性形体和气质美的薄、露、透为特点的中国封建社会绝无仅有的现象。这可以说是中国古代服饰史上的第三次大变革。与前两次服饰大变革(南北向交流)有所不同,这次的特点是东西向的服饰大交流。

宋代服饰大体上沿袭了隋唐旧制。但由于宋王朝长年处于内忧外患交并之中,加上程朱理学的思想禁锢等因素的影响,这一时期的服饰崇尚简朴、严谨、含蓄。唐代的软脚幞头这时已演变为内衬木骨、外罩漆纱的"幞头帽子"。皇帝与达官显宦戴展脚幞头,公差、仆役等戴无脚幞头,儒生戴头巾。宋代男子服装仍以圆领袍衫为主,官员除祭祀朝会外都穿袍衫,并以不同颜色区分等级。宋代妇女的发式以晚唐盛行的高髻为贵,簪插花朵已成风习。宋代的女裙较唐代窄,而且有细褶,"多如眉皱";衫多为对襟,覆在裙外。

辽、金、元三代均为少数民族执掌政权。服饰既各具本民族特色,又表现出与其他民族相融合的特征。辽代契丹服与汉服并行。契丹族男子"髡发",穿皮袍皮裤;女子面部常饰"佛妆"(以金色涂面),着直领左衽团衫,拖地长裙。金代大体保持女真族服式,适应游牧生活需要,盛行保护色服装。男子通常梳辫发,头裹皂罗巾,身穿盘领窄袖衣,脚着乌皮靴;女子辫发向上盘髻,服装以襜裙为主。法定服饰初承辽制,后吸纳宋朝服饰特点,形成女真、契丹、汉族三合一的特色。元灭南宋后,种族等级森严,在服饰上多有禁制。帝王、大臣朝会时,一律穿同一颜色连体紧窄的"质孙衣",以质地精粗不同区分等差。冬服、夏服也各有定制。贵族满身红紫细软,以宝石装饰为荣。妇女一般戴皮帽,穿左衽窄袖织锦女袍,着靴。其最具特色的女帽是"姑姑冠",它上宽下窄,像个倒翻的花瓶。蒙古族男子皆剃"婆焦",戴皮帽,着右衽翻领皮袄,穿靴。辽、金、元戎服以便于骑射为特色。

明立国不久,就下令禁穿胡服,恢复了唐朝衣冠制度。所以,有明一代,重新出现了法服与常服并行的状况。明代的法服与唐制大体相同,只是进贤冠改成了梁冠,并增加了忠静冠、保和冠等冠式。明代官员戴乌纱帽,穿圆领袍。袍服除有品色规定外,还在胸背缀有补子,并以补子上所绣图案的不同表示官阶的差异。官员的腰带因品级不同质地也不一样。出于强化中央集权的需要，等级限制之严格成为明代服饰的一大特点。读书人多穿直裰或曳撒，戴巾。平民则穿短衣，戴小帽或网巾。明代妇女的髻式也很多，而且常在额上系兜子，名"遮眉勒"。所着衣裙与宋、元近似。但内衣有小圆领，颈部加纽扣。衣身较长，缀有金玉坠子，外加云肩、比甲（大背心）等。

清兵入关后，为巩固其在中原的统治，强制施行"剃发令"，并相继制定了官民服饰制度、服色制度等。结果导致传统冠服制度的最终消灭，形成满族服饰的一统地位，从而出现了中国古代服饰史上的第四次大变革。清代男子一律剃去额发，后拖长辫。服装有袍、袄、衫等形制。官员穿开衩箭袖长袍，外着朝褂。胸背各缀有一块补子，上面绣有各种纹饰，用以区分官员品级。此外，还用帽顶饰物质地的优劣来表示官员品阶的不同。清代妇女的服饰则满汉两制并存。满族妇女梳辫或髻，或"两把头""大拉翅"。着旗装，即穿旗袍，外加坎肩，穿高底鞋。汉族妇女仍上着衫、袄，下着裙、裤。这一形制流行了 200 多年，至武昌起义的枪声划破长空，辛亥革命发生，男性纷纷抛弃长袍马褂，剪掉长辫而着起中山装或西装，妇女蜂起剪去长发而穿起西洋化的旗袍，长不过膝的裙装，从而掀起中国服饰史上又一次新的更大的变革。服饰的发展重新回到了一个自由的状态。

（二）中国饮食文化

民以食为天，饮食在人们的生活中占有十分重要的位置。它不仅能满足人们的生理需要，而且具有十分丰富的文化内涵。

1. 中国饮食文化特点

（1）风味多样

由于中国幅员辽阔，地大物博，各地气候、物产、风俗习惯都存在着差异，长期以来，在饮食上也就形成了许多风味。中国一直就有"南米北面"的说法，口味上有"南甜北咸东酸西辣"之分，主要是巴蜀、齐鲁、淮扬、粤闽四大风味。

（2）四季有别

一年四季，按季节而吃，是中国烹饪又一大特征。自古以来，中国一直按季节变化来调味、配菜,冬天味醇浓厚,夏天清淡凉爽;冬天多炖、焖、煨,夏天多凉拌、冷冻。

（3）讲究美感

中国的烹饪,不仅技术精湛,而且有讲究菜肴美感的传统,注意食物的色、香、味、形、器的协调一致。对菜肴美感的表现是多方面的,无论是红萝卜,还是一个白菜心,都可以雕出各种造型,独树一帜,达到色、香、味、形、美的和谐统一,给人以精神和物质高度统一的特殊享受。

（4）注重情趣

中国烹饪很早就注重品味情趣,不仅对饭菜点心的色、香、味有严格的要求,而且对它们的命名、品味的方式、进餐时的节奏、娱乐的穿插等都有一定的要求。中国菜肴的名称可以说出神入化、雅俗共赏。菜肴名称既有根据主、辅、调料及烹调方法的写实命名,也有根据历史掌故、神话传说、名人食趣、菜肴形象来命名的,如"全家福""将军过桥""狮子头""叫化鸡""龙凤呈祥""鸿门宴""东坡肉"等。

（5）食医结合

中国的烹饪技术,与医疗保健有密切的联系,在几千年前有"医食同源"和"药膳同功"的说法,利用食物原料的药用价值,做成各种美味佳肴,达到对某些疾病防治的目的。

2. 中国饮食习俗特点

中国人的传统饮食习俗是以植物性食料为主。主食是五谷,辅食是蔬菜,外加少量肉食。形成这一习俗的主要原因是中原地区以农业生产为主要的经济生产方式。但在不同阶层中,食物的配置比例不尽相同。因此古代有称在位的皇帝为"肉食者"。

以热食、熟食为主。这和中国文明开化较早和烹调技术的发达有关。中国古人认为:"水居者腥,肉臊,草食即膻。"热食、熟食可以"灭腥去臊除膻"(《吕氏春秋·本味》)。中国人的饮食历来以食谱广泛、烹调技术精致而闻名于世。

在饮食方式上,中国人也有自己的特点,这就是聚食制。聚食制的起源很早，从许多地下文化遗存的发掘中可见，古代炊间和聚食的地方是统一的，炊间在住宅的中央，上有天窗出烟，下有篝火，在火上做炊，就食者围火聚食。这种聚食古俗，一直至后世。聚食制的长期流传，是中国重视血缘亲属关系和家族家庭观念在饮食方式上的反映。

在食具方面，中国人的饮食习俗的一大特点是使用筷子。筷子，古代叫箸，在中国有悠久的历史。《礼记》中曾说："饭黍无以箸。"可见至少在殷商时代，已经使用筷子进食。筷子一般以竹制成，一双在手，运用自如，既简单经济，又很方便。许多欧美人看到东方人使用筷子，叹为观止，赞为一种艺术创造。实际上，东方各国使用筷子其源多出自中国。中国人的祖先发明筷子，确实是对人类文明的一大贡献。

3. 中国八大菜系

中国饮食文化源远流长，普遍承认的有八大菜系：鲁菜、川菜、苏菜、粤菜、闽菜、浙菜、湘菜、徽菜。

我国的菜系，是指在一定区域内，由于气候、地理、历史、物产及饮食风俗的不同，经过漫长历史演变而形成的一整套自成体系的烹饪技艺和风味，并被全国各地所承认的地方菜肴。菜肴在烹饪中有许多流派。清代的时候，中国饮食分为京式、苏式和广式。民国开始，中国各地的文化有了相当大的发展，民国时分为华北、江浙、华南和西南四种流派。后来华北流派分出鲁菜，成为八大菜系之首，江浙菜系分为苏菜、浙菜和徽菜，华南流派分为粤菜、闽菜，西南流派分为川菜和湘菜。鲁、川、苏、粤四大菜系形成历史较早，后来，浙、闽、湘、徽等地方菜也逐渐出名，就形成了我国的"八大菜系"。

◎ 中国八大菜系

二、中国社会民俗

社会民俗指社会群体、聚落生活及人生仪礼的民俗,包括家族亲族、村寨乡里、都市城镇、行帮、交际、两性、产育、婚姻、寿诞、丧葬等系列。这里主要介绍中国人生仪礼。

人生仪礼是指在一生中几个重要环节上所经过的具有一定仪式的行为过程,主要包括诞生礼、成年礼、婚礼和葬礼。此外,表明进入重要年龄阶段的祝寿仪式和一年一次的生日庆贺举动,亦可视为人生仪礼的内容。

(一)诞生礼

指孩子诞生以后各种礼仪,包括生命降生仪式:"洗三",进入人群仪式:"满月",预卜前程仪式:"周岁"。

"洗三" 是中国汉族一般是在婴儿出生之后第三天举行的庆贺仪式,也叫作"三朝"。在北方给婴儿实行"洗三"时多用艾叶、花椒等,由老年妇女为婴儿擦身,认为这样做可以去掉胎气。有的地方边洗还要边唱喜歌,预祝他长大成人之后能够读书做官,出人头地。

"满月" 产妇在生产后的一个月内不能做事,不能出门,叫作"坐月子",这期间婴儿不能被抱出户。到了一个月,婴儿已经适应了离开母亲的环境,所以在婴儿满月的时候,他的父亲就会为他举行庆贺仪式,许多亲友都来参加宴会,并且由舅舅主持剃掉胎发,然后抱着他走街串巷见见街坊邻居,据说这样可以使婴儿将来不怕生人。

◎ 诞生礼

"周岁" 除了宴请的宾客之外,这一天特别举行检验小孩天赋和卜测未来前途的"抓周"仪式。孩子的身边摆放着各种物品,任由孩子抓取,以判断孩子未来的志趣。

（二）成年礼

是为承认年轻人具有进入社会的能力和资格而举行的人生仪礼。

在世界上许多原始民族中,成年礼是一个人由个体走向社会的一道必不可少的程序,有的过程十分隆重而且带有考验的性质,我国一些少数民族的成年礼仪还有比较明显的保留。

◎ 男子冠礼

传统社会中,汉族人的成年礼一般是男子二十岁行冠礼,即在男子二十岁时,由主持仪式者为男子戴三次帽子,称为"三加",分别为"缁布冠"(布做的帽子)、"皮弁"(皮做的帽子)、"爵弁"(据说是没有上缝的冕,色似雀头赤而微黑,用于祭祀),象征冠者从此有了治人的权利、服兵役的义务和参加祭祀活动的资格。传统冠礼中还有"命字",即

◎ 女子笄礼

由嘉宾为冠者取新的字号,冠者从此有了新的名字。

女子在十五岁时要行笄礼,但是规模比冠礼要小得多。主要是由女性家长为行笄礼者改变发式,表示从此结束少女时代,可以嫁人。

（三）婚礼

婚姻是维系人类自身繁衍和社会延续的最基本制度。婚姻作为民俗现象,其内容主要包括婚姻的形态和婚姻仪礼两个方面。

中国传统社会中的婚姻呈现多样性,最为普遍的形态是"一夫一妻",这种婚姻制度形成得很早,但是这只是针对妇女而不是针对男子,同时,这种婚姻基础是"门当户对","父母之命,媒妁之言"。婚后一般是女子从夫,居于男方家中。

除开"一夫一妻"的婚姻形态,中国的传统社会还存在许多特殊的婚姻形态:如抢婚,这一习俗十分古远,早在氏族公社时期就已经存在,氏族成员之间不许通婚,为了保证繁衍,一个氏族的男子就不得不在天色渐晚的黄昏去偷袭别的氏族,抢走他们的女子作为结婚的对象,所以汉字中"婚"实际上是由"昏"演化而来。今天还有一些僻远或贫穷的地区仍存在抢婚这种婚姻形态。此外,还有童养婚、指腹婚、冥婚、入赘婚、转房婚、典妻、不落夫家、表亲婚等。

至于婚姻仪礼,在古代一般沿用"周公六礼",即纳采、问名、纳吉、纳征、请期、亲迎等,后世一般分为议婚、行聘、过庚、迎娶、合卺阶段。

(四)丧礼

死亡是人生旅程的最后一站,但是在以往几千年的历史中,绝大部分人都不认为死是生命的终结,而把它看成是人生旅途的一种转换,即从"阳世"转到"阴世"(冥界)。

我国的丧葬习俗往往被视为将死者的灵魂送往死者世界必经的手续,既要寄托对死者的哀思,又要让死者的灵魂安居于另一个世界,不要在家中作祟,因此丧礼在中国历来是繁文缛节、诚惶诚恐。

丧礼的程序包括:一是断气后要招魂,二是要设床停尸,三是要沐浴、更衣,四是报丧,五是大殓。殓后多种祭奠仪式就开始了,如朝奠、朔望奠以及俗称的"做七"。所谓"做七"是指死者临终之日算起,每过七日设奠一次,直至"七七"结束。最后是选择墓地及葬日,中国人很重视选择墓地及葬日,有专门的风水先生负责查看墓地及选择葬日。

葬俗则有:土葬、水葬、天葬、树葬、墓葬、塔葬、悬棺葬、火葬、瓮葬等。

三、中国信仰民俗

信仰崇拜民俗和传统节会民俗,由于民间节日、祭日都有信仰民俗意识的遗留,所以把它们统归为信仰民俗,包括大自然崇拜、动植物崇拜、鬼灵信

仰、神灵信仰、祖灵信仰、禁忌、巫卜、传统节日、祭日、庙会等系列。这里主要介绍中国民间信仰和中国传统节日。

（一）中国民间信仰

中国民间信仰是中国广大民众在本民族原始宗教崇拜的基础上，不断自发地汲取其他信仰形态的成分而积淀演化形成的一套神灵崇拜观念、行为习惯及相应的仪式制度和组织方式。

目前，中国广大农村各种"小庵小庙"供奉的神祇，主要包括中国本土固有的天神（如玉皇大帝）、地祇（如土地爷）、人鬼（如祖先和圣贤）、物灵（如蛇精、树灵），还有部分佛、道教神灵的普化形式，共约五大类。前四类神祇有相当部分原本属于古代中国礼教制度下合法的祭祀对象，是古代"国家宗教"或称"宗法性传统宗教"的沉积和延续，也有少量神祇属古代朝廷划定为"淫祀"的对象。第五类神祇来源于佛、道教（如观音、吕祖），但供奉场所没有宗教职业人员主持。

1. 天神祭祀

见于史载的君主的祭天活动主要有郊祭、封禅、告祭、明堂祭。这些祭祀活动在形式和内容上虽然各有差异，但实质上是君主以向上天"报告"的形式来获得上天对自己在人世统治权和具体统治措施的认可，以此来显示自己的"神圣"权力；臣民的其他形式的天神祭祀则是祈求上天（各种与天有关的神灵）对自己赐福，功利色彩强烈，权力要求淡薄。

◎ 土地庙

2. 地祇祭祀

地祇祭祀活动主要有社稷崇拜、

先农祭、日月星辰之祭、山川之祭和蜡祭等。这些祭祀活动虽然有政府和民间之别,但实质上都体现了以农业为主的中国人祈求上天风调雨顺、五谷丰登的愿望。

3. 人鬼祭祀

人鬼祭祀的对象主要有圣王、先祖、先师、历代帝王贤士等。在这些活动中,祖先崇拜和圣贤崇拜是最重要的内容,也是对中华民族传统文化产生重要影响的因素,这与创生型宗教(人为宗教)的一神论、超现实化和非家族、非国家化、众生平等等有极大的不同。它突出地体现了中国宗法性传统宗教现实性的特点,以及它在政治方面和道德方面的教化功能。它将人类社会的各类人等的不平等地位以宗教的观念确立下来。

在圣贤崇拜中,孔子崇拜影响最大。"历代祭孔可以视为儒学宗教化的一种倾向""其纪念意义大于宗教意义""可以视之为一种准宗教现象"。所以人们普遍将以孔子为代表的儒家文化作为中国传统文化、宗法性传统宗教、"儒教"的核心。

4. 物灵崇拜

物灵崇拜的对象非常多,但凡动植物、日常生活中所涉及的事物,如路神、凶神、喜神、厕神、瘟神、医王、药王等。这些神灵信仰主要在民间流行,各时各地无统一的祭祀制度。这种泛神崇拜是从原始先民的自然崇拜流传下来的,这与创生型宗教的一神崇拜有本质的不同。

(二)中国传统节日

节日的形成与发展,经历了十分漫长的历史。在这期间,形成的节日民俗不仅记载着我们祖先对自然运动规律的认识与把握,也显现出各个不同历史时期的社会、经济、科技发展的水平,同时,也反映了我国民众那种张弛有度、应时而作的自然生活节律。

1.节日的性质及类型

从节日的主要内容考察,粗略可分为农事节日、祭祀节日、纪念节日、庆贺节日、社交游乐节日等五类。

(1)农事节日

农事节日是与源于自然物候变化和劳动生产需要的节日基本上相一致的一类节日结构类型,它将自然物候变化与农业生产劳动等紧密地结合在一起,是我国节日习俗中起源历史非常悠久、内容非常丰富的节日类型结构。像因自然变化而形成的二十四节气等,其中,四季变化中的立春、立夏、立秋和立冬,以及打春牛、清明等是具有代表性的节日。

(2)祭祀节日

祭祀节日是以祭祀神灵、祭奠祖先、祈禳灾邪、驱恶避瘟等信仰习俗为标志的节日。如七月十五中元节,又叫"七月半",是宗教传统超度亡魂的大祭祀日。每年腊月二十三(四)为祭灶神日,古代亦为大祭日。

(3)纪念节日

纪念节日主要内容是追念民族英雄及地方历史上受崇拜人物的活动。尽管节日礼仪中也采取了相当多的祭祀祈祷形式,但都属于纪念人物,不是祈求神佛。例如,寒食节所传说的晋文公重耳纪念介之推被焚而死的事,就把节日的纪念性增强了,也可说这便属于纪念节日了。又如,端午节在发展中扩大了它追悼屈原的内容,使端午节增加了纪念性,用现代端午节的纪念屈原内容作标准,也可以把它看成是纪念节日。

(4)庆贺节日

庆贺节日是一种主要以庆贺为目的的节日习俗。比如,对于一年结束和新的一年到来的春节,就属于庆贺节日。"年"本身含有丰收的意思,是人们感谢天地神灵赐福,并祈求来年获得更大丰收的一种活动。苗族的"吃新节"、汉族的中秋吃月饼、普米族的大过年等,都属于庆贺性的节日习俗。现代节日中的元旦、三八、五一、六一、国庆等都属于庆贺性节日。

◎ 端午习俗——扒龙船

（5）社交、游乐节日

这类节日的主要内容是通过歌舞游艺活动进行社交往来。它和年节中不可少的文娱活动虽然不能严格区别，但是它却是比较单纯地为社交活动而举行的歌舞节日。这类节日往往以群众集会的形式举行。例如，各民族举行的传统歌节、歌会、歌圩活动都属于这一类。

2. 中国七大传统节日

中国七大传统节日分别是春节、元宵节、清明节、端午节、七夕节、中秋节、重阳节。

四、中国游艺民俗

游艺民俗指民间文学艺术、游艺竞技活动的民俗，包括民间工艺、雕塑、绘画、音乐、歌舞、戏曲、游艺娱乐和竞技体育，还有民间口头遗产的神话、故事、歌谣、史诗、谚语、谜语等系列。游艺民俗主要分为以下五类：

（一）民间口头文学活动类

讲故事、讲笑话、唱歌谣、猜谜语是口头文学的四项常见的表演活动。

（二）民间歌舞乐活动类

歌舞乐活动包括歌舞、乐舞、民乐三种基本的表演形式。如果只从歌舞活动的民俗方式来考察，又可以分为两种：一种是本装歌舞，另一种是扮装歌舞。

（三）民间游戏活动类

民间游戏，是民间娱乐的重要组成部分，是指流传于民间，以嬉戏、消遣为主的娱乐活动，俗称"玩耍"。游戏的随意性较强，它以不追求体能难度和决胜欲望与竞技娱乐相区别，以不注重心理与感官的新奇刺激与杂艺娱乐相区别，它主要流行于少年儿童中间和节日里成人娱乐节目之中。民间游戏包括儿童的庭院嬉戏、成人的助兴游戏，以及少年、成年共享的斗智游戏等，从性质上划分可以分为智能游戏、体能游戏和智能与体能相结合的游戏，如少儿的青梅竹马、成人的猜拳行令等。

（四）民间竞技活动类

民间竞技，是一种以竞赛体力、技巧、技艺为内容的娱乐活动。争强斗胜是民间竞技的根本特性，其源头可以上溯到远古先民的采集狩猎生活，以及部落攻占技艺的演习。民间竞技从性质表现和形态划分，分为力量型、技巧型、技艺型三类。力量型竞技是指以赛力为主的对抗性活动，有以个体为主的竞技如摔跤等，以及集体性竞技如拔河等；技巧型竞技是以竞赛技巧为主要内容的娱乐项目，如单一跳绳等和综合技巧赛马等；技艺型竞技是以比赛技艺为主的娱乐活动，以各种民间棋类为代表。

（五）民间杂艺活动类

民间杂艺，是流传于民间以杂耍性表演为主的娱乐活动，它包括民间艺人的杂手艺、动物表演及诸种斗戏。中国民间杂艺起源甚早，古代称为"百艺""把戏"。秦汉时期已具雏形，隋唐时期有较大发展，各项杂艺基本具备。至宋、元、明、清诸代，随着城市商品经济的发展，市区人口显著增加，民间杂艺适应观赏者的需要，日趋复杂，有勾栏、瓦肆等固定表演场所。晚清还出现了行业性质的组织，京师有杂耍馆。杂艺表演活动，通常活跃在人口集中的市区、乡镇，它常为节日游艺的主要内容。

第七章
中国民族文化

中国是一个由 56 个民族组成的多民族国家，众多的少数民族与汉族共同谱写了一部风起云涌、波澜壮阔的史诗画卷。历史上匈奴、鲜卑、羯、氐、羌、契丹、女真等游牧民族一度在中原建立了政权，经过历史风雨的洗礼和涤荡，他们一部分西迁、一部分在历史中湮灭、一部分融入汉族、一部分仍保持了本民族的特征和习俗，生活在中华民族大家庭当中。目前，中国的少数民族自治区有五个，分别是：西藏自治区、新疆维吾尔自治区、宁夏回族自治区、内蒙古自治区、广西壮族自治区。

一、中国民族发展简史

我国的历史是各民族人民共同创造的，我国统一的多民族的国家是长期历史发展的结果。

春秋诸侯争霸给当时被称为蛮、夷、戎、狄的周边少数民族提供了向中原发展的机会。华夏民族与少数民族杂居共处，犬牙交错，打破了各民族间原来的地域，为各民族的交往融合创造了有利的条件，大大密切了华夏民族与其他各族的经济文化联系,促进了各族的经济发展和融合。

秦始皇统一六国,开创了我国历史的新局面,对我国多民族国家的形成以及中华民族的发展做出了积极的贡献。秦灭六国后,派兵征服越族地区,在那里设置桂林、南海、象等数郡,迁移中原50万人去那里戍守,和越人杂居。通过秦始皇的开拓、经营,秦朝疆域扩大,东到东海,西到陇西,北至长城,南到南海郡,人口达2000万。

汉武帝继秦始皇以后,为进一步发展我国多民族统一国家做出了重大贡献。汉武帝时打败匈奴,通西域。公元前60年西汉政府设置了西域都护府,将新疆地区正式置于自己的统治之下,建立起幅员广大的封建国家。

东汉末年少数民族内迁,内迁的主要民族"五胡"经三国到西晋,人数已达几百万。他们同汉族长期杂居,互相影响,民族界限日益淡化。十六国时期各国彼此攻战,北方经济遭到严重破坏,人民颠沛流离。但是各民族通过长期交往和互相影响,也加速了民族融合。北朝是我国北方民族大融合的重要时期。北魏孝文帝是我国古代少数民族中杰出的政治改革家。他改革鲜卑旧俗,推行汉化措施,加速了北方各族封建化进程,促进了民族融合。

隋唐是我国封建社会的繁荣发展时期。唐朝时,我国统一的多民族国家有了进一步发展。唐朝加强了与边疆各族的联系。回纥、靺鞨、南诏等首领接受唐朝的册封,经济上与唐往来密切,文化上互相交流。吐蕃与唐通婚,基本上保持了亲戚关系。安西都护府和北庭都护府的设立,使唐朝在西域有效地行使政治军事权力,这对维护国家的统一、巩固西北边防、发展中西交通起了重大作用。

辽宋夏金时期,各民族分别实现局部统一。元朝的统一和行省制度的施行促进了我国统一的多民族的国家的巩固和民族的融合。元朝的疆域比以往任何朝代都辽阔。当时许多汉人到边疆,其中有些人便逐渐融合到当地的少数民族中去。边疆各族,包括蒙古族人,大批迁入中原和江南,同汉族等杂居相处。原先进入黄河流域的契丹、女真等族,经过长期共同生活,已与汉族没有太大区别,而被元朝统治者列入第三等级视为汉人了。特别值得注意的是唐宋以来迁入我国的波斯、阿拉伯人,同汉族、维吾尔族、蒙古族长期杂处通婚,已逐渐融为一体,元代开始形成一个新的民族——回族。

明清是统一的多民族的国家进一步巩固和发展的阶段。清初康熙帝统治时期,消灭了吴三桂等西南割据势力,平定了准噶尔等部贵族的叛乱,粉碎了沙俄对我国西北的侵略阴谋,抵御了沙俄对我国黑龙江流域的侵略,使统一的多民族国家得到了进一步巩固。在清朝幅员辽阔的疆土上,生活着汉、壮、回、藏、苗、满、蒙古等 50 多个民族,这种大一统局面加强了各民族人民之间的经济、文化联系,边疆地区得到进一步开发,为现代中华民族的最终形成奠定了基础。

二、中国少数民族文化概况

(一)少数民族语言文字丰富多样

我国 55 个少数民族中,回族、满族同汉族使用同一的汉语,有 53 个民族使用本民族的语言。其中,属汉藏语系的有 29 个民族,主要分布在中南和西南地区;属阿尔泰语系的有 17 个民族,主要分布在东北和西北地区;属南亚语系的有 1 个民族;还有 1 个民族的语系尚未定论。民族之间互通语言的情况较为普遍,特别是汉语普通话,日益成为各民族主要的交际语言。中华人民共和国成立前,有 21 个少数民族有自己的文字(包括通用汉文的回、满、畲 3 个民族)。文字的体系,有比较原始的象形表意文字,有音节文字,有字母文字。字母的形

◎ 56 个民族

式,有藏文字母、朝鲜文字母、回鹘文字母、傣文字母、阿拉伯字母、拉丁字母、斯拉夫字母共7种。有的民族使用几种文字,如傣族使用4种文字,蒙古族使用2种文字。中华人民共和国成立以后,政府又帮助一些少数民族创制了民族文字。

(二)少数民族文化艺术多姿多彩

在漫长的历史岁月里,少数民族创造了大量优美动人的神话、传说、史诗,以及音乐、舞蹈、绘画,有价值的科学典籍;建造了很多雄伟壮观、绚丽多彩、富有民族特色的建筑。这些优秀的文化艺术遗产是中华文化的重要组成部分,是中华民族共有的精神财富,是人类文明的重要成果。拉萨的布达拉宫、大昭寺和罗布林卡等,入选了《世界遗产名录》;蒙古族的长调、维吾尔族的大型音乐套曲"十二木卡姆"等,被联合国列入世界非物质文化遗产名录。

◎ 布达拉宫

◎ 十二木卡姆

(三)少数民族风俗习惯各具特色

集中表现在服饰、饮食、居住、礼仪、节日及婚丧嫁娶等方面。各具特色的少数民族风俗习惯,或源于民族发展历史,或源于生产实践,或源于重大历史事件,或源于宗教信仰,或源于居住环境。以饮食为例,淮河以南从事稻作农耕的各民族及东北的朝鲜族以大米为主食;从事麦作农耕的维吾尔族、回族等民族则习惯于吃面食;东北平原、黄土高原及全国山地丘陵区从事杂谷栽

◎ 维吾尔族的烤馕

◎ 彝族火把节

培的各民族以玉米、高粱、谷子、薯类为主食;青藏高原上的藏族等民族则主要吃糌粑、酥油茶、牦牛肉以抵御寒冷的气候;乌苏里江畔的赫哲族以擅长制作各类鱼类食品而著名。各民族都有一套特殊的烹调方法,把各类食品制作成具有民族风味和地方风味的美味佳肴。著名的有维吾尔族的烤馕、抓饭、烤肉,蒙古族的"手扒肉",哈萨克族的忽迷思(马奶子),回族的涮羊肉,赫哲族的刹生鱼,朝鲜族的冷面、辣白菜等。

(四)少数民族节日种类繁多

宗教性节日,如回族、维吾尔族等信仰伊斯兰教的民族的开斋节、古尔邦节十分隆重;藏传佛教的传大召、传小召、瞻佛节,在藏族、蒙古族和部分纳西族、门巴族群众中影响很大。农事节日,如彝族等民族举行火把节、藏族举行望果节以庆祝丰收。纪念性节日,如满族的颁金节以纪念民族名称的确立,苗族的四月八以纪念英勇就义的苗民首领。商贸性节日,如白族的三月街要举行各种商品的交易。此外还有一些文体娱乐节日,如蒙古族的那达慕大会,要举行摔跤、骑马等比赛,规模很大,气氛热烈。

第八章
中国宗教文化

　　宗教是人类社会发展到一定历史阶段出现的一种文化现象,属于社会意识形态。宗教是任何一个民族都存在的普遍现象,它伴随着人类走过了漫长的道路,渗透到人类活动的几乎一切领域,诸如政治、经济、军事、道德、文学、艺术等,产生了巨大的影响。

　　中国是个多宗教的国家。中国宗教徒信奉的主要有佛教、道教、伊斯兰教、天主教和基督教。据不完全统计,中国现有各种宗教信徒1亿多人,宗教活动场所8.5万余处,宗教教职人员约30万人,宗教团体3000多个。

一、中国佛教

(一)中国佛教简史

　　公历纪元前后,印度佛教开始由印度传入中国,经长期传播发展,而形成具有中国民族特色的中国佛教。严格地说,佛教起始于尼泊尔,发展在中国,又远传于日本、韩国。而佛教在印度本土由于受到印度教及后来传入印度的伊斯兰教的排挤,在公元八九百年,在印度本土消失。而能保留佛教并发展佛教的中国就成了当今世界佛教的真正故乡。由于传入的时间、途径、地区和民族文化、社会历史背景的不同,中国佛教形成三大系,即汉地佛教(汉语系)、藏传佛教(藏语系)和云南地区上座部佛教(巴利语系)。

佛教传入中国的确切年代尚无定论,异说颇多,历来均以汉明帝永平年间(58—75年)遣使西域取回《四十二章经》为佛法传入中国之始。此说是否为历史事实,近代颇有争议。因当时西域发生战乱,交通断绝,至永平十六年才开放。因此,只能推定大概在公历纪元前后,佛教开始传入汉族地区。传播的地区以长安、洛阳为中心,波及彭城(徐州)等地。

承汉之后,天竺、安息、康居的沙门如昙柯迦罗、昙谛、康僧铠等先后来到魏都洛阳,从事译经;支谦、康僧会等前往吴都建业(今江苏南京)弘法。当时译经,大小乘并举。小乘经典强调禅法,注重守神养心("守意");大乘偏重般若。这个阶段的译经工作和对教义的宣传、研究,为魏晋南北朝时期佛教的发展打下了初步的思想基础。此外,这个时期的寺塔建筑、佛像雕塑也各具规模,但今存极少。

南朝宋、齐、梁、陈各代帝王大都崇信佛教。北朝虽然在北魏世祖太武帝

◎ 创建于东汉永平十一年(68年)的洛阳白马寺,是佛教传入中国后兴建的第一座官办寺院,有中国佛教的"祖庭"和"释源"之称。

和北周武帝时发生过禁佛事件,但总的说来,历代帝王都扶植佛教。北魏文成帝在大同开凿了云冈石窟;孝文帝迁都洛阳后,为纪念母后开始营造龙门石窟。在南北朝时,有大批外国僧人到中国弘法,其中著名的有求那跋摩、求那跋陀罗、真谛、菩提流支、勒那摩提等。中国也有一批信徒去印度游学,如著名的法显、智猛、宋云、惠生等曾去北印度巡礼,携回大批佛经。

佛教经魏晋南北朝的发展,无论在思想上和经济上都为隋唐时期创立具有中国特色的佛教宗派创造了条件。隋文帝统一南北朝后,即下诏在五岳胜地修建寺院各一座,并恢复了在北周禁佛时期所破坏的寺院、佛像。炀帝继文帝的保护佛教政策,在扬州建立了著名的慧日道场等,作为传播佛教的据点,并继续发展前代的译经事业,佛教十分兴盛。

唐代是中国佛教臻于鼎盛时期。唐朝帝王虽然自称是道教教祖老子的后裔,尊崇道教,但实际上是采取道佛并行的政策。终唐之世,佛教僧人备受礼遇,赏赐有加。唐时中国名僧辈出,对佛学义理上的阐发无论在深度和广度上都超过前代,因此为建立具有民族特点的很多宗派奠定了理论基础,而且佛教信仰深入民间,创造了通俗的俗讲、变文等文艺形式。在建筑、雕刻、绘画、音乐等方面,建树很大,丰富了中国民族文化艺术的宝库。在唐时有大批外国僧侣、学者来我国从事传教和译经事业,中国也有不少僧人(如玄奘、义净)不辞艰辛去印度游学。中国佛教宗派开始传入朝鲜、日本、越南和诃陵(今印度尼西亚),加强了中国与亚洲其他国家的宗教、文化和商业的关系。但是,到了会昌五年(845年),由于社会、经济等各方面的原因,发生了大规模的禁佛事件,佛教受到极大的打击。

隋唐佛教义学蓬勃发展,促成大乘各宗派的建立,重要的有智顗创立的天台宗,吉藏创立的三论宗,玄奘和窥基创立的法相宗;道宣、法砺和怀素分别创立的律宗,有南山、相部和东塔三家;由北魏昙鸾开创,隋代道绰相继,而由唐代善导集成的净土宗;弘忍的弟子神秀和惠能分别创立的禅宗,有北宗和南宗,在唐中叶后又陆续出现"禅门五家",即沩仰、临济、曹洞、云门和法眼五派;法藏创立的华严宗;由印度僧人善无畏、金刚智、不空和惠果所奠定的密宗。这些宗派创立之后,随着隋唐中国对外交通的开拓,不久即传播海外。

北宋初期，朝廷对佛教采取保护政策。译经规模超过唐代，但成就稍逊。宗派以禅宗特别是临济、云门两派最盛，天台、华严、律宗、净土诸宗稍次。由于各宗互相融合，提倡"教（天台、华严）禅一致""净禅一致"，因而广为流行华严禅、念佛禅等。另外，在天台宗中分为山家、山外两派，而在民间念佛结社特别兴盛，影响极大。天禧五年（1021年），天下僧尼近46万人，寺院近4万所，为北宋佛教发展的高峰。徽宗时（1100—1126年），由于朝廷笃信道教，曾一度下令佛道合流，改寺院为道观，佛教一度受到打击。

南宋偏安，江南佛教虽仍保持一定盛况，但由于官方限制佛教的发展，除禅、净两宗外，其他各宗已日益衰微，远非昔比。禅宗不立文字，不重经论，因而在会昌禁佛和五代兵乱时所受影响较小。净土宗强调称名念佛，一心专念阿弥陀佛名号，简单易行，且北宋以后禅教僧人又多归宿净土，故能绵延相续，直至近世，仍甚盛行。

宋儒理学一方面汲取佛教华严、禅宗的思想，从而丰富了它们的内容，另一方面又批判和排斥佛教。排佛者中最著名的是欧阳修，但欧阳修的排佛思想曾受到契嵩和尚、宋朝宰相张商英、李纲和刘谧等人的反对。

元代的统治者崇尚藏传佛教，但对汉地佛教也采取保护政策。佛教中的禅、律宗等继续流传、发展，寺院林立，僧尼众多。

明万历以后，袾宏、真可、德清、智旭四大家出，进一步发展了对内融会禅、教、律等宗学说，对外融通儒、释、道三家的风气，所以深受士大夫的欢迎和一般平民的信仰，并使佛教更加具有中国特色。

清初皇室崇奉藏传佛教，对汉地佛教采取限制政策。康熙时禁令稍弛，迎请明末隐居山林的高僧重返京师，使已经衰微的佛教一时又呈现出活跃的气象。雍正虽重视藏传佛教，但主张儒、佛、道异用而同体，并行不悖，提倡佛教各派融合。乾隆时刊行《龙藏》，并编辑《汉满蒙藏四体合璧大藏全咒》，对佛教的发展起到了一定推动作用。清末以来，杨文会、欧阳竟无等在日本和西欧佛学研究的推动下，创办刻经处、佛学院、佛学会等，为佛教义学的研究开辟了一个新的时期。中国近代思想家如康有为、谭嗣同、章太炎、梁启超等都受过佛学的影响。此外，一批名僧如月霞、谛闲、圆瑛、太虚、弘一等也都奋起从事振兴、弘扬佛教的工作,使佛教产生了新的气象。

(二)佛教的基本教义

这里主要介绍四谛、五蕴、十二因缘、三法印等。

1. 四谛

又作四圣谛。谛,意为真理或实在。四谛即苦谛、集谛、灭谛和道谛。苦谛:指三界六道生死轮回,充满了痛苦烦恼。集谛:集是集合、积聚、感召之意;集谛,指众生痛苦的根源,谓一切众生,由于贪、瞋、痴等造成种种业因,从而感召未来的生死烦恼之苦果。灭谛:指痛苦的寂灭。灭尽三界烦恼业因以及生死轮回果报,到达涅槃寂灭的境界,称为灭。道谛:指通向寂灭的道路,主要指八正道。佛教认为,依照佛法去修行,就能脱离生死轮回的苦海,到达涅槃寂灭的境界。

2. 五蕴

也译作“五阴”,“蕴”有“积聚”或“和合”的意思。五蕴有狭义和广义之分,从狭义方面讲,是指组成人的五种要素,就是现实的人的代称;从广义方面说,指构成世界的一切物质现象和精神现象。其中,“色蕴”指一切有形态、有质碍的事物,大体相当于今天讲的物质现象。“受蕴”指由感官接触外物所产生的感受或情感。“想蕴”指表象、观念。“行蕴”指意志一类的心理作用。“识蕴”指总的意识活动,如区别与认识事物等。

3. 十二因缘

指无明、行、识、名色、六入、触、受、爱、取、有、生、老死这十二个环节一环套一环,顺逆都互相缘生缘灭。由此可见,众生之所以有生死轮回种种痛苦烦恼,根源在于无明,即对于佛法真理、宇宙人生真相的无知。反之,只要破除无明,就可以灭除生死轮回的痛苦而获得解脱。

4.三法印

法印,指作为印证是否合乎佛法的标准。所谓三法印指诸行无常、诸法无我、涅槃寂静。

(三)佛藏

《大藏经》为佛教经典的总集,简称为藏经,又称为一切经,有多个版本,比如乾隆藏、嘉兴藏等。现存的"大藏经",按文字的不同可分为汉文、藏文、巴利语三大体系。这些"大藏经"又被翻译成西夏文、日文、蒙文、满文等。其主要内容涉及佛教哲学、伦理学、逻辑学、语言学、诗学、文学、医学、天文学等。

(四)中国佛教八大宗派

中国佛教经南北朝时期的拓展发扬,随着隋唐的统一,在政治稳定、经济繁荣、文化融合及帝王的护持等条件下,使得佛教经典翻译更有系统,义理更为明确,南北各学派的思想学说特色更加明显,且因各有师承、专重的经典及独到的思想主张,于是八大宗派在隋唐正式形成,开创了中国佛教的黄金时代。

1.天台宗

此宗为陈隋时期智顗所创立。智顗的思想渊源于北齐慧文和南岳慧思。他晚年住在浙江天台山,著书立说,完成了自己的哲学体系,学者称他为天台大师,他所立的一宗称为天台宗。天台宗以《法华经》为所依,又称为法华宗。智顗把释迦牟尼一生的说法分为五个时期,把说法的内容和方式分为八种,合称为"五时八教"。天台宗的思维方法叫作"一心三观",就是"空、假、中"三种观察事物的方法。一切事物除生灭变异外,本身并无实体,名为"即空",因缘和合能起作用,名为"即假",空假二而不二,名为"即中"。智顗以后,历唐至宋,灌顶、湛然、法智、遵式等,相继传承,发扬光大,并远播东邻,是中国佛教最发达的宗派之一。

2. 三论宗

此宗以印度的中观学派龙树所著的《中论》《十二门论》及其弟子提婆所著的《百论》为所依经典,故名三论宗。这三部论自鸠摩罗什翻译以后,经他的门下道生、昙济等相继研究,传承不绝。后来僧朗到江南,又传之于栖霞山慧诠。至隋吉藏始完成了三论宗的理论组织,世称之为新三论宗,而称吉藏以前的三论宗为古三论宗。此宗将思维方法分为"生、灭、去、来、一、异、断、常"等八个范畴,一一加以破斥,叫作"破邪显正";所谓不生、不灭、不去、不来、不一、不异、不断、不常,称为"八不中道"。其理论传承至唐渐衰,现在虽然还有研究的人,但作为宗派早已不独立了。

3. 贤首宗

此宗为唐初杜顺所创立,智俨继承杜顺的学系,法藏从智俨研究《华严经》,著《华严探玄记》及《华严五教章》等,完成了一宗的理论体系,武后尊他为贤首大师,故有贤首宗之称。贤首宗以《华严经》为所依,又名华严宗。其后澄观、宗密相继传承,称为华严五祖。贤首宗把佛教理论分为五教(即小、始、终、顿、圆五个等级),主张自己一宗在五教中属于最高的圆教。因为《华严经》说明法界重重无尽的理论过于深奥,法藏为助人理解这个道理,特取十面镜子安排在八面和上下,中间相去一丈余,面面相对,中间安置一佛像并点一盏灯,光光互映,佛像普现,表达了"刹海涉入"的意义,在宗教宣传上收到很好的效果。

4. 慈恩宗

此宗继承了印度的瑜伽学派,是唐人玄奘根据《成唯识论》所创立,而大成于其弟子窥基。窥基在长安慈恩寺著书讲学,完成唯识的理论体系,世称慈恩大师,称其学派为慈恩宗。这一宗依《解深密经》说明诸法事相,又名法相宗。窥基传于慧沼,慧沼传于智周,他们都有重要著作,是慈恩宗的正系。《成唯识论》的文句构造多,运用因明——印度逻辑三段论法。这一部难读的佛教哲学的论书,最忠实地保存了印度论理学的形式。

5. 禅宗

禅是梵语"禅那"的音译,意译为"静虑"。就是用静坐思维的方法,以期彻悟自己的心性,故名禅宗。相传 5 世纪时,菩提达摩从南印度来到我国,住在河南嵩山少林寺,把他的心法传给慧可,成为中国禅宗的初祖。达摩主张以心传心,不立文字,所以禅宗又叫"教外别传"。慧可以后经僧璨、道信,传至弘忍,称为五祖。弘忍门下出神秀、慧能二大弟子,分为南、北二宗。后来慧能在广东曹溪南华寺说禅,徒众逐渐增加,他逝世以后,弟子们称他为禅宗六祖。慧能以下,又分为南岳、青原两大系。南岳一系发展为临济和沩仰二家,青原一系发展为曹洞、云门、法眼三家,合称为五家宗派。自唐以来,禅宗势力最大,直到现在,全国寺院除了少数律寺、讲寺外,几乎都是属于禅宗。

6. 律宗

此宗以戒律为所依,名为律宗。戒律是僧尼共同遵守的规制。印度律典本有五部,我国翻译了四部,其中以《四分律》一部最为盛行。南北朝以来,慧光、道洪、智首等已开始研究,到了唐代终南山道宣集其大成,故又称律宗为南山律宗。一直到现在,中国出家僧尼受戒和日常生活实践,还是传统地依照道宣这一派行事,故律宗又通行于各宗。

7. 净土宗

此宗以称念阿弥陀佛名号,求生西方极乐净土为宗旨,故名净土宗。它的成立以东晋人慧远在庐山集道俗 123 人结白莲社念佛为始, 故又称为莲宗。继之提倡念佛的为北魏人昙鸾、唐人道绰和迦才等。真正建立这一宗的理论体系的则是善导。

8. 密宗

一名密教,以《大日经》和《金刚顶经》为所依。在大乘佛教中有显教和密教两大系。显教是用理论说明佛教教义，密教则依真言（咒语）、手印、仪轨等方式，以达"即身成佛"。此宗以身、口、意三密相应为宗要，故名密宗。密宗的成立，始于唐玄宗开元时代，是由善无畏、金刚智、不空等在长安创立的。不空译经很多，是唐代密宗传教的中心人物，其后一行、惠果等相继宣传，曾经盛极一时，但五代以后就衰微了。现在西藏所行的密宗和唐代所传的部系不同，一般称为藏密或喇嘛教，而称唐代长安的密教为唐密。

（五）佛教四大名山

指安徽九华山、山西五台山、浙江普陀山、四川峨眉山，分别是地藏王菩萨、文殊菩萨、观世音菩萨、普贤菩萨的道场。四大名山随佛教的传入，自中国汉代开始建寺庙、修道场，延续至今。

二、中国道教

道教是中国本土宗教，以"道"为最高信仰。祖天师张道陵正式创立教团组织，距今已有 1800 年历史。

（一）道教简史

1. 早期的太平道与五斗米道

道教的形成是一个缓慢的发展过程。作为道教最终形成的两个标志性事件，一是《太平经》的流传，一是张道陵的五斗米道。东汉顺帝时（126—144年），于吉、宫崇所传的《太平清领书》（即后来所谓《太平经》）出世，得到广泛传播。到东汉灵帝时，张角奉《太平清领书》传教，号为太平道，自称大贤良师，信徒遍布天下九州，已是颇有影响。后来黄巾起义失败，太平道日趋衰微。同样是在东汉顺帝时，张陵学道于蜀郡鹄鸣山，招徒传教，信道者出米五斗，故称五斗米道。其孙张鲁保据汉中多年，后又与最高统治当局合作，使得五斗米道的影响从西南一隅播于海内,遂为道教正宗。

2. 中期的南天师道和北天师道

两晋南北朝时期,随着炼丹术的盛行和相关理论的深化,道教获得了很大发展。同时道教也汲取了当时风行的玄学,丰富了自己的理论。东晋建武元年,葛洪对战国以来的神仙家理论进行了系统地论述,著作了《抱朴子》,是道教理论的第一次系统化,丰富了道教的思想内容。南北朝时,寇谦之在北魏太武帝支持下建立了"北天师道",陆修静建立了"南天师道"。

3. 后期的正一道和全真道

到了唐宋,唐高祖李渊认老子李耳为祖先,宋真宗、宋徽宗也极其崇信道教,道教因而备受尊崇,成为国教。此时出现了茅山、阁皂等派别,天师道也重新兴起。在理论方面,陈抟、张伯端等人阐述的内丹学说极为盛行。

金朝时,在北方出现了王重阳创导的全真道。后来,王重阳的弟子丘处机为蒙古成吉思汗讲道,颇受信赖,并被元朝统治者授予主管天下道教的权力。而同时,为应对全真道的迅速崛起,原龙虎山天师道、茅山上清派、阁皂山灵宝派合并为正一道,尊张天师为正一教主,从而正式形成了道教北有全真、南有正一两大派别的格局。

明代时,永乐帝朱棣自诩为真武大帝的化身,而对祭祀真武的张三丰及其武当派大力扶持。此时,道教依然在中国的各种宗教中占据着主导地位。

清代开始,满族统治者信奉藏传佛教,并打击汉家思想的灵魂——道教。道教从此走向了衰落。

(二)早期道教的主要来源与产生的社会背景

第一来源于古代宗教和民间巫术;
第二来源于战国至秦汉的神仙传说与方士方术;
第三来源于先秦老庄哲学和秦汉道家学说;
第四来源于儒学与阴阳五行思想;

第五来源于古代医学与体育卫生知识。

(三)道教的基本教义

道教的基本信仰是"道"。一切教理教义都是由此衍化而生。道教所说的"道"出自老子《道德经》，但在道士眼里，道是宇宙万物之本源，同时又是"灵而有性"的"神异之物"。宇宙、阴阳、四时、万物都是由道化生。与"道"并提的是"德"，即道之在我者就是德。道教认为信徒要"修道养德"，不管是谁，只要认真修道养德，都可以得道成仙。因此，道教的最终目标是"得道成仙"。

(四)道藏

道教的经典著作是《道藏》，它是道教发展过程中所产生的各种经书之集大成，内容庞杂，除道教经书外，还收录了部分诸子百家著作。对道士来说，其中主要有价值的是各种经典、记论、戒律及修炼办法。其中，一般道士必读的篇章有：《道德经》《三洞箓》《洞玄箓》《上清箓》《玉皇经》《清静经》等。道士念经就是诵读和背读以上文章。

"道藏"是古代的大百科全书，载有哲学、政治、军事、经济、教育、文学、历史、

◎ 湖北武当山

◎ 四川峨眉山

艺术、医学、化学、天文、地理、数学、技术各方面丰富的内容。陆静修的《三洞经书目录》为道教经典的编纂创立了三洞、四辅、十二部的体例和原则：三洞即洞真、洞玄、洞神；四辅指太平、太玄、太清、正一；十二部为本文、神符、玉诀、灵图、谱录、戒律、威仪、方法、众术、记传、赞颂、奏表。

（五）道教四大名山

即安徽齐云山（白岳仙关）、湖北武当山（神秘空灵）、四川青城山（幽然仙境）、江西龙虎山（碧水丹崖），是中国道教圣地，分别供奉广援普度天尊、真武大帝、道德天尊、降魔护道天尊。

三、中国伊斯兰教

中国的伊斯兰教一般认为是在唐朝永徽二年（651 年）从阿拉伯传入中国的泉州、广州等地，在不同历史时期有不同的称谓。据全国人口普查统计，中国大陆穆斯林人口约 3000 万人。遍布全国各省（区）的大多数城乡，主要聚居于新疆、宁夏、甘肃、青海、陕西、河南、河北、云南、山东、山西、安徽、北京、天津等地区。港澳台地区亦有穆斯林分布，以大分散小集中为特征。穆斯林聚居区均建有规模不等的清真寺，形成以清真寺为中心的穆斯林社区。

四、中国天主教

天主教是基督教的三大派别之一，亦称公教、罗马公教、罗马天主教。

基督教是对奉耶稣基督为救世主的各教派统称，亦称基督宗教。公元 1 世纪，发源于罗马的巴勒斯坦省（今日的以色列、巴勒斯坦和约旦地区）。它建立的根基是耶稣基督的诞生、传道、死亡与复活。基督教主要包括：天主教、新教、东正教三大教派和其他一些较小教派。在中国，因为历史翻译的原因，通常把新教称为基督教。

元代，罗马教皇尼古拉四世派传教士来中国传教，30 余年中教徒发展至 3 万余人，元朝覆灭后，天主教在中国绝迹。明代和清代前期，以利玛窦为代表的天主教传教士入华传教获得成功。到清康熙年间，教徒已达 15 万人，但天主教会因中国人祭祖祀孔问题发生了"礼仪之争"，导致"百年禁教"。1840 年鸦片战争之后，清政府被迫签订一系列不平等条约。根据条约有关条款，中国被迫取消了"教禁"，为西方列强在中国的传教活动规定了种种特权，天主教在中国得到很大发展。

◎ 利玛窦是天主教在中国传教的最早开拓者之一，也是第一位阅读中国文学并对中国典籍进行钻研的西方学者。

中华人民共和国成立后，中国天主教界的爱国人士号召广大天主教徒行动起来，清除中国天主教界的帝国主义分子及其影响，实现中国天主教的自立革新。1957 年，中国天主教爱国会成立。同年开始，中国天主教实行了自选自圣主教，使长期以来为国外势力操纵的中国天主教成为中国天主教界自办的宗教事业。1980 年，中国天主教教务委员会和中国天主教主教团在北京成立，中国天主教独立自主、自办教会事业向前推进。全国性天主教团体是中国天主教爱国会和中国天主教主教团，简称"一会一团"。

截至 2018 年 4 月，中国的天主教信徒约 600 万人，宗教教职人员约 0.8 万人。依法登记的宗教活动场所共有天主教教区 98 个，教堂和活动堂点 6000 余处。山东平阴胡庄天主教堂、山东济南洪家楼天主教堂、江西临川抚州天主教堂并称全国三大天主教堂。

五、中国基督教

◎ 马礼逊

在中国,"基督教"一词一般单指新教。新教,亦称基督新教,是基督教的一派,与天主教、东正教并称为基督教三大派别。

明末清初天主教在中国努力开展传教工作时,英国一些基督教新教教徒也开始注意向中国传教。直至 1807 年英国传教士马礼逊奉伦敦传教会派遣来华传教。由于东印度公司的轮船拒载,马礼逊只好于 1807 年 1 月 31 日乘坐汇款号轮船先去纽约,同年 5 月 12 日再乘三叉号轮船绕道好望角入印度洋,经马六甲海峡,于 9 月 4 日到澳门,三日后潜入广州,秘密地寄住在一家美商货栈里,学习汉语,成为基督教新教第一位来华的传教士。1814 年阴历九月初九,马礼逊为帮助他做印刷工作的蔡高施洗,使其成为第一位中国基督教新教教徒。

自马礼逊等先锋传教士来华传教之后,欧美等国的一些新教差会也开始将关注的目光投向中国。裨治文(1801—1861 年)受美国公理会委派,于 1830 年来华传教,是美国教会在中国传教事业的开拓者,在早期中美关系史上亦有一定影响。1830 年裨治文抵达澳门,25 日乘船赴广州,住进了美国商馆。之后,他参与基督教早期在华的出版、教育和医药等多方面的活动,参与创办了早期的一些基督徒团体。他创办了中国基督教第一份英文月刊《中国丛刊》,并担任编辑,旨在调查、刊登中国的气象、地理、出产、商情等信息,向西方介绍中国政治、历史、法律、风俗、文学、宗教和人文情况。《中国丛刊》是当时西方人了解中国的主要资料。1836 年 1 月,马礼逊教育会成立,其宗旨是在中国开办和资助学校,教中国青少年读中文和英文,通过媒介将西方各种知识传递给他们,裨治文担任通讯秘书。

鸦片战争之前,基督教新教经过马礼逊等人的努力已经传入中国,但外国人不能以传教士的身份进入中国,更不能进入中国内地,因此,基督教新教的传教事业人数不多,影响不大,传播不广。鸦片战争之后,随着一系列不平等条约的订立,外国传教士在"传教条款"的保护下,纷纷涌入中国。

中华人民共和国成立以后,我国基督教以《圣经》为依据,持守基本信仰,继承大公教会和宗教改革传统,在信仰和社会实践中扎根中国文化沃土,逐步实现从"基督教在中国"向"中国基督教"的转变。时至今日,中国基督教新教已经成为中国多元文化的重要一页。

第九章
中国政治文化

政治是上层建筑领域中各种权力主体维护自身利益的特定行为以及由此结成的特定关系，它是人类历史发展到一定时期产生的一种重要社会现象。钱穆在《中国历代政治得失》序言中说，"政治乃文化体系中一要目""要研究中国传统文化，绝不该忽略中国传统政治。"

一、中国古代政治制度

吴晓波在《历代经济变革得失》中说得好："与其他国家相比，中国最独特之处在于，我们是唯一保持了两千年中央集权制度的国家，也是当今世界上前三十大经济体中唯一保持这一制度的国家。这种中央集权、大一统的国家模式并非一日建成，它经历了一个漫长、血腥和充满探索的过程。对于专制者来说，想要维持集权统治，必须在中央与地方的权力分配模式、全民思想的控制模式、社会精英的控制模式以及与之相配套的宏观经济制度模式这四个方面完成制度建设。中国历史上的众多制度创新，从本质上说，都围绕着四大基本制度而展开。"这四大基本制度就是郡县制度、尊儒制度、科举制度、国有专营制度。相应地,我把中央集权制度叫作核心制度。一大核心制度、四大基本制度,就是我们认识中国政治文化的基本框架。

(一)中央集权制度

专制主义中央集权制度,是我国封建社会的基本政治制度。是指君主掌握国家最高权力,并通过军政官僚机关管理、控制国家的政体。包括皇帝制、官僚政治和中央集权等方面,其基本特征是皇权至高无上和不可分割,皇权不可转让,皇位实行世袭,君尊臣卑等。皇权愈来愈尊,臣民愈来愈卑,是古代专制主义中央集权发展的总趋势。

专制主义体现的是君臣关系;而中央集权处理的是中央和地方的关系。君主专制必然实行中央集权,但中央集权不一定要实行君主专制。在封建社会一般实行君主专制的中央集权制度。随着社会的发展,君主专制必然被淘汰,而中央集权将继续存在。当前中国实行中央集权的行政管理体制,但不是君主专制体制。

中央集权制度是一种国家政权的制度,以国家职权统一于中央政府,削弱地方政府力量为标志的政治制度。公元前 221 年,秦始皇在统一六国以后就着手建立和健全专制主义的中央集权制度,以巩固其对全国的统治,此后,这种政治体制在中国延续了 2000 多年。

◎ 秦始皇画像

先看中央行政制度。中国历史上主要有两种模式:

1. 三公九卿制

它是秦始皇创立的专制主义中央集权制度中的中央行政制度,由丞相、御史大夫、太尉等官职组成,其中丞相制度延续了 1000 多年,御史大夫兼理监察事务,太尉负责管理军事。

2.三省六部制

三省六部制是隋文帝综合汉魏以来的官制而创立的一种新的中央行政制度。三省为尚书省、中书省、门下省,是中央最高政府机构。中书省负责草拟和颁发皇帝诏令;门下省负责审核政令;尚书省负责执行国家重要政令,三省的长官都是宰相。六部即吏、户、礼、兵、刑、工六部,是尚书省的下设机构。三省六部既有分工又有合作,彼此相互监督和牵制,使封建官僚机构形成一个严密完整的体系,有力地提高了行政效率,加强了中央的统治力量。相权一分为三削弱了相权,加强了皇权。宋、元、明、清各朝官制均在此基础上稍加变化,实质情况变化不大。

(二)四大基本制度

1.郡县制度

为了保证帝国的稳定,在政治上必须保证中央的人事任命权,避免地方割据势力的滋生。郡县制度实际上是一种地方行政制度。

中国历史上的地方行政制度,主要有两大模式:

(1)分封制:分封制也称分封制度或封建制,即狭义的"封建",由共主或中央王朝给宗族姻亲、功臣子弟、前朝遗民分封领地和相当的治权,属于政治制度范畴。分封制与宗法制互为表里,紧密结合,在家庭范围内为宗法制,在国家范围内为分封制。西周统治者为了巩固奴隶主政

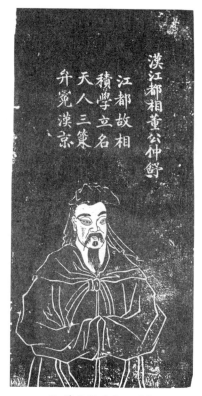

◎ 董仲舒西安石刻像

权,政治上实行分封诸侯的制度,使周朝巩固了统治,扩大了疆域。到春秋战国时逐步崩溃,被郡县制取代,在以后的某些朝代仍保留。

(2)郡县制:中国古代继宗法血缘分封制度之后出现的以郡统县的两级地方行政制度。春秋战国时出现,秦朝在全国推行,从而在全国范围内取代了分封制,大大削弱了地方政权的独立性,加强了中央集权,这是我国地方行政制度上一个划时代的改革,郡县制在我国被长期沿用下来,影响十分深远。

2. 尊儒制度

扼杀"百家争鸣"的学术传统,以实现全国在意识形态上的大统一。

"罢黜百家,独尊儒术"是董仲舒于元光元年(公元前134年)提出,在汉武帝时开始推行。意思是废除其他思想,只尊重儒家的学说。该思想已非春秋战国时期的儒家思想原貌,而是掺杂道家、法家、阴阳五行家的一些思想,是一种与时俱进的新思想。它维护了封建统治秩序,神化了专制王权,因而受到中国古代封建统治者推崇,成为2000多年来中国传统文化的正统和主流思想。

3. 科举制度

科举制度是一种选官制度。通过公平的考试制度,将社会精英吸纳到体制之内为国所用。

中国古代选官制度主要有4种:

(1)世官制

西周时期按照宗法血缘关系实行世卿世禄的选官制度。

(2)察举制

汉朝发展了选举人才的选官制度,其中察举制是主要内容,它是一种自下而上推选人才为官的制度。西汉通过这一制度加强了中央集权,主要依据个人才能和品德。东汉时,察举制注重孝廉一科。察举主要依据个人在地方上的声望,称为乡举里选。随着豪强地主势力的发展,门第族望成为选举的主要依据。

（3）九品中正制

魏晋南北朝时实行。起初家世和才能并重；西晋后，注重门第和家世，促进了士族制度的发展。

（4）科举制

随着士族的衰落和庶族地主的兴起，原来的选官制度已经无法推行下去，隋朝创立了科举制，唐朝加以完善。这一制度为历朝沿用，影响深远。

科举制度，是中国古代通过考试选拔官吏的制度。由于采用分科取士的办法，所以叫作科举。科举制改善了之前的用人制度，彻底打破血缘世袭关系和世族的垄断；"朝为田舍郎，暮登天子堂"，部分社会中下层有能力的读书人进入社会上层，获得施展才智的机会。但后期从内容到形式严重束缚了应考者，使许多人不讲求实际学问，束缚了思想。

在中国，科举制从隋朝（一说唐朝）开始实行，直至清光绪三十一年（1905 年）举行最后一科进士考试为止（世界上最后一届科举考试结束于1919 年的越南阮朝），前后经历 1300 余年，成为世界延续时间最长的选拔人才的办法。

4. 国有专营制度

在经济上，实行重要资源的国营化垄断，以控制国计民生。

专卖制度，古称禁榷制度。禁，乃禁止之意；榷，为独木桥。禁榷，就是禁止私人经营，由官府垄断，利出一孔，犹如过独木桥。这一制度在我国究竟出现于何时？比较主流的观点认为，这一制度萌芽于春秋时代的齐国。齐桓公时期，丞相管仲为了增加国家财政收入，提出了"官山海"的盐

◎ 管仲画像（《古圣贤像传略》卷一）

◎ 汉武帝刘彻画像

铁专卖政策。管仲认为:齐国盐业发达,专卖可以获得巨利;盐铁必须以商品形式进行交换,便于管理;专卖表面上看并没有向人民直接征稽,民怨较小。齐桓公采纳了这一建议,对盐和铁两项大宗商品实行了专卖政策,其具体形式为国家控制下的民制、官收、官运、官销。齐国的专卖制度为其带来了大笔的财政收入,为齐国的强盛奠定了基础。此后,专卖制度在我国时断时续,存续至今。

到了汉武帝时期,汉王朝对外发动战争,对内大兴土木,造成国家财政入不敷出。而此时,商人们却拥有巨额财富,过着骄奢淫逸的生活,丝毫不为政府分担财政压力。鉴于此,武帝再次实行了盐铁专卖制度,他任用桑弘羊等人,采取了一系列措施,既控制盐铁的生产,又控制盐铁的运输流通和销售,从而建立起了一套完整的官产—官运—官销的专卖体系。同时,汉武帝打击盐铁富商,最大限度地使私有盐铁业国有化。汉武帝时期盐铁专卖的推行,标志着专卖制度在经历了一个长时间的发展后基本定型。

到了唐代,专卖商品的范围不断扩大。中唐以前,国家专卖的商品始终局限于盐、铁、酒三种;中唐以后,纳入专卖的还有茶叶、矾、醋,以及唐宋两代王朝从海外贸易中得到的香药、犀象等。到了宋代,更是"国家征榷之法密于前世,无一目之漏、一孔之遗",而且专卖的法令也更为系统和严密。同时,专卖的形式也在这一时期有了较大的发展变化。随着商品经济的发展,专卖管理难度和成本不断增高,中央和地方政府不断地进行利益博弈,唐宋时期的专卖形式除了以前的产、运、销完全垄断经营之外,也出现了多种专卖形式。例如,只针对某个环节的部分专卖,官府出售专营权等。

（三）其他重要政治制度

1. 古代赋税制度

中国封建社会的赋税制度含义很广泛,一般包括:以人丁为依据的人头税,即丁税;以户为基础的财产税,即调;以田亩为基础的土地税,即田税;以成年男子为基础的徭役和兵役以及其他苛捐杂税。值得注意的是,两税法是赋税制度上的过渡时期,即以人丁为主要征税标准向以土地、财产为主要征税标准过渡。

夏商周时期:主要是贡赋制,它是我国赋税制度的雏形。周王将土地分封给诸侯,各诸侯必须向周王交纳一定的财物作为贡赋。

春秋时代:管仲的"相地而衰征",它是根据土地多少和田质好坏征收赋税;公元前6世纪初,鲁国实行的"初税亩"开始按亩收税。

汉朝时代:编户齐民制度。被正式编入政府户籍的平民百姓称为编户齐民。编户齐民具有独立的身份,对封建国家的主要赋役负担有田租、人口税、更赋、徭役、兵役等。另外,统治者还征收各种田亩附加税和征发杂税等。汉代的田租税较轻,但人口税和更赋很重。

魏晋南北朝时期:租调制。北魏孝文帝时开始实行,受田者每年必须向国家缴纳定量的租调和服徭役兵役等。

隋唐时期:唐朝前期实行租庸调制。"租"是成年男子每年向官府缴纳定量的谷物;"调"是缴纳定量的绢或布;服徭役的期限内,不去

中国古代赋税制度

- 西周——贡赋
- 春秋——按亩收税
- 秦朝——按人丁收税、征发徭役、兵役
- 西汉——编户制度
- 北魏——租调制度
- 隋唐——租庸调制度
- 唐中期——"两税法"
- 北宋中期——方田均税法和募役法
- 明——"一条鞭法""辽饷"
- 清——"地丁银"

◎ 中国古代赋税制度

服徭的可以纳绢或布代役叫"庸"。隋朝的庸有年龄限制（50岁以上），唐朝的庸不再有年龄限制。它保证了农民的劳动时间，有利于农业生产。唐朝后期实行"两税法"，主要按土地和财产的多少，一年分夏、秋两季征税，它开始改变了以人丁为主的收税标准，是我国赋税制度的一次重大改革。

北宋时期：募役法和方田均税法。募役法指政府向应服役而不愿服役的人户收取免役钱，雇人服役，不愿服役的官僚地主也要出钱，减轻了农民的差役负担，保证了生产时间。方田均税法指政府重新丈量土地，按土地多少和贫瘠收赋税，官僚地主不例外，增加了封建国家的田赋收入。

明朝时期：一条鞭法。把田赋、徭役和杂税合一，折成银两分摊在田亩上，按人丁和田亩多少收税。它适应了商品经济发展的需要，有利于农业商品化和资本主义萌芽的发展。

清朝时期：地丁银。雍正帝时实行摊丁入亩，把丁税平均摊入田赋中，征收统一的地丁银。它废除了人头税，有利于当时人口的增长和社会经济的发展。

我国古代的赋税制度中，初税亩、编户制、租调制的共同点是以人丁为主要征税标准；而两税法、一条鞭法、地丁银的共同点是以土地财产为征税标准。

2. 古代监察制度(聂义峰：从中国古代监察制度发展历程看国家监察体制改革——根植于历史文化传统的创制之举，2018—03—16。来源：中国纪检监察报)

我国古代监察制度形成于秦汉，成熟于隋唐，发展于宋元，完备于明清，是大一统的国家形成后确立的一项政治制度，对维护中央政令畅通、国家统一和社会稳定发挥了积极作用。

公元前221年，秦始皇统一中国，建立起封建专制主义的中央集权制度，并创建了相对独立的监察制度。在中央，设立御史大夫，位列三公，御史府为其官署，掌管天下文书和监察。在地方，皇帝派御史常驻郡县，称"监御史"，负责监察郡内官吏。两汉时，中央最高的监察机构——御史台，从原有的行政体系中分离出来，成为与行政系统平行、独立的国家监察机构，并制定了监察法规《监御史九条》和《刺史六条》。此后中国古代监察制度日益严密。隋朝时期，天下再次统一，形成了"三公、五省、三台、九寺、五监"的中央政府新体制，其中"三台"中的御史台、谒者台，就是专门负责内外监察的。唐朝时，监察体制呈现出系统化和完善化的特色，形成了组织完备、分工清楚、职责明确的御史台和谏官制度。唐朝时的监察机构被扩充为台院、察院和殿院，分别掌管对中央官员的监察、对地方官员的监察以及维护皇帝威仪和尊严。宋代时监察法规内容开始增多，对文武官员的监察更加规范化、制度化，御史台和谏官系统合二为一，发挥着中央监察职能；地方监察设监司和通判，直属皇帝。元朝制定了中国历史上第一部完整的监察法规《宪台格例》，在中央设有御史台，在地方设立行御史台和22道肃政廉访司，共同行使监察职责。明代调整了监察机构的设置，改御史台为都察院，又罢谏院，设六科给事中，成为六部的独立监察机构，科道并立；地方设13道监察御史和各省提刑按察司，同时设督抚，形成地方三重监察网络。清沿明制，设都察院纠察百官，所属15道分掌各省刑名，并以六科给事中并入都察院，加强对中央部门和各省官员的监察；清朝还制定了我国古代最完整的监察法典——《钦定台规》，至此古代监察制度发展到顶峰时期。

二、封建三权：皇权、相权与绅权

（一）皇权与相权

封建国家的权力，在顶层表现为皇权与相权的相互关系。所谓皇权，是指在中央集权的君主专制制度下，皇帝对全国的人民、土地、财富的控制、管理权。包括行政、军事、立法、司法、文教等大权。在当时社会，皇权是至高无上的、无法被超越的权力，表现为皇帝个人的独断专权。"相"的本质是辅助，战国后期，"相"逐渐成为百官之长，尊称为"相国"。"宰相"在古代大多数时期不是正式官名，而是一位或数位最高行政长官的总称。

大多数中国人认为：中国古代皇权与相权的关系是"皇权不断加强，相权不断被削弱"，事实上这句话是不太严谨的。可以说，中国在宋朝之前没有绝对的君主专制，皇权一直是受

汉相坐议事　　宋相站议事　　明相跪议事

◎ 古代皇权与相权的关系

到相权牵制的。中国在秦汉时期是独相，只有一个主要管事的宰相。到了隋唐时期三省六部制开辟了群相制度，宰相之间互相牵制。同时，宰相是可以对皇权进行制约的：皇帝颁布的诏书要经过中书省与门下省两次审核。宋朝二府三司制，皇帝的权力更进一步被限制。君权与相权不断的平衡是时代发展的潮流，本来相权与皇权已经磨合得非常默契了，为什么中国突然就废除了宰相，导致明清两朝使中国封建君主专制达到了顶峰？原因就在于元朝，蒙古统一中原，蒙古人对于中原制度的了解程度可能不是特别深入，不理解君臣之间微妙的关系，废除两省只留下一个中书省，再次倒回了与之前独相相同的情况，出现了燕帖木儿、铁木迭儿等有废立皇帝大权的宰相。明朝朱元璋本身是草根出身的皇帝，没有深厚的文化底蕴，继承了元朝制度，感到宰相权力太大，甚至有时候威胁到了自己，便一下子废除了丞相。这样一来的结果就是皇权与相权合一。皇帝直接面对群臣，这样对于皇帝来说不仅担子重，而且国家的命运与皇帝个人素质就有很大的关系了，只要皇帝稍有怠政，就会有所显现（所以明朝给人感觉特别黑暗）。自此开始，皇权便不断加强，相权不断削弱。对于中国后来的走向，造成了很大的不良影响。

（二）官权与绅权

皇权与相权都是官权，代表的是中央官员的权力。古代中国长期实行郡县制，除了中央官员，还有地方官员。封建国家的权力，在基层就表现为官权

与绅权的相互关系。"绅权"是一种特殊的历史现象。所谓"绅士"是一种非官非民的身份,在明清两代,绅士都有通过科举或者捐纳获得的功名。

明代绅权之盛令人咋舌,看过《儒林外史》的人都会留下深刻印象。清代绅士似不如明代嚣张,然而在后期,其专横跋扈实不让明代。不要说曾为职官的缙绅,即使是举贡生监,也可交结官府,称霸乡里,此种现象比比皆是。民国时期,旧绅虽淡出历史舞台,而新绅阶层却逐渐形成。总之,从明代以来至近代,绅士实际掌握着地方基层的控制权。

在地方上,绅权与官权有所分工。绅权的作用偏重于宣传教育和其他自治事务,绅士充任书院掌院,养成士子,办理社学义学,推广教育,充任乡约值月,宣讲圣谕。而官权的作用偏重于征课、司法、保卫。但这二者的职能作用又是互相渗透的,如乡约、耆老是由绅士公举的,而吏役则是由地方官决定去留的,保甲、地方虽由地方官指挥,却往往是由绅士补充的。

地方自治事务如善堂、积谷、修路、造桥、兴学之类有利可图的,照例由绅士担任,属于非常事务的,如办乡团、救灾、赈济、丈量土地、举办捐税、摊派一类,也非由绅士领导不可,负担归之平民,利益官绅合得。

三、朝贡体系

朝贡体系,是自公元前 3 世纪开始,直到 19 世纪末期,存在于东亚、东北亚、东南亚和中亚地区的,以中国中原帝国为主要核心的等级制网状政治秩序体系。常与条约体系、殖民体系并称,是世界主要国际关系模式之一。

朝贡体系的雏形是古代中国的畿服制度。即中原王朝的君主(或君王)是内服和外服的共主("天子"),君主在王国的"内服"(中心地区)进行直接的行政管理,对直属地区之外"外服"(边缘地区)则由中原王朝册封这些地方的地方统治者进行统治,内服和外服相互保卫。由此形成"普天之下,莫非王土"的世界共主的"天下"概念。在历史发展和文化传播过程中,中心"内服"统治区域不断扩展,许多"外服"地区在接受"内服"地区的社会组织和思

◎ 唐·阎立本 职贡图

想文化观念后,慢慢变成"内服"的一部分,而不断形成新的"外服"地区。在这种内外服之间的不断转化就变成所谓的"华夷之辨"。

在汉武帝击败匈奴、开通西域之后,由于在已知世界中不存在可以抗衡的对手,以中国中原王朝为中心的朝贡体系正式得以确立。在这时期的朝贡体系中,中原政权和其他诸国以"册封"关系为主。即各外国需要主动承认中原政权的共主地位,并凭借中央政权的册封取得统治的合法性。中央政权对各地方政权往往直接封为"某某国王",如"汉委奴国王""南越武王""疏勒国王"等。各受封国对中原政权按照不同的要求负有进贡和提供军队等义务。

291年,西晋爆发八王之乱,其后中原王朝崩溃,北方游牧民族大量进入华夏民族的中枢地带,原有的册封体系随之崩溃。直至589年隋朝重新统一之后,朝贡体系方得到恢复。但是,随着唐朝的崩溃,辽、宋、金、元等朝代相继而起,整个朝贡体系再次陷入混乱之中。在这一时期内,往往同时有多个政权均声称自己是中华正统天下之主,要求周边诸国朝贡,各小国往往也同时向多个大国朝贡,更有一些国家一边接受朝贡,一边又向更大的政权朝贡。这都使得这一时期的朝贡体系呈现出多元的网状特征。同时,这段时间内中原政权往往采取"羁縻"政策取代原有的册封制度,最主要的特点是,封赐的不再仅仅是王号,而是和直属官员相同的官职。比如,南朝宋顺帝就曾封百济国王为"镇东大将军"、封日本国王为"安东大将军"。唐太宗时开始,更普遍封赐各内属的地方首领官职,设立羁縻州、县。比如,渤海被封为"忽汗州大都督",疏勒被封为"疏勒都督",等等。

1368 年,明朝建立。1371 年明太祖朱元璋明确规定了把朝鲜国(今朝鲜半岛)、日本、大琉球国(今日本冲绳)、小琉球国、安南国(今越南北部)、真腊国(今柬埔寨)、暹罗国(今泰国)、占城国(今越南南部,后被安南灭国)、苏门答刺(今苏门答腊岛八昔)、西洋国(今科罗曼德尔海岸)、爪洼国(今爪哇岛)、溢亨国(今马来半岛)、白花国(今苏门答腊岛西北部)、三弗齐国(今苏门答腊岛巨港)、渤泥国(文莱)等 15 国列为"不征诸夷",写入《祖训》,告诫子孙:这些蛮夷国家如果不主动挑衅,不许征伐。他并且确定了"厚往薄来"的朝贡原则。由此最后确立了朝贡体系成为东方世界的通行国际关系体制。在这个体制中,中国中原政权成为一元的中心,各朝贡国承认这一中心地位,构成中央政权的外藩。15 世纪前期,随着郑和强大宝船队对印度洋的巡航,以及永乐帝朱棣对北方蒙古势力的扫荡,朝贡体系达到了巅峰,在明朝陆海军的"威逼"和"厚往薄来"政策的"利诱"之下,向明朝政府朝贡的国家和部族一度达到了 65 个。

在朝贡体系影响下,东亚地区逐渐形成一个以汉字、儒家为核心的东亚文化圈。

第十章

中国法律文化

法律是由国家制定或认可并依靠国家强制力保证实施的,反映由特定社会物质生活条件所决定的统治阶级意志,以权利和义务为内容,以确认、保护和发展对统治阶级有利的社会关系和社会秩序为目的的行为规范体系。法律是统治阶级意志的体现,是国家的统治工具。

一、古代法律起源

中国古代法律起源有两个方面,一是刑起于兵;二是法源于礼。由这两方面,逐渐形成后来的法律。

刑起于兵:一方面"师出以律"。在中国古代最初的刑起源于军事战争,最早的法脱胎于军事中产生的军法。另一方面"兵狱同制"。军事战争需要及时处置敌人、俘虏或其他违法犯罪行为,某些军法同时就是定罪量刑的刑罚。

法源于礼:礼产生于祭祀,在祭祀过程中,仪式得到强化和系统化,随着阶级分化,祭祀的仪式随等级不同而不同,此时礼成为衡量等级的标志。随着阶级的划分,上层阶级演化为统治阶级,他们借助政治势力将礼上升为调整人们社会关系的规范。至此,礼无论在形式上还是实质上都具有了法律的内涵,直至周公之礼,礼得到了规范化和系统化。

二、中国法律文化简史

中国的法律文化历史悠久。法律制度始于夏代,萌芽于战国,建立于秦,巩固于西汉,成熟于隋唐,加强于北宋,发展于元,空前强化于明清,不断发展以适应社会主义建设于中华人民共和国成立后。每一次演变都是中国法治的进步。

早在先秦时期,"法律"一词便出现了。春秋时代的管仲曾说"法律政令者,吏民规矩绳墨也"。由此可见当时统治者已经知道法律对维护社会稳定、促进繁荣的重要性了。其实最早出现法律制度的时期是夏代,夏代是中国第一个奴隶制国家,其法律总称为《禹刑》,其中出现了有关刑罚的法律条文,这标志着在夏代法律制度已经产生。

周代灭亡后,随着生产力的发展,奴隶制度解体,统治中国数千年的封建制登上历史舞台。战国时代封建制度正式确立,各诸侯国陆续颁布了以保护封建私有制为核心内容的法律。其中,魏国李悝在总结各国刑法典的基础上制定《法经》6篇,即《盗》《贼》《囚》《捕》《杂》《具》。《法经》是以刑为主、诸法并

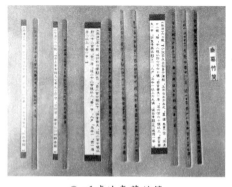

◎ 睡虎地秦墓竹简

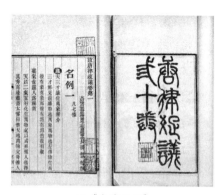

◎《唐律疏议》

用的第一部封建法典。

秦国统治者奉行法家学说,践行以法治国。在公元前475—公元前221年间,法家著名人物商鞅在秦国进行了前无古人的法制改革。他提出:废井田,重农桑,奖军功,实行统一度量和建立县制等一整套奋发求新的发展策略。此次变法是战国时代各国改革中最彻底的改革,秦国经济得到发展,军队战斗力不断强大,为后来统一六国奠定了基础。

秦朝建立后,秦始皇为了稳住皇权,安定社会,颁布了数千条法律,对平民百姓进行强烈的压迫,后来刘邦项羽起义灭掉秦朝。秦朝灭亡后西汉建立,西汉丞相萧何在《秦律》的基础上,制成《九章律》,确立以律、令、科、比为形式的一整套法律制度。汉武帝借前车之鉴,吸取秦朝的历史教训,实行"罢黜百家,独尊儒术",以统一人们思想来稳定政权,其实质乃外儒内法。这种封建法律思想一直为历代封建统治者奉行。

隋唐时期是法律制度大变革时期。隋朝的《开皇律》在封建法典中占有重要的地位。唐朝对法律的重视程度更为突出,唐太宗时制定《唐律》12篇,500条法律。《唐律》的"十恶"对威胁损害皇权及封建国家的思想、言论乃至行为严厉处罚,充分反映了《唐律》维护封建君主专制主义的本质与特征。高宗永徽年间,编订《唐律疏议》30卷,永徽四年颁布全国。《唐律》和《唐律疏议》是中国历史上最完整的封建法典,对中国封建法律的发展影响极大。

唐去宋来,宋代《宋刑统》是宋代的基本法典。宋朝全面强化封建专制,皇

◎ 大明律

◎ 大清律例

权极大。宋太祖赵匡胤黄袍加身的经历让他十分担忧历史的重演,于是他杯酒释兵权,推行重文轻武的制度,这也为宋朝在军事上羸弱百年被人欺埋下伏笔。

明清是中国封建社会的最后两个朝代,其法律亦反映出封建社会后期的时代特点。明清法规以律为主,律外有诰、例、令、条例、会典等。明太祖把"明礼以导民,定律以绳顽""治乱世用重典"等作为立法指导思想,制定了《大明律》。清代制定的《大清律例》是最后一部封建法典,其特点是在沿用前代法律后,增加了许多新的刑罚及民族压迫条例,调整经济关系的内容也大有增加,使法律更符合经济发展需要。

三、中华法系的特点

中华法系的特点有:第一,法律以君主意志为主。第二,礼教是法律的最高原则。第三,刑法发达,民法薄弱。第四,行政司法合一。这四个特点又可以整合为如下的五个基本特点:

以儒家思想为理论基础,摆脱了宗教神学的束缚。自汉武帝"罢黜百家,独尊儒术"以后,儒家的纲常名教成了立法与司法的指导原则,维护三纲五常成了封建法典的核心内容。由汉至隋盛行的引经断狱,以突出的形式表现了儒家思想对于封建法制的强烈影响。中国封建法律与西方不同,西方中世纪法律体系中涂有神灵色彩的宗教法规是重要的组成部分,起过维护封建统治的特殊作用。但在中国,早在奴隶制末期神权法思想已经发生动摇。在中国封建法律体系中,不存在中世纪西方国家那种宗教法规,儒家的纲常名教代替了以神为偶像的宗教。

维护封建伦理,确认家族法规。中国封建社会是以家族为本位的,因此,宗法的伦理精神和原则渗入并影响着整个社会。封建法律不仅以法律的强制力确认父权、夫权,维护尊卑伦常关系,并且允许家法族规发生法律效力。由宋迄清,形形色色的家内成文法是对国法的重要补充,在封建法律体系中占

◎ 魏国李悝和《法经》

有特殊的地位。

皇帝始终是立法与司法的枢纽。皇帝既是最高的立法者，所发诏、令、敕、谕是最权威的法律形式，皇帝可以一言立法，一言废法；皇帝又是最大的审判官，他或者亲自主持庭审，或者以"诏狱"的形式，敕令大臣代为审判，一切重案会审的裁决与死刑的复核均须上奏皇帝，他可以法外施恩，也可以法外加刑。而西方国家中世纪在相当长时间里，各级封建领主都享有独立的立法权和司法权。

官僚、贵族享有法定特权，良、贱同罪异罚。中国封建法律从维护等级制度出发，赋予贵族官僚以各种特权。从曹魏时起，便仿《周礼》八辟形成"八议"制度。至隋唐已确立了"议""请""减""赎""官当"等一系列按品级减免罪刑的法律制度。另一方面，又从法律上划分良贱，名列贱籍者在法律上受到种种歧视，同样的犯罪，以"良"犯"贱"，处刑较常人相犯为轻；以"贱"犯"良"，处罚较常人为重。中国的封建法律，同世界上任何国家的封建法律一样，是以公开的不平等为标志的。

诸法合体，行政机关兼理司法。中国从战国人李悝著《法经》起，直到最后一部封建法典《大清律例》，都以刑法为主，兼有民事、行政和诉讼等方面的内容。这种诸法合体的混合编纂形式，贯穿整个封建时代，直到20世纪初清末修律才得以改变。

在漫长的封建时代，中央虽设有专门的司法机关，但它的活动或为皇帝所左右，或受宰相及其他行政机关所牵制，很少有可能独立地行使职权。至于地方则由行政机关兼理司法事务，二者直接合一。宋、明、清的路省一级虽专设司法官，实际仍是上一级行政机关的附庸。在整个封建时代，中央司法机关的权限不断分散，地方司法权限不断缩小，这是封建专制主义不断强化的结果。

四、中国古代法律形式

中国古代的法律形式很多,总结起来有如下几种:刑、法、律、令、典、式、格、诏、诰、科、比、例。在一个朝代,经常有几种法律形式同时使用,组成该朝代的法律体系。不同法律形式的使用范围不一样,效力高低也有很大区别。

刑:在夏、商、西周和春秋时代通用。其含义和法相同,基本指刑律,不指刑罚。后来,刑称为法或律,战国以后常指肉刑或刑罚。

法:这是商鞅变法之前的常用法律形式,春秋战国时期,各国变法时都以法为名称,如魏国的《法经》,晋国的《被庐之法》。到商鞅变法将法改为律后,法仅仅在广义上使用。

律:这是商鞅变法后中国古代常用的法律形式,应用广泛,如秦朝的《田律》,汉朝的《九章律》,魏晋之后,有《魏律》《晋律》《北齐律》《隋律》《唐律》《大明律》《大清律》。

令:统治者就某一具体事务颁布的命令。是律的辅助性法律,在隋唐时期有专门法典,如《开皇令》和《贞观令》。

典:最早出现于唐朝的《唐六典》,是中国历史上第一部行政法典。后来的宋和元、明、清都有此类法典。

式:这是关于官吏具体行为的专门法律,范围非常广泛。式在唐朝还有一定地位,是唐朝律令格式法律体系的重要组成部分,但到了元明清时期,地位下降了很多,不再起主要作用。

格:也是一种行政法规。格作为独立的法律形式,最早出现于东魏的《麟趾格》。明清时将格的内容归入了会典和其他形式的法规,不再独立。

科:汉朝到南北朝时期的法律形式,科意思是断,所以依法断罪叫作科罪。在隋唐以后,敕的地位重要,科被敕和格所代替。

比:是两汉到南北朝时期的法律形式,也是一种审判原则。如果律中没有明确规定,可以用相似的律条定罪,这叫作比。因为这样类推断案,出现了司法腐败现象。到汉朝以后,比不存在,内容被吸收进其他法律形式里。但是类推形式在古代一直存在。

例:和比一样,例也是一种断罪原则,也是汉、唐、宋、明、清时期的法律形式,但名称不同。秦称"廷行事",即法庭成例;汉朝称为"故事",即以《春秋》中已有的故事作为断罪的依据;到了明清时,例和律并行,日益重要,在清朝时,其效力甚至高过了律。

诏:是古代皇帝发布的命令,也是很重要的一种法律形式,又叫诏令。皇帝的诏令经常具有最高的法律效力。既可以认可、公布法律,也可以改变、废除法律。

除了以上的法律形式之外,还有敕、诰、命、制、程等。值得注意的是,中国古代是专制集权社会,皇帝的权力是至高无上的,所以,他可以用诏、敕、诰等法律形式来发布新的命令,任意破坏现存的法律。这就构成了中国古代法律的最重要的一个特点:法自君出。

五、中国古代刑罚

古代刑罚是作为古代法律制度的重要组成部分,它的发展与变化,实质上也是整个中国社会发展与进步的浓缩。

(一)奴隶制五刑

奴隶制五刑,是指我国奴隶社会长期存在的墨、劓、剕、宫、大辟等五种法定刑。这五种法定刑由轻到重,构建了中国早期法律中完备的刑罚体系。奴隶制五刑作为中国奴隶社会具有代表性的刑法,始于夏,发达于商、周,影响及至三国两晋南北朝,延续了数千年之久。

1. 墨刑

又称黥刑,是在罪人面上或额头上刺字,再染上墨,作为受刑人的标志。

这种墨刑既是刻人肌肤的身体刑,又是使受刑人蒙受耻辱、使之区别于常人的一种耻辱刑。

2. 劓刑

就是割去受刑人的鼻子。鼻子是人的重要器官,而且与人的尊严密切相关,因此劓刑较墨刑为重。

3. 剕刑

也作刖刑,是指砍去受刑人手或足的重刑。始于西周,九刑之一。砍足曰剕,砍手曰刖。另外,与砍去手足相类似的还有砍去膝盖骨的膑刑。

4. 宫刑

是破坏受刑人生殖器官的残酷刑罚。对男性为去势,对女性为幽闭。这种宫刑剥夺了受刑人"传宗接代"的能力,在中国古代社会被视为是最大的耻辱和不幸,因而是五刑中除死刑以外最为残酷和最重的刑罚,一般适用于较重的犯罪者。

5. 大辟

是死刑的统称。在夏、商、周三代,死刑尚不规范,方法多种多样,而且极端残酷。特别是在商代末期的纣王时,除常见的斩、戮等死刑方法外,还出现了炮烙、醢、脯等酷刑。

(二)封建制五刑

封建制五刑在隋唐以前已经存在,到了隋唐正式定为法定刑罚使用。分别为笞、杖、徒、流、死。

1. 笞刑

即用法定规格的荆条责打犯人的臀或腿,自 10 至 50 分为五等,每等加

10,是五刑中最轻的一等,用于惩罚轻微或过失的犯罪行为。

2. 杖刑

即用法定规格的"常行杖"击打犯人的臀、腿或背,自 60 至 100 分为五等,每等加 10,稍重于笞刑。

3. 徒刑

即在一定时期内剥夺犯人的人身自由并强迫其戴着钳或枷服劳役,自一年至三年分为五等,每等加半年,是一种兼具羞辱性和奴役性的惩罚劳动。

4. 流刑

即将犯人遣送到指定的边远地区,强制其戴枷服劳役一年,且不准擅自迁回原籍的一种刑罚,自 2000 里至 3000 里分为三等,每等加 500 里,是仅次于死刑的一种较重的刑罚。妇女犯流罪的在原地服劳役三年。

5. 死刑

即剥夺犯人生命的刑罚,是五刑中最重的一种,分为斩、绞两等,绞因得以保全遗体而稍轻于斩。

第十一章
中国军事文化

军事，即军队事务，古称军务，是与一个国家及政权的国防之武装力量有关的学问及事务。有人认为，军事为政治的一部分，但在中国古代，军、政是分开的。比较正式的说法为，军事是一种政治延续。

一、中国历代兵役制度

兵役制度是军事制度的一个重要方面，是国家关于公民参加军队和其他武装组织、承担军事任务或在军队外接受军事训练的一项重要的军事制度。它随着国家的出现而产生，又随着国家的经济情况、政治制度和军事需要而变化。

我国在商西周时期已经有征兵制，族兵制是基本的兵役形态。商前期主要表现为氏族部落兵役制，每个部落成员在战争期间都有当兵作战的义务；后期主要表现为宗族贵族兵役制，军队的核心是王家与贵族子弟。西周时已建有庞大的常备军，虎贲等精锐从"王族"或"公族"中征集，车兵从"国人"中征集。服兵役的年龄为20—60岁。

春秋时代，随着战争日益频繁，战争规模日益扩大，对兵源的需求也愈来愈大。按社会等级服兵役的传统制度逐渐遭到破坏，兵役制度发生重大变化，"野人"（庶民）也有了当兵的权利和义务。不过他们只能充当徒卒，战车上的甲士仍由大小贵族和平民上层充任。战国时代，

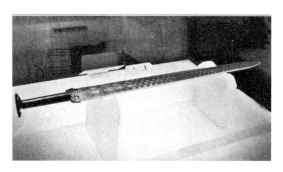

◎ 春秋越王勾践剑，春秋晚期越国青铜器，中国一级文物，1965 年湖北省荆州市江陵县望山楚墓群 1 号墓出土，现收藏于湖北省博物馆。

各国普遍推行郡县制，于是郡县征兵制成为基本的兵役制度，兵源扩大到全体民众。服兵役的年龄为 15—60 岁。大体上，男子达到"傅籍"（成年男子向政府登记户籍）的年龄，国家可以随时征调入伍。

秦汉时期继续采用郡县征兵制。适龄男子（按规定享有免役待遇者除外）均须服从征召，服兵役两年：一年在地方任正卒；一年在京师充任卫士或在边郡为戍卒。关于服役年限，汉昭帝以后，确定从 23 岁起正式服役，直到 56 岁解除兵役。征兵制从西汉中期以降，开始走向衰落。由于汉武帝时连年对匈奴用兵，仅靠征兵制已不能满足大规模战争的需要，于是在实行征兵制外，兼行募兵制，招募善骑射的壮丁从军。东汉时期，继续沿袭募兵制。无论是中央军，还是地方临时组建的军队或长期屯兵，大多采用募兵的形式招募士卒，募兵制成为主要征兵方式。

东汉后期，战乱频繁，人口锐减，征兵制和募兵制很难再推行下去，于是三国时期出现了世兵制。所谓世兵制，就是将士兵全家从普通百姓中抽离出来，使其脱离民籍，集中居住，另立专项户籍予以管理，称为"士籍"。除了士兵本人终身为兵外，其家属亦需世代为兵，士兵本人死亡的，其寡妻遗女也要配以其他士家。世兵制创立于三国，盛行于西晋，东晋南朝逐渐衰落。魏晋南北朝时期，除了世兵制之外，还存在征兵制、募兵制、府兵制等多种形式。府兵制为西魏宇文泰创建，设六柱国统兵，下设十二将军、二十四开府。编入府兵者，

另立军籍,不承担国家赋税,专事征战。

隋唐时期,仍以府兵制为主要兵役制度。隋时府兵开始编入民籍。在唐代,全国都有负责府兵选拔训练的折冲府。唐代中期,随着均田制的破坏,府兵因负担过重而大量逃亡,府兵制因此受到严重破坏而无法推行,募兵制遂再次盛行。自玄宗开元年间,京师宿卫、边镇戍兵和地方武力基本上都由朝廷招募的士兵充任。

宋代以募兵制为主,无论是中央军还是地方军,大都来源于招募。招募对象多为灾荒饥民、军士子弟或以罪犯充军,兵源缺乏时也抓民为军。宋朝的募兵为职业军人,一经应募,终身为兵,由国家发给粮饷。辽、西夏、金均实行全民皆兵的部落兵制,平时不脱离生产,战时应征入伍。

元朝的兵役制度较为复杂。蒙古各部仍实行成年男子皆兵的制度,其他民族则实行军户制度,由国家强行指定一部分百姓承担服兵役义务,另立户籍,一旦被签发为军户,就要世代服役。军户制实质上就是一种世兵制。

明代前期,为保证卫所军源的充足,继承了元朝的军户制度,规定卫所军士和武官全部世袭。军户由都督府管辖。自明中叶起,逃亡士兵日渐增多,世兵制逐渐走向崩溃的边缘。于是,募兵制再次兴起。招募来的士兵既不再入军籍,也不再世袭,人身依附关系较卫所兵减弱,待遇也相对优厚。

清代兵役制度杂有世兵制和募兵制。满族实行全民皆兵、耕战结合的八旗制度。各省绿营实行就地招募当地壮丁为兵的制度,但是后来由于兵皆土著,父兄在绿营当兵,子弟就作为余丁备补。兵有缺额,按级升补。募兵制逐渐转化成了世兵制。

二、中国古代兵种

兵种是军种内部依据主战装备、作战任务等划分的军队的基本种类。在中国古代历史上,由于每个时期作战对象、作战地域、军事技术的不同,兵种也存在很大的区别。总体而言,中国古代的兵种主要有步兵、车兵、骑兵、水兵、弩兵、炮兵等。

夏商时期，作战方式以步战为主，步兵是主要兵种。大约在商代晚期，专门为作战而制作的战车出现，并越来越多地用于军事。西周至春秋时代，随着生产力的发展、马车制造工艺的进步和争霸战争的加剧，战车数量大幅度增加，车战成为主要的作战

◎ 古代战车

方式。与此相应，车兵占据了军队主力兵种的地位，而步兵在大多数诸侯国中的地位普遍降低，主要配合车兵作战。

春秋后期以降，战争日益频繁，战争规模不断扩大，战争激烈程度大大提高，战场也从平原旷野扩展到山林险隘、江河湖泊等地域。为适应战争的需要，兵种方面发生了重大变化：步兵因其作战的机动灵活在春秋后期重新崛起，并逐渐取代笨重的车兵成为主要兵种；随着战场扩大到江河湖海各类水域，齐、楚、吴、越等诸侯国相继建立水师，开展水战，水师成为这些诸侯国的独立新兵种；为适应同北方游牧民族作战的需要，骑兵开始兴起，公元前4世纪末期的赵武灵王胡服骑射标志着骑兵作为独立兵种在中原各国开始发展起来；战国时代，弩开始在军队中大量使用，各诸侯国竞相以强弓劲弩装备军队，弩兵逐渐从步兵中独立出来。

秦汉时期，在新的政治、军事形势下，兵种也发生了较大的变化。主要表现在以下几个方面：在汉武帝大规模发展骑兵之前，步兵是数量最大的兵种，也是军队的第一主力兵种；骑兵在汉武帝时代得到迅速发展，并取代步兵成为军队的第一主力兵种，在西汉反击匈奴的战争中发挥了至关重要的作用；车兵不再是军队的主体，尤其是汉武帝反击匈奴的战争全面展开后，重点发展骑兵部队，战车更多的是用于构筑阵垒、防御敌军的冲杀，作为独立兵种的车兵逐渐退出历史舞台；水兵也是国家武装力量的重要组成部分，主要应用于秦汉中央政权与南部和西南部少数民族的战争中。

三国两晋南北朝时期,骑兵一直是北方地区军队的主力兵种,三国时魏国的骑兵在统一北方的战争中发挥过决定性的作用。这一阶段骑兵发展的一个重要表现是重装骑兵——骑手和战马都披护铠甲,大量出现并用于作战行动中。三国时吴国水军实力最强,蜀国则以弩兵为主力部队。南朝时期兵种以步兵和水军为主。

隋唐时期的军队仍主要由步兵、骑兵和水军、弩兵组成,其中以骑兵和水兵的作用最大。骑兵的建立主要是为了应对北方突厥的威胁。值得注意的是,为了发挥骑兵机动灵活的优势,唐代骑兵已经由南北朝、隋前期以重装骑兵为主变为以轻装骑兵为主。水军在作战中也占有重要地位,在隋灭陈、唐平萧铣、隋唐征高句丽的战争中,水军发挥了重要作用。五代时期,北方各国大都善用骑兵,南方各国则长于水战。

宋代兵种以步兵为主,水军为次。水军建设在宋代达到前所未有的规模,尤其是南宋中后期,水军人数已经达到 8.7 万余人,在抗击金军、保卫南宋政权的斗争中,功不可没。与宋对峙的辽、西夏、金以及后期的元都是少数民族建立的政权,骑兵为其主要兵种。炮兵在宋、辽、金、元时期是个新兴的兵种,除金代在其末年将少量的炮兵加以单独建置外,其他各政权的炮兵均混编于各军之中。两宋虽然没有单独的炮兵建置,但其发展较早。西夏,特别是金、蒙古和元,由于受到宋的影响和攻宋战争的需要,对炮兵的建设也逐步重视起来。

明清步兵和骑兵仍然是主力兵种。由于火器的迅速发展,明成祖朱棣时下令创建了一支以火炮、火枪为主要装备的部队——神机营,这标志着炮兵脱离了步兵成为一个独立的兵种。清代皇太极时,下令以"旧汉兵"(被俘或投降的明朝士兵或军官)组建了一支专门的炮兵部队,这支汉军炮兵部队大大加强了清军的战斗力,在后金与明的战斗中发挥了重要作用。随着专门的火器部队和炮兵的出现,骑兵的地位逐渐下降,明代骑兵主要和其他兵种配合作战,并配有火器。清代中期以后,骑兵无力抵御西方列强的入侵,最终退出军事舞台。

三、中国古代兵器

（一）冷兵器和火器

◎ 元代铜火铳

中外研究古代兵器都把火药用于兵器作为一个历史的分期阶段，即从冷兵器起源到 10 世纪火药用于军事前，是冷兵器时期；从火药用于军事到 19 世纪中叶，是火器与冷兵器并用时期。冷兵器时期又可以根据所用材料的不同，划分为石兵器、青铜兵器和钢铁兵器三个发展阶段。同样，火器与冷兵器并用时期，也可以按火药发展的进程与火器形制构造的演进，划分为初级火器的创制、火铳的发明与发展、火绳枪炮与传统火器全面发展等三个阶段。

（二）短兵器和长兵器

所谓短兵器，是指其长度一般不超过常人的眉际、分量较轻、使用时常单手握持的兵器。最常见的短兵器是刀和剑。武林中最常见的长兵器是枪、棍、大刀三种。

中国古代有"十八般武艺"之说，其实是指十八种兵器。至于究竟是哪十八种，历来说法不一，一般是指弓、弩、枪、棍、刀、剑、矛、盾、斧、钺、戟、殳、鞭、锏、锤、叉、钯、戈。

四、中国兵家

中国先秦、汉初研究军事理论，从事军事活动的学派，泛称兵家。据《汉

◎ 孙子

◎ 孙膑

◎ 吴子

书·艺文志》记载，兵家又分为兵权谋家、兵形势家、兵阴阳家和兵技巧家四类。兵家主要代表人物，春秋末有孙武、司马穰苴；战国有孙膑、吴起、尉缭、魏无忌、白起等；汉初有张良、韩信等。今存兵家著作有《黄帝阴符经》《六韬》《三略》《孙子兵法》《司马法》《孙膑兵法》《吴子兵法》《尉缭子》《将苑》《百战奇略》《李卫公问对》等。各家学说虽有异同，然其中包含丰富的朴素唯物论与辩证法因素。兵家的实践活动与理论，影响当时及后世甚大，为我国古代宝贵的军事思想遗产。

中国经济文化

经济指社会物质生产、流通、交换等活动,是政治、法律、哲学、宗教、文学、艺术等上层建筑赖以建立起来的基础。

一、中国古代经济的指导思想

重农抑商是中国历代封建王朝最基本的经济指导思想,其主张是重视农业、以农为本,限制工商业的发展。先秦的"奖耕战""抑商贾",秦至隋唐的"重农抑商""崇本抑末",宋元时的"抑商"与"专卖"法,明清的抑商与"海禁"政策,都是重农抑商政策的体现。

古代重农抑商政策主要表现在:统治者反复强调农业为本业,商业为末业;在土地问题上,采取抑制兼并的政策,防止农民大量破产,稳固农业生产基础;强化户籍管理,限制人口流动;从多方面限制商人和商业活动(限制商人的政治权利,堵仕途之路,不许其后代做官;利用税收制度惩罚商人;对重要行业采取官营,不许商人染指;从日常生活方面对商人进行限制,对其穿衣、建房、乘车都有歧视性规定,等等)。

二、中国四大田制

中国四大田制是不同历史时期采用的四种主要田制。农田土地制度几乎反映了中国古代不同历史时期的社会经济状况,田制的产生与取代也与国家兴盛有着密不可分的关系。

◎ 井田制

◎ 屯田制

(一)井田制

出现于商朝,到西周时已发展很成熟。到春秋时代,由于铁制农具和牛耕的普及等诸多原因,井田制逐渐瓦解。西周时期,道路和渠道纵横交错,把土地分隔成方块,形状像"井"字,因此称作"井田"。井田属周王所有,分配给庶民使用。领主不得买卖和转让井田,还要交一定的贡赋。领主强迫庶民集体耕种井田,周边为私田,中间为公田。实质是一种以国有为名的贵族土地所有制。

(二)屯田制

是汉以后历代政府为取得军队给养或税粮,利用士兵和无地农民垦种荒地的制度。有军屯、民屯和商屯三种。屯田始于汉武帝时西域屯田,为军屯。建安元年(196年)曹操采纳枣祗、韩浩的建议,在许昌招募农民屯田,当年得谷百万斛。后推广到各州郡,由典农官募民耕种,为民屯。屯田之民免服兵役和徭役,称"屯田客"。

(三)占田制

西晋颁布的土地、赋税制度。从占田制的内容看,它是一种既保证政府收入,又保护士族特权的一种土地制度。占田制并不是官府授田,更不是将地主的田地授予农民,而是在屯田制被破坏的前提下,允许农民占垦荒地。

(四)均田制

是由北魏至唐朝前期实行的一种按人口分配土地的制度,部分土地在耕作一定年限后归其所有,部分土地在其死后还给官府。西晋末年,中国北方在永嘉之乱之后,户口迁移,地皮荒凉,国库钱粮收入受到严重影响。为担保国库钱粮来历,北魏孝文帝于太和九年(485 年)宣布均田制并开始执行。到了唐朝中期,土地兼并日益严重,至唐天宝年间,根本无法实行土地还授,故至德宗年间被"两税法"取代。实施范围,一说始终仅实施于北中国,一说隋统一后实施于全国。

三、中国历代盐法

在中国的地理分布上,东部出海盐、中部出井盐、西部出湖盐,因盐而兴的城镇贯穿东西南北。江苏盐城、四川自贡、山西运城分别是海盐、井盐、湖盐的代表。

周朝就有对盐征收消费税的记载。春秋时代,管仲在齐国的经济改革中创立了食盐专卖,使盐利"百倍归于上","设轻重鱼盐之利,以赡贫穷,禄贤能,齐人皆悦"。除夏、商、周三代以前和隋代、唐初之外,我国历代政府为确保政府财政收入,对盐业生产大都实行征税或专卖制度。盐既是民生之必须,也是国家财政赋税收入的重要来源,甚至是一种重要的战略资源。

在古代中国,盐业专卖又称禁榷。自汉武帝起,各朝都对盐业实行不同

◎ 盐政衙门

◎盐铁论

程度的专卖（其他被专卖的商品还可能包括铁、酒、茶叶、矿产品等）。这样合法贩卖的盐叫官盐，非法贩卖的叫私盐。汉昭帝时期，政府专门就盐、酒、铁专营的问题展开辩论，其内容由桓宽编著成《盐铁论》。辩论结论是废除铁、酒专营，保留盐业。到了汉光武帝时期，食盐由专卖改为征税。武帝时征战频繁，国库窘迫，富商们却不愿"佐国家之急"，汉武帝因此下令将盐、铁经营完全收归官府，实行专卖，由官府直接组织食盐生产、运输和销售，禁止私人经营。

到唐朝中期，对食盐的管理都比较松弛，"亭户冒法，私鬻不绝"。贩私者往往"多结群党，并持兵杖劫盗及贩卖私盐"。到了乾元元年（758 年），又改为全部官营。宝应元年（762 年），盐铁改为民间制造，官府统购，批发专卖。这次改革增加了政府税收收入。盐业收入占政府总收入的一半之多，史称大历末，"天下之赋，盐利居半"。

唐后期以及宋代，为保证官卖收入，食盐流通被政府严格控制，严格划分销盐区域，实行销界政策，不同产区的盐限制在某一区域销售，不得逾越。如广南盐不能销于与之临近的虔州一带，因其是来自远处的淮盐销区。这种人为规定，使得交通不便、偏远落后地区的民众难得食盐。宋神宗时成都府路禁止较近的东川盐进本地，组织人力去很远的解州搬运解盐，又因山路险阻而不得，民众苦无盐食。官盐短缺让边远地区的私盐运贩更加泛滥。

明清时期的盐法被称为"纲商引岸"制度。盐商运销食盐，须先向盐运司交纳盐课，领取盐引，然后到指定的产盐区向灶户买盐，再贩往指定的行盐区销售。然而盐引并不能随便领取，商人必须以引窝为据，证明自己拥有运销食盐特权。为了得到引窝，商人又必须事先"认窝"，也就是交纳巨额银两取得官府授予的垄断经营权。"纲商引岸"制度使盐商基本上垄断了全国的食盐销售，因此他们可以任意压低买价、抬高卖价，获取巨额利润。

四、中国古代经济形态

（一）农业

农业是古代经济发展的主要部门。古代中国最基本的经济形式是小农经济。它的特点，一是以家庭为生产、生活的基本单位，精耕细作；二是农业和家庭手工业相结合；三是生产的主要目的是满足自家基本生活的需要和交纳赋税，而不是进行商品交换，是一种自给自足的自然经济。在中国，自给自足的自然经济始终在封建经济中占主导地位。

（二）手工业

中国古代手工业的重要部门主要有纺织业、冶金业、陶瓷业、造船业、造纸业、制漆业、煮盐业、酿酒业等，它的发展有三种主要形式：官营手工业、私营手工业和家庭手工业。古代手工业以农业为基础，又促进了古代商业的发展，呈现出许多特征。

（三）商业

中国古代商业不断发展。商朝人善于经商，后世将经商的人称为"商人"，商朝以贝作为货币。春秋战国时期，中原市场形成并繁荣。隋唐商业继续发展，城市中出现固定的交易场所——市，政府设置官员管理物价、税收等。市中有邸店、柜坊。唐朝后期，

◎ 清代晋商

一些繁华的大城市里有了夜市；在广大农村，出现草市。两宋时期打破市坊界限，出现了世界上最早的纸币"交子"。明清时期出现商人团体——商帮，涌现出数十座较大的商贸城市和以工商业著称的市镇，商品经济发展向农村延伸，白银成为普遍流通的货币。

晋商、徽商、粤商、陕商、闽商、赣商、洞庭商帮、鲁商、龙游商帮、宁波商帮并称中国十大商帮。

◎ 盛唐开元通宝

◎ 世界上最早的纸币——交子

五、中国古代货币

中国的货币不仅历史悠久，而且种类繁多，形成了独具一格的货币文化。先秦时期，各诸侯国实行不同的货币制度：在不同地区使用形制各异的刀币、布币、环钱。秦统一中国后，中国货币主要以环钱为主要形制。到北宋，出现了世界上最早的纸币——交子。到明代，白银成了最主要的流通货币。

先秦：商朝人善于经商，以贝为币；战国时代，各国出现了铁钱，秦国使用圆形方孔钱，称半两钱（齐国使用刀形币，赵国使用铲形币，楚国使用蚁鼻形币）。

秦汉：规定圆形方孔钱作为通行全国的货币。汉代以黄金和铜钱为主币。汉代的铜钱重量几经变化，至武帝铸五铢钱才稳定下来。

三国：货币减少，布帛、谷物成为主要的流通手段。曹魏曾以法令形式废止铜钱,使用实物交易,以后行废不定。

隋唐:仍铸五铢钱,禁止使用前代大小不一的旧币,有利于贸易的发展。唐初改革币制,唐高祖下令"废五铢钱,行开元通宝"。新铸的"开元通宝",成为唐朝通用的货币,后来发行量很大。以后历代的货币都以它为范式。设柜坊专营货币的存放和借贷,是我国最早的银行雏形,比欧洲地中海的金融机构要早六七百年。

宋元:北宋时在四川地区出现了世界上最早的纸币"交子"。由金属货币发展到纸币,是社会经济发展的必然结果。纸币的推广,减轻了商人携带金属货币的负担,有利于商品交换,反映了商业的高度发展。

明清:明初,主币是纸钞,辅币是铜钱,禁止民间使用金银交易。到明中后期,白银成为普遍流通的主要货币。

第十三章
中国教育文化

　　中华民族有着悠久的历史、灿烂的文化，素以文明古国著称于世。中国古代的学校教育在世界教育史上也是发达最早的。在公元前3000余年的原始公社后期已有学校教育的萌芽；经夏、商、西周和春秋战国形成比较定型的学校，并建立了初步的学校教育制度；秦汉以后学校教育继续发展，学校教育制度进一步完善和系统化；直至清末建立新式学堂，逐步过渡到近代教育制度，构成了古代学校教育制度产生和发展的全过程。

一、中国古代教育的组织形式

　　中国古代的学校教育按其性质分为官学和私学两大类（横向），书院则是中国封建社会所特有的一种教育组织。

（一）古代官学

　　官学是指中国封建朝廷直接举办和管辖，以及历代官府按照行政区划在地方所办的学校系统，前者称中央官学教育，后者称地方官学教育，二者共同构成了中国古代最主要的官学教育制度。

虽有西周"学在官府"之说,但由朝廷设立中央官学正式创始于汉朝。魏晋南北朝时期政局纷乱,官学时兴时废。及至唐朝,中央官学繁盛、制度完备,发展到顶峰。南宋以后官学逐渐走下坡路。封建社会后期,中央官学逐渐衰败,实际上成了科举制的附庸,名存实亡。清末,中国古代官学完全被西方的学堂和学校教育所取代。

1. 中央官学

中央官学教育可分为下列几种类型:

(1)太学和国子监

最高学府。汉代特别重视发展官学,重点是太学。自汉武帝元朔五年(公元前 124 年)创太学设置博士弟子 50 名,至汉成帝时增至 3000 人,质帝时太学生增至 3 万余人。汉代太学规模之宏大,世界罕见。隋文帝设国子寺,隋炀帝时改名国子监,是中国设立专门教育管理机构之始,一直延续到清代。太学和国子监是封建王朝培养人才的主要场所,在办学育人、繁荣学术、发展科举取士等方面,都积累了许多宝贵的经验,在中国和世界教育史上占有重要的地位。

(2)专科学校

东汉末年创立的鸿都门学,南朝的史学、儒学、玄学,唐宋明三代分别创办的书学、算学、律学、医学、画学、武学等,都属于培养某种专门人才而设立的专门学校。此外,还有研究科学、玄学,如唐朝咒禁学、崇玄学等,都属于特殊的专门学校。

(3)贵族学校

东汉的四姓小候学,唐朝的弘文馆,宋朝的宗学、诸王宫学及内小学,明朝的宗学,清朝的旗学、宗学等,都属于以贵族子弟为教育对象的贵族学校。

(4)短期学校

在封建社会中央官学系统中,有少数学校,既不是高等学府,又不属于专科学校,更不是贵族学校,而是君王或执政大臣暂时开设、时间短促、无制度系统的学校,故称为短期学校。如宋代的外学(又名辟雍)、广文馆、四门学等都属这类短期学校。

2.地方官学

中国古代的地方官学自西汉景帝时文翁在蜀郡设学宫开始。汉武帝对文翁设学宫甚为赞许,并诏令天下郡国皆设学宫。从此以后,有些郡开设学宫,至汉平帝元年(公元3年)始建立了地方学制度。按制度规定,郡曰学,县道邑侯国曰校,乡曰庠,聚曰序。学校名称由此而来。东汉出现了"学校如林,庠序盈门"的局面。魏晋南北朝地方官学衰废,"空有建学之名,而无弘道之实"。唐代为中国封建社会的"盛世",其前期教育事业空前发展,地方官学繁盛。自天宝安史之乱后,即告衰废。

(二)古代私学

在古代中国社会中,私学是与官学相对而存在的,并在中国教育史上占有重要的地位。

中国古代私学教育发生于春秋时代,其中以孔子的私学规模最大、影响最深远。秦朝采纳丞相李斯的建议颁"禁私学令",否定教育的作用,违背历史发展规律,实为秦二世而速亡的原因之一。汉武帝罢黜百家、独尊儒术,以今文经学为官学,但是并不禁止私学。魏晋南北朝时期,官学衰颓,私学却呈现繁荣局面,名儒聚徒讲学仍占重要地位,学生人数上百人或计千人屡见不鲜。唐代私学遍布城乡,制度不一,程度悬殊,既有名士大儒,如颜师古、孔颖达在任官之前,均是私学教师,"以教授为业""以教授为务",一代名儒刘焯、国子学博士尹知章,不仕归田后均在家乡教授生徒;另一方面也有村野启蒙识字的私立小学。唐代以后,宋、元、明、清私学教育,一方面是书院制度产生和发展,形成私学的重要形式;另一方面蒙学教育主要是私人设立的学塾、村学和蒙学,启蒙教材宋代有《百家姓》《三字经》,以及以后编的《千家诗》《杂字》等。到明清,学塾有坐馆(或教馆)、家塾(或私塾)、义学(或义塾)等三种形式。

（三）书院教育

书院起源于唐代，鼎盛于宋元，普及于明清，改制于清末，是集教育、学术、藏书为一体的文化教育机构。它在系统地综合和改造传统的官学和私学的基础上，建构了一种官学和私学相结合的教育形式。它

◎ 岳麓书院

从唐中叶到清末，历经千年，形成了一整套独特的办学形式、管理制度、教授方法，促进了我国古代文化教育的发展和繁荣。在中国古代教育史、学术史上占有重要地位。

书院是中国封建社会特有的一种教育组织，在世界教育发展史上独具特色，它对中国封建社会后期学术文化的发展、人才的培养，曾起过巨大的推进作用。藏书、供祭和讲学是构成书院的"三大事业"。由于藏书是古代书院的重要内容和特征，书院藏书也因此成为中国古代藏书中的一种重要类型，与官府藏书、私人藏书、寺院藏书一起，并称为中国古代藏书事业的四大支柱。

书院既是教育教学机关，又是学术研究机关，实行教育教学与学术研究相结合；书院盛行"讲会"制度，允许不同学派进行会讲，开展争辩，在一定程度上体现了"百家争鸣"的精神；书院的教学实行"门户开放"，不受地域限制；书院以学生个人读书钻研为主，十分注重培养学生的自学能力，发展学生的学习兴趣，书院教学多采用问难论辩式，注意启发学生思维，提高学生能力；书院内的师生关系比较融洽，师生之间的感情相当深厚。

1998 年 4 月 29 日，国家邮政局在河南商丘举办了"四大书院"邮票首发仪式，邮票所选书院为河南商丘应天书院、湖南长沙岳麓书院、江西九江白鹿洞书院、河南登封嵩阳书院。

二、中国古代教育的阶段划分

从纵向来看,中国古代教育分为蒙学、小学和大学三个阶段。

(一)蒙学

蒙学,是对我国传统的幼儿启蒙教育的一个统称。与小学、大学并列,是我国传统教育中的一个重要阶段。古代儿童"开蒙",接受教育的年龄一般在四岁左右,现在也有一种观点认为,四岁恰好是儿童学习汉字的最佳年龄段。蒙学教育的基本目标是培养儿童认字和书写的能力,养成良好的日常生活习惯,能够具备基本的道德伦理规范,并且掌握一些中国基本文化的常识及日常生活的一些常识。清人王钧(1783—1854年)所撰《教童子法》是一部专门论述启蒙教育著作,对蒙学教授方法作全面论述,并对蒙学的一般原理提出了独特的见解。

中国传统蒙学教材可分五类:一是综合各种常识的识字课本,以《三字经》《百家姓》《千字文》等最为著名。二是诗文教学的课本,以《千家诗》《唐诗三百首》《古文观止》《唐宋八大家文钞》以及《笠翁对韵》等最为著名。三是历

◎ 三字经

◎《大学》书法

史知识的教材,最为著名者有晋人李瀚编纂的《蒙求》。四是博物常识教材,最为著名者有宋代方逢辰编写的《名物蒙求》。五是封建伦理道德教育的教材,这类教材多为宋明理学家所编,最为著名者有元代程逢原所编的《增广性理字训》。此外,还有《名贤集》。

(二)小学

小学是指对儿童、少年进行初等教育的学校。西周时就有小学,在此前称为下庠、西序、左序。此后名称也不一。官学有四门小学、内小学,私学有书馆、乡塾等。入小学的年龄大体在八岁。《白虎通》:"八岁入小学,十五入大学是也。"小学学习的内容,如朱熹《大学章句序》说:"人生八岁,则自王公以下,至于庶人之子弟,皆入小学,而教之以洒扫、应对、进退之节,礼乐、射御、书数之文。"

(三)大学

入大学的年龄大体在 15 岁。大学学习的内容,如朱熹所说:"及其十有五年,则自天子之元子、众子,以至公、卿、大夫、元士之适子,与凡民之俊秀,皆入大学,而教之以穷理、正心、修己、治人之道。此又学校之教、大小之节所以分也。"大学的教材主要是四书五经。

第十四章
中国体育文化

体育活动作为一种社会文化现象，是随着社会生产的发展和社会生活的变化，并伴随着早期科学、艺术、教育、宗教和军事战争等活动而适时出现的。在人类早期社会生产和生活中的球戏、射箭、舞蹈、搏击等活动内容，是人类体育活动的萌芽形式。中国古代有着丰富多彩、种类非常齐全的体育活动，这在世界其他古代文明中是罕见的。

一、射箭

射箭是中国古代传统体育项目，它源于远古人类进行狩猎和保卫自身安全的需要。在中国古代，射箭不仅作为一项军事体育项目而发展，同时也是学校体育教育的主要内容之一。到清代末年，随着科学技术的不断发展，射箭逐渐丧失了它的军事作用，成了一项专门的传统

◎ 射箭

体育运动形式。

　　射箭，可谓是中国古代体育项目的鼻祖了。据考古发现，射箭在距今 2.8 万多年前就已经出现了。考古工作者在山西峙峪人文化遗址，曾经发现了一件距今 2.8 万年的石箭头，这表明当时人类已经在开始使用弓箭了，这是用石头磨制的箭头，绑在木杆上作为当时射箭的用具。当时的孔子、荀子以及墨子等人，都是射箭爱好者，而且对学生身体力行，同时也鼓励学生射箭。《汉书·艺文志》记载的射法，就包括《李将军射法》《魏氏射法》等有 8 种 69 篇之多。

二、武术

　　集实战、表演和健身于一体的中华武术，是独具民族特色的传统体育项目。其内容包括徒手、器械及各种套路和形式等。武术活动源于史前人类的社会实践，兴盛于宋代，明清时得到了进一步发展，出现了丰富多彩的套路，形成了风格迥异的流派。

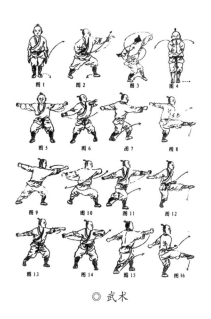

◎ 武术

三、保健养生

　　以呼吸和按摩配合肢体运动的保健养生，是中国古代医疗体育的重要内容。早在 3000 多年前的夏商时期，人们为增进长寿、健康，即创造了各种保健养生方法。在长期的历史发展中，包括导引、行气、按摩在内的各种养生形式，逐渐形成了独具特色的中华民族体育的重要内容。

　　导引，原为古代的一种养生术，早在春秋战国时期，就已出现与"吹呴呼吸、吐故纳新"相结合的名为"熊经""鸟申"的二禽戏。"导"指"导气"，导气令和;"引"指"引体",引体令柔。可见,导引是我国古代的呼吸运动(导)与肢体运动(引)相结合的一种养生术,也是气功中的动功之一,与现代的保健体操相类似。行气亦称"服气""食气""炼气",为道教早期修炼方术之一,是指一种以呼吸吐纳为主,而往往辅以导引、按摩的养生内修方法,一般又分外息法和内息法两大类,其重点在以我之心,使我之气,养我之体,攻我之疾,从而延年益寿。

四、球戏

◎ 蹴鞠

球戏,是中国古代球类活动的总称,主要包括被称为古代足球的蹴鞠、骑马以杖击球的马球、徒步以杖击球的捶丸以及板球、手球等。多样的形式,丰富的内容,使中国古代球类活动千姿百态,成为中华民族体育的重要组成部分。

蹴鞠,又名"蹋鞠""蹴球""蹴圆""筑球""踢圆"等,"蹴"有用脚蹴、踢、踢的含义,"鞠"最早系外包皮革、内实米糠的球。因而"蹴鞠"就是指古人以脚蹴、踢、踢皮球的活动,类似今日的足球。据史料记载,早在战国时代中国民间就流行娱乐性的蹴鞠游戏,而从汉代开始又成为兵家练兵之法,宋代又出现了蹴鞠组织与蹴鞠艺人,清代开始流行冰上蹴鞠。因此,可以说蹴鞠是中国古代流传久远、影响较大的一朵体育奇葩。击鞠(也就是现代的马球)亦称打毬或击毬,唐代较为盛行。游戏者必须乘坐于马上击球,击鞠所用的球有拳头大小,球体的中间被掏空,制球的原料是一种质地轻巧且柔韧的木材,球的外面还雕有精致花纹。捶丸,来源于唐代的"步打球",到了宋朝,步打球由原来的对抗性竞赛逐渐演变为非对抗性比赛,取消了球门,改用球穴,球进穴得一分。竞赛形式变了,名称也随之改变了,叫"捶丸"。根据《丸经》记载:捶丸是在空旷地上画一球基,离球基七步至百步做一定数目的球窝,旁树彩旗,用棒从球基击球入窝,以用棒数少或得穴数多的一方为胜者。从所记场地、运动用品、竞争人数、竞赛方式、裁判规制等方面来看,与现代的高尔夫球很相似。

五、水戏

水戏,亦称水嬉,是我国源远流长的各种水上游戏活动。其内容包括游泳、龙舟竞渡、弄潮、水秋千、水傀儡、踏混木、水百戏等。它源于原始人类的渔猎生产活动。在历史的发展过程中,由于军事上的需要,提高了水上运动的技术水平;与民间节日活动的紧密结合,丰富了水上运动的形式,它是传统体育的重要组成部分。

六、冰戏

冰戏,是我国古代冰上运动的总称,它源于寒冷的北方地域。中国古代的冰戏活动兴起较早,但盛于明、清时期。这个时期的北方以速度滑冰、花样滑冰和冰床、冰上

◎ 冰戏活动

射箭等运动为主要形式。它是中国古代少数民族传统体育运动的主要项目。

七、棋戏

棋戏,是中国古代体育活动的重要内容,包括围棋、象棋、六博棋、双陆棋

◎ 围棋

等形式。几千年来,它既娱乐着世世代代的民众,开启着人们的智慧,同时又满足了人类的竞争心理。这些内容丰富、形式多样的棋戏,是富有浓郁民族特色的传统体育活动。

围棋起源于中国,传为帝尧所作,春秋战国时期即有记载。隋唐时经朝鲜传入日本,流传到欧美各国。围棋使用方形格状棋盘及黑白二色圆形棋子进行对弈,棋盘上有纵横各19条直线将棋盘分成361个交叉点,棋子走在交叉点上,双方交替行棋,落子后不能移动,以围地多者为胜。象棋在中国有着悠久的历史,先秦时期已有记载。属于二人对抗性游戏的一种,由于用具简单,趣味性强,成为流行极为广泛的棋艺活动。六博棋是古代棋戏的一种,在春秋战国和秦汉时期都非常盛行。这种棋由两人玩,双方各有六枚棋子。其中各有一枚相当于王的棋子叫"枭",另有五枚相当于卒的棋子叫"散"。行棋在刻有曲道的盘局上进行,用投箸的方法决定行棋的步数。据现代棋史学家的研究,这种古老的六博棋实际上是世界上一切有兵种盘局棋戏的鼻祖,诸如象棋、国际象棋、将棋等有兵种的棋戏,都是由六博棋逐渐演变改革而成。在我国古代的博戏中,除了六博以外,还有一种叫"双陆"的盘局游戏曾经风行一时。棋子的移动以掷骰子的点数决定,首位把所有棋子移离棋盘的玩者获得胜利。

八、马术

马术,是中国古代流传久远的运动项目之一,主要有骞马、马上技巧和戏马等形式。汉代的马术活动兴盛。唐宋时期,马术在宫廷中已成为一种娱乐项目,并有了新的发展。明清之际,无论是民间还是军中,马术的比赛和表演活动更盛,反映了中国历代马上运动的发展和马术表演的高超水平。

九、跑与举(负)重

跑与举(负)重活动形式的产生,源于原始人类的生活实践,是人类必须具备的基本技能。由于军事和战争的需要,在历史的发展中,跑与举(负)重这两项运动技能不断得到提高。各个时期出现了不同形式的长距离跑和不同特点的举(负)重,进一步丰富了中国体育的内容。

十、角抵、相扑、摔跤

中国古代的角抵,亦称相扑,即后来的摔跤,是一项历史悠久的传统体育项目,传说起源于黄帝。在中国古代几千年历史中,这一活动形式既是军事训练的重要内容,又是社会上的一种娱乐项目,有着广泛的群众性,并在文化的交往中不断地流传国外,成为具有广泛影响的传统体育活动。

"角抵"一词来源于"以角抵人",是一种类似现在摔跤、相扑一类的两两较力的活动。角抵最初是一种作战技能,后来成为训练兵士的方法,又演变为民间竞技,带有娱乐性质。角抵的起源可以追溯到上古时代。到了秦汉时期,角抵活动非常盛行,但是当时的角抵已经不再是一种争斗相搏的手段,而是成为一种带有一定表演成分的游戏活动。晋代角抵出现了另一名称"相扑"。到了唐代,相扑、角抵二名称并行,其特点还是赛力性的竞技,且多在军中进行。相扑在汉族民间盛行是到了宋代以后。北宋京城汴京

◎ 角抵戏图

每年都举行一两次相扑比赛,并且成为一种流行的娱乐表演节目,甚至出现了女子相扑。到南宋时,京城临安举行男子相扑,总是先由女子相扑手进行表演,以招揽观众。宋金元时期的相扑大致可分为两类,一类是正式决胜负的比赛,有"打擂台"的性质。另一类相扑,则是平日在瓦舍等场所里进行的表演性相扑,其竞争性不像前者那样激烈。明代以后,相扑多用摔跤这一名称。尤其是满族人入主中原之后,摔跤也自然而然地被带入中原,与中原悠久的摔跤形式结合,一下子把摔跤推向了一个崭新的高峰。

十一、技巧

技巧动作,是一项具有民族特色的传统运动形式。它的原始形态是由人类自身的劳动实践所决定的。随着社会文化的发展,以中国古代百戏中的倒立、柔术和翻筋斗为主要内容的技巧,逐渐地日趋丰富起来。在历史的长河中所凝练成的高难动作和多样的运动形式,成了中国古代体育活动的重要组成部分。

中国古代的技巧运动,源于史前人类自身的活动和生产劳动实践,随着社会的发展和人类文化的进步,至秦汉之际,这一运动形式已经成为统一封建大帝国精神文化形态之一的"乐舞百戏"艺术的主要内容。从范围上讲,这种技巧运动形式的主要项目有筋斗、倒立、柔术、戏车、戴竿、绳技等,其中许多项目都需要高度的身体技巧。这些丰富的以展现身体的高度技巧为主的运动形式,经汉代以后,基本上确立了其在中国古代盛行的"百戏"艺术中的地位。魏晋隋唐五代时期,有关技巧的身体运动项目,

◎ 明宪宗元宵行乐图(局部)

基本上是沿袭着汉代已经较为完备的形式,但在难度上、方式上都有一定程度的发展。宋元明清时期的技巧活动形式,从宫廷到宴乐,从城镇到乡间,流行更为广泛。尤其是城镇的演艺场所和乡村走会表演,都有着多种形式的身体技巧内容。此外,除了动作技巧有所发展外,在项目上也有变化。现藏于中国历史博物馆的明人绘《明宪宗元宵行乐图》卷中,就有一部分是表现技巧内容的画面,其形式有蹬轮、钻圈、倒立旋人、柔术以及叠人等,充分反映了这时技巧项目的发展和盛行状况。

十二、民俗游乐

适应人类文化娱乐生活及有益身心的民俗游乐活动,是随着人类社会文化生活的不断进步而丰富和发展起来的。包括投壶、秋千、风筝、舞龙、戏狮以及垂钓等形式在内的民俗游乐活动,其丰富多彩的内容,使中国古代传统体育活动更富有浓郁的民族特色。

投壶是古代士大夫宴饮时做的一种投掷游戏,也是一种礼仪。在战国时代较为盛行,尤其是在唐朝,得到了发扬光大。投壶是把箭向壶里投,投中多的为胜,负者照规定的杯数喝酒。

秋千是中国古代北方少数民族创造的一种运动。将

◎ 投壶

◎ 纸鸢

长绳系在架子上，下挂蹬板，人随蹬板来回摆动。春秋时代传入中原地区，因其设备简单，容易学习，而深受人们的喜爱，很快在各地流行起来。汉代以后，秋千逐渐成为清明、端午等节日进行的民间习俗活动并流传至今。

风筝是由古代劳动人民发明于我国春秋时代，至今已 2000 多年。相传墨翟以木头制成木鸟，研制三年而成，是人类最早的风筝起源。后来鲁班用竹子改进墨翟的风筝材质。直至东汉期间，蔡伦改进造纸术后，坊间才开始以纸做风筝，称为"纸鸢"。到南北朝时，风筝开始成为传递信息的工具；从隋唐开始，由于造纸业的发达，民间开始用纸来裱糊风筝；到了宋代，放风筝成为人们喜爱的户外活动。

舞龙俗称玩龙灯，是我国民族传统民俗文化活动。每逢喜庆节日，人们都会舞龙。舞龙时，龙跟着绣球做各种动作、穿插，不断地展示扭、挥、仰、跪、跳、摇等多种姿势。所以以舞龙的方式来祈求平安和丰收就成为全国各地传统的一种民俗文化。

舞狮是我国优秀的民间艺术。每逢佳节或集会庆典，民间都以舞狮来助兴。舞狮有南北之分，南方以广东的舞狮表演最为有名。狮子是由彩布条制作而成的。每头狮子由两个人合作表演，一人舞头，一人舞尾。表演者在锣鼓音乐下，装扮成狮子的样子，做出狮子的各种形态动作。

垂钓是垂竿钓鱼的简称，俗称"钓鱼"，是指使用钓竿、鱼钩、渔线等钓具，从江河湖海及水库中把鱼提出来的一项活动。

第十五章

中国古典文学

　　文学是用语言塑造形象,反映社会生活的一种语言艺术,是文化中极具强烈感染力的重要组成部分。中国古典文学有诗歌、散文、小说以及词、赋、曲等多种表现形式,在各种文体中,又有多种多样的艺术表现手法,从而使中国古典文学呈现出多姿多彩、壮丽辉煌的图景。

一、神话

　　什么是神话? 根据马克思的科学的概括,神话是"在人民幻想中经过自觉的艺术方式所加工过的自然界和社会形态"。引申地说,神话是远古时代的人民对其所接触的自然现象、社会现象,幻想出来的具有艺术意味的解释和描述的集体口头创作。

◎《山海经》夸父逐日

中国神话极为丰富,但缺少专门整理和系统研究。许多神话保存在古代著作中,如先秦的《山海经》《左传》《国语》《楚辞》《吕氏春秋》《列子》,汉代及三国的《淮南子》《汉书》《吴越春秋》《三五历纪》《风俗通义》,魏晋六朝的《搜神记》《述异记》等。现存最早、保存最多神话的是《山海经》。

根据袁珂《中国神话史》,神话大致可以分为十类:开天辟地神话、创造人类神话、始祖诞生神话、活物论神话、解释自然现象神话、推原神话、风俗神话、征服自然神话、民间传述的神话、融入史诗和叙事诗中的神话。

二、寓言

(一)寓言的特点及类型

寓言是用比喻性的故事来寄托意味深长的道理,给人以启示的文学体裁,也是从神话传说和动物故事演化而来的一种文体。该词最早见于《庄子》,在春秋战国时期兴起。寓言起源于民间,直接反映劳动人民的愿望、要求和理想,表达了劳动人民的思想、感情和意志。

寓言的特点主要有:篇幅一般比较短小,语言精辟简练,结构简单却极富表现力;鲜明的讽刺性和教育性,多用借喻手法,使富有教育意义的主题或深刻的道理在简单的故事中体现,主题思想大多借此喻彼、借远喻近、借古

◎ 庄子

喻今、借小喻大;故事情节的虚构性,主人公可以是人,也可以是物;常用手法有比喻、夸张、象征、拟人等;"寓"是"寄托"的意思,即把作者的思想寄寓在一个故事里,让人从中领悟到一定的道理。

寓言的类型大致有两种:一种是用夸大的手法,勾画出某类人的特点和

思想;另一种是用拟人的手法,把人类以外的动植物或非生物人格化,使之具有人的思想感情或某种人的特点。

(二)中国寓言的历史

我国古代寓言在两千多年的漫长历史中,经历了不同的发展阶段。根据寓言本身的发展情况以及当时的社会背景和文学背景分为五个阶段。

1. 先秦寓言

先秦是我国古代寓言产生和蓬勃发展的时期。其中战国时代是寓言创作的黄金时代。当时的寓言作品集中在诸子散文里,为阐述不同流派的哲理和政治主张服务,可称为"说理寓言"。

2. 两汉寓言

两汉寓言的题材和手法大多因袭先秦,其主旨是为空前统一的封建帝国汉王朝寻求长治久安之道,即希望通过寓言来宣传历史的经验教训,在政治上、生活上,给人们以劝诫,可称为"劝诫寓言"。

3. 魏晋南北朝寓言

魏晋南北朝是中国历史上的一个重大转变时期,哲学上、文学上、艺术上都具有明显的过渡性质,其寓言的创作也是一样。此时的寓言可称为"嘲讽寓言"。

4. 唐宋寓言

这是我国古代寓言创作的第二个高潮时期。其特点是寓言的讽刺性加强而哲理性减弱,可称之为"讽刺寓言"。

5. 元明清寓言

元末明初及明中叶以后,曾掀起两次寓言创作高潮。其特点是冷嘲热讽的笑话成分增多,其中很多寓言可称之为"诙谐寓言"。

三、诗

诗乃文学之祖、艺术之根。诗的创作一般要求押韵、对仗和符合起、承、转、合的基本要求。中国诗歌发于先秦,魏晋时期发展迅速,在唐代达到高峰。了解中国诗歌,可以分四个阶段来看:一是唐以前的诗歌;二是唐诗;三是宋诗;四是宋以后的诗歌。

(一)唐以前的诗歌

◎《诗经》

1.《诗经》——中国现实主义文学的源头

《诗经》是中国最早的诗歌总集,是中国文学的光辉起点, 也是中国现实主义文学的源头。它的出现以及它的思想性和艺术成就, 是中国文学发达很早的标志, 在我国乃至世界文化史上都占有极高的地位。

《诗经》共三百零五篇,故又称《诗三百》,包括周初至春秋中叶(公元前11世纪至公元前6世纪)大约500多年的历史。《诗经》按《风》《雅》《颂》三类编辑。《诗经》内容丰富,反映了劳动与爱情、战争与徭役、压迫与反抗、风俗与婚姻、祭祖与宴会,甚至天象、地貌、动物、植物等方方面面,是周代社会生活的一面镜子。《诗经》的艺术技法被总结成"赋,比,兴",与"风,雅,颂"合称"六义"。赋、比、兴的运用,既是《诗经》艺术特征的重要标志,也开启了中国古代诗歌创作的基本手法。

2.《楚辞》——中国浪漫主义文学的源头

《楚辞》是战国时代以屈原为代表的楚国人创作的诗歌,是中国浪漫主义文学的源头。

在语言形式上,《楚辞》打破《诗经》的四言形式,从三、四言发展到五、七言。在创作方法上,《楚辞》吸收了神话的浪漫主义精神,开辟了中国文学浪漫主义的创作道路。在诗歌内容上,《楚辞》运用楚地（今湖南、湖北一带）的方言声韵,叙写楚地的山川人物、历史风情,具有浓厚的地域文化色彩,如宋人黄伯思所说,"皆书楚语,作楚声,纪楚地,名楚物"(《东观余论》)。

◎ "楚辞"的创立者和代表作者屈原

"楚辞"的创立者和代表作者是屈原。屈原(公元前340—前278年),战国时代楚国人,名平,字原。出生于楚国丹阳(今湖北省宜昌市境内),是楚武王熊通之子屈瑕的后代。屈原是中国最早的浪漫主义诗人,也是中国文学史上第一位留下姓名的伟大的爱国诗人。他的出现,标志着中国诗歌进入了一个由集体歌唱到个人独唱的新时代。

3. 乐府——中国叙事诗成熟的标志

乐府最初始于秦代,汉时沿用。公元前112年,汉武帝时汉朝正式设立乐府机构,后来演变成一种文体。宋人郭茂倩编的《乐府诗集》是收罗汉迄五代乐府最为完备的一部诗集。

两汉乐府民歌真实而深刻地反映了两汉的社会生活和人民的思想感情。两汉乐府诗中有叙事诗也有抒情诗,而以叙事诗的成就更为突出。在形式上,两汉乐府诗实现了由四言诗向杂言诗和五言诗的过渡。汉乐府民歌流传到现在的共有100多首,其中著名的篇章有揭露战争灾难的《十五从军征》,有表现女性不慕富贵的《陌上桑》《羽林郎》等,最为著名的是长篇叙事诗《孔雀东南飞》。

◎ 木兰替父从军

乐府在南北朝时期得到又一次发展。它们不仅反映了新的社会现实,而且创造了新的艺术形式和风格。这一时期民歌总的特点是篇幅短小,抒情多于叙事。南朝乐府保存下来的有 480 多首,一般为五言四句小诗,几乎都是情歌。南朝民歌清丽婉转,更多地反映了人民的纯洁真挚的爱情生活,具有反封建礼教的精神;北朝民歌粗犷刚健,广泛地反映了北方动乱不安的社会现实和人民深重的苦难。在体裁上,北朝乐府除以五言四句为主外,还创造了七言四句的七绝体,并发展了七言古诗和杂言体。北朝乐府最有名的是长篇叙事诗《木兰诗》,它与《孔雀东南飞》并称为中国诗歌史上的"双璧"。

4.《古诗十九首》——中国五言诗成熟的标志

五言诗是我国古典诗歌的主要形式。《古诗十九首》是中国最早的文人五言诗代表作,标志着五言诗已经达到成熟阶段。为南朝萧统从传世无名氏《古诗》中选录十九首编入《昭明文选》而成。刘勰的《文心雕龙》称它为"五言之冠冕",钟嵘的《诗品》赞颂它"天衣无缝,一字千金"。

《古诗十九首》的主要艺术特色是长于抒情,其抒情方法往往是用事物来烘托,融情入景,寓景于情,二者密切结合,达到天衣无缝、水乳交融的境界。其次,善于通过某种生活情节抒写作者的内心活动,抒情中带有叙事意味,使诗中主人公的形象更鲜明突出。第三,善于运用比兴手法,衬映烘托,着墨不多,而言近旨远,语短情长,含蓄蕴藉,余味无穷。

5.《陶渊明集》——中国田园诗的源头

中国古代的田园诗指歌咏田园生活的诗歌,多以农村景物和农民、牧人、渔夫等的劳动为题材。东晋大诗人陶渊明开创了田园诗体后,唐宋等诗歌中的田园诗便主要变成了隐居不仕的文人和从官场退居田园的仕宦者所作的以田园生活为描写对象的诗歌。

陶渊明(365—427 年),字元亮,又名潜,私谥"靖节",世称靖节先生,浔阳柴桑人。陶渊明是汉魏南北朝 800 年间最杰出

◎ 陶渊明

的诗人,有《陶渊明集》。后世称他为"百世田园之主,千古隐逸之宗"。陶诗今存 125 首,多为五言诗。从内容上可分为饮酒诗、咏怀诗和田园诗三大类。

6.《谢康乐集》——中国山水诗的源头

山水诗,是指描写山水风景的诗。虽然诗中不一定纯写山水,亦可有其他的辅助内容,但是呈现耳目所及的山水状貌声色之美,则必须为诗人创作的主要目的。山水诗由谢灵运开创,脱胎于玄言诗。

谢灵运(385—433 年),原名公义,字灵运,南北朝时期杰出的诗人、文学家、旅行家。祖籍陈郡阳夏(今河南太康县),生于会稽始宁(今绍兴市嵊州市)。明人辑有《谢康乐集》。

谢灵运所开创的山水诗,把自然界的美景引进诗中,使山水成为独立的审美对象。他的创作不仅把诗歌从"淡乎寡味"的玄理中解放出来,而且加强了诗歌的艺术技巧和表现力。这些诗以富丽精工的语言,生动细致地描绘了永嘉、会稽、彭蠡湖等地的自然景色。特别是那些垂范后世的佳句,无不显示着高超的描摹技巧,其语言工整精练,境界清新自然,犹如一幅幅鲜明的图画,从不同的角度向人们展示着大自然的美。李白、杜甫、王维、孟浩然、韦应

物、柳宗元诸大家,都曾取法于谢灵运。

7.《玉台新咏》——继《诗经》《楚辞》之后的第三部诗歌总集

◎《玉台新咏》

《玉台新咏》是继《昭明文选》之后,于公元6世纪编成的一部上继《诗经》《楚辞》、下至南朝梁代的诗歌总集,历来认为是南朝徐陵在梁中叶时所编,但据近年学界考证,应为张丽华编写,徐陵作序(见章培恒《中国文学史新著》)。收诗769篇,计有五言诗8卷,歌行1卷,五言四句诗1卷,共为10卷。除第9卷中的《越人歌》相传作于春秋战国之间外,其余都是自汉迄梁的作品。内容中多收录男女感情的记述表达,以及日常生活的方方面面,刻画出古代女子丰富的感情世界,也展示出深刻的社会背景和文化内涵。

(二)唐诗

唐代(618—907年)是我国诗歌史上的黄金时代,各体诗歌全面成熟。300年间,诗才辈出(独具风格的著名诗人五六十个),作品繁多,题材广泛,形式多样,风格各异。仅《全唐诗》所录就有2300多人,近5万首诗。自唐朝开始,有关唐诗的选本不断涌现,而流传最广的当属蘅塘退士编选的《唐诗三百首》。

按照时间,唐诗的创作分为四个阶段:初唐、盛唐、中唐、晚唐。

初唐时期(618—712年):代表作家有"初唐四杰"——王勃、杨炯、卢照邻、骆宾王。此外,还有王绩、陈子昂("诗骨")等。

盛唐时期(650—755年):唐诗发展至顶峰,题材广阔,流派众多,出现"山水田园诗派"与"边塞诗派"等。伟大的浪漫主义诗人李白("诗仙")和现实主义诗人杜甫("诗圣"),是这一时期最杰出的代表。王维("诗佛")和孟浩然是最具代表性的两位田园诗人,此外还有储光羲、常建、祖咏、裴迪等人。高适和岑参是最具代表性的两位边塞诗人,此外还有王昌龄("七绝圣手")、李颀、王之涣、王翰、崔颢、刘湾、张谓等人。

中唐时期(766—835年):诗人各有成就,但成绩最卓著的要数白居易("诗魔")。他继承并发展了《诗经》和汉乐府的现实主义传统,从文学理论和创作上掀起了一个现实主义诗歌的高潮,即新乐府运动。元稹、张籍、王建、李绅都是这一运动中的重要诗人。元结、顾况、戴叔伦等则是新乐府运动的先驱。刘长卿("五言长城")、韦应物、柳宗元等的山水诗创作,受到王维、孟浩然的影响。卢纶、李益的边塞诗,则是岑参、高适的继续。这一时期还另有一派诗人,这就是韩愈、孟郊("诗囚")、贾岛("诗奴")、李贺("诗鬼")等人。他们的诗歌艺术比之白居易另有创造,自成一家。此外,刘禹锡("诗豪")等也颇有成就。

晚唐时期(875—907年):诗歌感伤气氛浓厚,代表诗人是杜牧、李商隐。杜牧的诗以七言绝句见长。李商隐以爱情诗见长。晚唐后期,出现了一批继承中唐新乐府精神的现实主义诗人,代表人物是皮日休、聂夷中、杜荀鹤。他们的诗锋芒毕露,直指时弊。此外,陆龟蒙、罗隐、韦庄、司空图等成就也较大。

(三)宋诗

宋诗是在唐诗的基础上发展起来的,但又自具特色。虽然其成就不如唐诗,但对后世的影响仍然很大,在中国文学史上占有重要地位。

从北宋开国到宋真宗赵恒朝七八十年的时间里,宋诗基本上沿袭唐风。主要流派有以王禹偁为代表的白居易体(简称白体)、魏野、林逋为代表的晚唐体和杨亿、刘筠、钱惟演为代表的西昆体。诗人的个人成就,以王禹偁为最大。他是宋代提倡向李白、杜甫、白居易学习的第一个诗人,写下不少关心民间疾苦的诗篇。宋仁宗赵祯时,欧阳修、梅尧臣、苏舜钦等青年文学家,在反对骈文、提倡古文的同时,连带反对杨亿、刘筠片面追求偶切、不重内容的近体唱和诗风,上承宋初王禹偁关心现实的精神,主张大量创作以反映国计民生为传统的古体诗,以配合当时的政治改革运动。11世纪后半期,王安石、苏轼相继主盟诗坛,宋诗创作形成第一个高峰期。这一时期的重要诗人还有黄庭坚、陈师道等,并出苏轼门下,但诗风与苏轼不同。黄庭坚作诗,有所谓"点铁成金""脱胎换骨"的方法,目的是"以故为新"。后来起而效法者,以此为定式,形成在南北宋之际影响十分巨大的江西诗派。南宋前期,以陆游为代表的中兴诗人,纷纷从江西诗派的束缚下解脱出来,建立起自己的风格。陆游的"从军乐"、杨万里的"诚斋体"、范成大的田园诗,均能独自在文学史上占有一席之地。南宋后期,再也没有出现比较重要的诗人。先后活跃在诗坛上的"永嘉四灵"和"江湖诗派",为诗宗贾岛、姚合,重新走宋初的沿袭晚唐诗风的老路,虽也写出一些清新可读的作品,但总的来说,宋诗也如当时的政局,已是风雨飘摇,每况愈下。直至宋末文天祥等爱国志士以血泪凝成的《正气歌》留名汗青,宋诗才最后迸出了一道引人注目的亮光。

(四)宋以后的诗歌

宋代以后的诗歌,基本未能超出唐、宋诗的风格范围。由于时代风气、个人喜好和艺术见解的不同,形成了尊唐派和宗宋派的长期论争。

四、赋

(一)赋的分类

赋是我国古代的一种有韵文体,介于诗和散文之间,类似于后世的散文诗。赋早在战国时代后期便已产生,最早写作赋体作品并以赋名篇的可能是荀子。语句上以四、六字句为主,句式错落有致并追求骈偶;语音上要求声律和谐;文辞上讲究藻饰和用典;内容上侧重于写景,借景抒情。

赋大致分为五种,也正是五个重要时期:

西汉人将楚国诗人屈原、宋玉的作品也视为赋体,没有一定的限制性,这称作楚辞体的骚赋;

汉赋篇幅较长,多采用问答体,韵散夹杂,喜堆砌词语,好用难字,极尽铺陈排比之能事,被后人视为赋体正宗,也称古赋;

六朝赋是东汉抒情短赋的变体,其特点是篇幅短小,句式整齐,多为四言、六言骈偶组成,而又讲究平仄,通篇押韵,又称俳赋;

唐宋又有律赋,题目、字数、韵式、平仄都有严格限制;

中唐以后产生一种散文化的赋体,不刻意追求对偶、声律、词采、典故,句式错落多变,押韵较自由,甚至大量运用散文的句式,叫作文赋。

著名的赋有:杜牧的《阿房宫赋》、曹植的《洛神赋》、欧阳修的《秋声赋》、苏轼的《前赤壁赋》等。清《历代赋汇》是中国最完备的赋体作品总集。

◎《历代赋汇》

◎《汉书·艺文志》

(二)汉赋

赋是汉代最流行的文体,在两汉400年间,一般文人多致力于这种文体的写作,因而盛极一时,后世往往把它看成是汉代文学的代表。汉赋的形成和发展可以分为三个阶段。

第一时期:自汉高帝初年至武帝初年。这一时期的辞赋,主要仍是继承《楚辞》的传统,内容多是抒发作者的政治见解和身世感慨之作,在形式上初步有所转变。这时较有成就和代表性的作家是贾谊(以《吊屈原赋》《鹏鸟赋》最为著名),此外还有淮南小山和枚乘等人。枚乘的《七发》是标志着汉赋正式形成的第一篇作品,在赋的发展史上有重要地位。

第二时期:西汉武帝初年至东汉中叶,共约200多年时间,特别是从武帝

◎ 汉赋四大家：司马相如、扬雄、班固、张衡

至宣帝的 90 年间，是汉赋发展的鼎盛期。据《汉书·艺文志》著录汉赋 900 余篇，作者 60 余人，大部分是这一时期的作品。从流传下来的作品看，内容大部分是描写汉帝国威震四邦的国势、新兴都邑的繁荣、水陆产品的丰饶、宫室苑囿的富丽以及皇室贵族田猎、歌舞时的壮丽场面等等。

第三时期：东汉中叶至东汉末年。这一时期汉赋的思想内容、体制和风格都开始有所转变，歌颂国势声威、美化皇帝功业，专以铺采摛文为能事的大赋逐渐减少，而反映社会黑暗现实、讥讽时事、抒情咏物的短篇小赋开始兴起。这种情况的出现始于张衡。继张衡而起的是赵壹、蔡邕和稍后的祢衡。这些作品完全突破了旧的赋颂传统，尽管数量不多，却为建安以至南北朝抒情言志、写景咏物赋的发展开拓了道路。

司马相如（其代表作品为《子虚赋》《上林赋》）、扬雄（其代表作品为《甘泉赋》《羽猎赋》）、班固（其代表作品为《两都赋》）、张衡（其代表作品为《二京赋》《归田赋》）被后世誉为汉赋四大家。

五、骈文

骈文是一种文体，起源于汉末，形成并盛行于南北朝，没落于宋，复兴于清。骈文是与散文相对而言的。其主要特点是：以四六句式为主，讲究对仗，因句式两两相对,犹如两马并驾齐驱,故被称为骈体;在声韵上,则讲究运用平仄,韵律和谐;修辞上注重藻饰和用典。骈体的出现与兴盛,体现了魏晋南北朝文人逐渐重视诗文的音乐美和形式美的心态。《骈体文钞》是中国最早的骈体文总集。

(一)六朝骈文

六朝骈文是中国古代文学特有的一种文言文文体,是对中国古代六朝时期骈文创作的总称。关于六朝,有两种不同的说法:其一,就王朝而言,《宋史·张守传》所谓:"建康自六朝为帝王都",是指吴、东晋、宋、齐、梁、陈。其二,就时代而言,则指起自三国,终至陈朝的整个魏晋南北朝时期,包括在中国南北各地建立的大大小小政权。后世学者称六朝多以时代论,而不以王朝论。

六朝骈文形式的特点主要有二,简言之:对,典。对——声调韵律上讲求平仄相对;遣词用字上讲求意义相对。言要对,事要对。言对为易,事对为难;反对为犹,正对为劣。正对,如吴均《与朱元思书》云:"泉水激石,泠泠做响;好鸟相鸣,嘤嘤成韵。蝉则千转不穷,猿则百叫不绝。鸢飞戾天者望峰息心,经纶世务者窥谷忘返。"反对,如庾信《哀江南赋》《序》云:"将军一去,大树飘零。壮士不还,寒风萧瑟。荆璧睨柱,受连城而见欺;载书横阶,捧珠盘而不定。钟仪君子,入就南冠之囚;华亭鹤唳,岂河桥之可闻。"典——造语,即依照古文的言辞;用事,即依照故事的话题。造语用典意婉而尽,藻丽而富是言能达意、言不尽意的直观体现。

主要作家有鲍照(416—466年)、江淹(444—505年)、徐陵(507—583年)、庾信(513—581年)等。

(二)清代骈文

在清初的"学人之文"与稍后的考据学风的影响下,清代文人多数是学问广博的,他们胸中的典实丰富,写骈文取给方便,所以清代骈文盛行,其成就超过元明两代。多数作者是接轨六朝唐宋,以写"四六体"的骈文为主。

清代初期骈文代表作家有陈维崧(1625—1680年),著有《湖海楼集》;其文气势雄伟,情藻丰富,为一代骈文的发展起了开张风气的作用。乾隆、嘉庆年间,写骈文的作家人才辈出,除胡天游、汪中外,还有袁枚、邵齐焘、刘星炜、孙星衍、吴锡麒、洪亮吉、曾燠、孔广森等,号称骈文八大家,是清代骈文的黄金时代。而清代后期则有王闿运、李慈铭、刘开、梅曾亮、方履篯、周寿昌、董基诚、董祐诚、赵铭、傅桐等,被称为晚清骈文十大家。其中王闿运、李慈铭成就较高,然已是清代骈文的强弩之末了。

六、散文

我国古代为区别于韵文、骈文,凡不押韵、不重排偶的散体文章,包括经、传、史书在内,一律称之为散文。我们今天意义上的散文,可称作文学散文,它的掀起是在唐宋,它的高峰和根基也是在唐宋,后来的明清散文不过是唐宋散文的分枝罢了。

(一)散文的分类

关于散文的分类,按谭家健的观点,可以分为四类:

1. 记人记事类——也可以叫记叙散文,主要内容是记录人物和事件、社会活动、生活场景,包括一部分历史传记,如《史记》《汉书》中某些纪传,唐宋

◎ 郦道元《水经注》

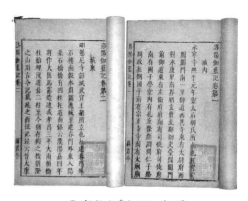

◎ 杨炫之《洛阳伽蓝记》

以后的部分人物传记、碑志、行状等。

2. 写景状物类——主要指山水游记,内容是描写山川草木、园林屋宇等自然景物。如郦道元《水经注》、杨炫之《洛阳伽蓝记》,南朝人的某些以写景为主的书信,唐宋人的游记,以及明清的部分小品等,也可以包括记述器物之文在内。

3. 抒情言志类——即抒情散文,以抒写个人感情为主,包括:祭文,如韩愈《祭十二郎文》、欧阳修《泷冈阡表》;序,如李白《春夜宴从弟桃李园序》、柳宗元《愚溪诗序》;随笔,如周敦颐《爱莲说》之类;等等。

4. 说理论道类——即议论散文,以论述、阐发某种理论、思想、观点为主,如政论、史论和一部分杂文、小品等。

了解古典散文,《古文观止》是首选, 它是中国流传最广的散文选集。此外,《唐宋八大家文钞》是中国影响最大的散文总集。《全唐文》是中国规模最大的断代散文总集。

(二)唐宋八大家

唐宋时期,在古文运动的推动下,散文的写法日益繁复,出现了文学散文,产生了不少优秀的山水游记、寓言、传记、杂文等作品,著名的"唐宋八大家"也在此时涌现。

唐代韩愈大力反对浮华的骈俪文,提倡作古文,一时从者甚众,后又得柳宗元大力支持,古文创作业绩大增,影响更大,成为文坛的主要风尚,史称古文运动。中唐以后,古文运动一度衰落。到了宋代,欧阳修再一次掀起了古文运动。此后,王安石、曾巩、苏轼、苏洵、苏辙等人都在古文革新运动的影响下取得了各自的成就,后人将他们与唐代韩愈、柳宗元合称为"唐宋八大家"。

(三)明清散文

明初散文以朱元璋开国功臣宋濂、刘基为代表。宋濂论文力主宗经,其散文以传记文成就较高,比较著名的作品有《秦士录》《王冕传》《李疑传》等。刘基则是诗文兼善的作家,他的散文以寓言杂文最有特点。明中叶以后,针对程朱理学、八股文的束缚,以李梦阳、何景明为首的前七子发起"复古运动",倡导文必秦汉。后来的李攀龙、王世贞为代表的"后七子"复古运动,也再一次重复了他们的错误。明嘉靖年间,"唐宋派"兴起,他们继承南宋以来尊崇"八大家"古文的既成传统,自觉提倡唐宋散文,与"前后七子"相抗衡,故有"唐宋派"名之。其散文使明代散文出现了转机,最有成就的作家是归有光。万历年间的"公安""竟陵"两派散文,抒写"性灵",各有特点。公安派以袁宗道、袁宏道、袁中道为代表,时称"三袁",袁宏道最为著名。竟陵派以钟惺、谭元春为代表。公安派与竟陵派革新的直接产物是晚明大量出现的小品散文,这是传统散文的一个发展,张岱是小品散文作者中比较有成就的一位,《西湖七月半》《湖心亭看雪》是他的代表作。同时主张复古的"复社""几社",由于使古学务为现实所用,故其散文于拟古之中具有鲜明的政治倾向,现实性很强,张溥的《五人墓碑记》、夏完淳的《狱中上母书》等均是明代散文中很有思想性的佳作。

清代散文初承明代"唐宋派"一脉,代表作家有侯方域、魏禧等人。侯方域散文被时人推为第一。清中叶以后"桐城派"古文一统天下,势力极大,蔚然成为清代古文正宗。"桐城派"古文以布局严谨、语言雅洁著称。代表作家有方苞、刘大櫆、姚鼐、管同、梅曾亮等人。方苞(1668—1749 年)继承归有光的传统,提出"义法"主张,并使之成为桐城派古文的基本理论。桐城派古文作品选材用语只重阐明立意,而不期堆砌材料,因而文章一般简洁自然,但缺乏生气,代表作品有方苞的《狱中杂记》《左忠毅公逸事》、姚鼐的《登泰山记》等。

七、词

词,是中国古代诗歌的一种。它始于南朝梁,形成于唐,五代十国后开始兴盛,至宋代达到顶峰,故俗称宋词。南宋初,有人编诗集,把词作附在后面,加上一个类目,称为"诗余"。后来,"诗余"就成了词的一个别称。词的句式参差不齐,基本上是长短句,长短句也是词的一个别称。明人徐师把词的形式概括为:"调有定格,句有定数,字有定声。"

从词的发展来看,有三个时期比较重要,它们所产生的词分别叫唐五代词、宋词和清词。

(一)晚唐五代词

唐五代乃至北宋是词的萌芽与成长时期。在这一时期,西蜀与南唐二地,因为经济文化最为发达,故成为词人汇集的两大基地。

西蜀词人的词大多收集在《花间集》里。《花间集》收辑温庭筠、韦庄等18人的词作,共计500首词。因其作者大多是蜀人,词风近似,词作内容多为歌咏旅愁闺怨、合欢离恨,局限于男女燕婉之私,因此被称为"花间词派"。花间词人中,以韦庄的成就最高。韦庄(约836—约910年),字端己,长安杜陵(今陕西西安)人,曾任前蜀宰相,有《浣花词》流传。温庭筠(约812—约866年),字飞卿,太原祁(今山西祁县)人,为文学史上第一个大力填词的作家,现存词数量在唐人中最多,约70首,大都收入《花间集》。

南唐词人主要指南唐二主(中主李璟、后主李煜)和冯延巳。南唐词的兴起比西蜀稍晚。李煜的词继承了晚唐以来温庭筠、韦庄等花间派词人的传统,又受李璟、冯延巳等的影响,语言明快、形象生动、用情真挚、风格鲜明,其亡国后词作更是题材广阔,含意深沉,在晚唐五代词中别树一帜,对后世词坛影响深远。

近人林大椿辑有《唐五代词》,收唐五代词81家1148首。其词采自《花间集》《尊前集》《金奁集》和《全唐诗》中的附词。另外,张璋、黄畲的《全唐五代词》录170余家2500余首,更为完备。

(二)宋词

宋词是一种新体诗歌,宋代盛行的一种汉族文学体裁,标志宋代文学的最高成就。基本分为婉约派、豪放派两大类。

婉约派代表人物有柳永、晏殊、晏几道、周邦彦、张先、李清照、秦观、姜夔、吴文英、周密、张炎、王沂孙等。婉约派的特点,主要是内容侧重儿女风情,结构深细缜密,重视音律谐婉,语言圆润,清新绮丽,具有一种柔婉之美。婉约词风长期支配词坛，直到南宋姜夔、吴文英、张炎等大批词家，无不从不同的方面承受其影响。北宋著名词人柳永是第一位对宋词进行全面革新的词人，也是两宋词坛上创用词调最多的词人。柳永大力创作慢词，将敷陈其事的赋法移植于词，同时充分运用俚词俗语，以适俗的意象、淋漓尽致的铺叙、平淡无华的白描等独特的艺术个性，对宋词的发展产生了深远影响。

豪放派代表人物有苏轼、贺铸、辛弃疾、陈亮、陆游、张孝祥、张元干、刘过、宋江等。豪放派的特点，大体是创作视野较为广阔，气象恢宏雄放，喜用诗文的手法、句法和字法写词，语词宏博，用事较多，不拘守音律。北宋大文学家苏轼对词进行了大刀阔斧的开拓和变革，有着不可磨灭的贡献。南宋爱国词人辛弃疾艺术风格多样，以豪放为主，曾上《美芹十论》与《九议》，条陈战守之策。现存词600多首，其词抒写力图恢复国家统一的爱国热情，倾诉壮志难酬的悲愤，对当时执政者的屈辱求和颇多谴责；也有不少吟咏祖国河山的作品。题材广阔又善于化用前人典故入词，风格沉雄豪迈又不乏细腻柔媚之处。

《宋词三百首》是最流行的宋词选本，由晚清四大词人之一的朱孝臧于1924年编定，共收宋代词人88家，词300首。

（三）清词

词从南宋之后开始进入衰微期，直到明末，以陈子龙为核心的云间词派崛起，词艺才开始接续两宋，并形成清词中兴之局面。

清词整体成就虽然不及宋词，但是也出现陈子龙、陈维崧、朱彝尊、纳兰性德、项鸿祚、蒋春霖、谭献、王鹏运、朱祖谋、郑文焯、况周颐、文廷式、王国维等著名词人。

八、曲

曲是继诗、词而兴起的一种中国文学体裁。曲大致分为两种：一种进入戏剧的唱词，是戏曲，或称剧曲；另一种是散曲，或称为"清曲""今乐府"，属于广义的中国诗歌。通常讲的元曲,既包括散曲,又包括剧曲。

（一）散曲

散曲,又称为"乐府"或"今乐府"。由宋词俗化而来,是配合当时北方流行的音乐曲调撰写的合乐歌词,是一种起源于民间新声的中国音乐文学,是当时一种雅俗共赏的新体诗。有小令和套数两种基本形式。后来随着散曲格律化和去市民化,失去了个性鲜明的鲜活市民文化血液,变得与宋词几乎无异,随之衰败,未能像唐诗、宋词一样繁荣延续及后世。

散曲之所以称为"散",是与元杂剧的整套剧曲相对而言的。如果作家纯以曲体抒情,与科白情节无关的话,就是"散"。其特性有三点:一是在语言方面,需要一定格律,又吸收了口语自由灵活的特点,因此往往会呈现口语化以及曲体某一部分音节散漫化的状态。二是在艺术表现方面,它比近体诗和词更多地采用了"赋"的方式,加以铺陈叙述。三是散曲的押韵比较灵活,可以平仄通押,句中还可以衬字。

元代的散曲作家有 200 多人,存世作品小令 3800 多首,套数 470 余套。以元仁宗延祐年间为界,分为前后两个时期。前期的创作中心在北方。元前期作家依其社会身份,可分为三类。

第一类是书会才人作家。以关汉卿、王和卿为代表,具有强烈的叛逆精神和追求自由的生命意识,创作题材多涉及男女恋情。这类散曲以关汉卿的《南吕·一枝花·不伏老》、王和卿的《仙吕·醉中天·咏大蝴蝶》最为出名。

第二类是平民及胥吏作家。他们向往实现传统文人价值,但在现实生活中屡屡碰壁,因而叹世归隐就是这类作家创作的主旋律,以白朴、马致远等人为代表。尤其是马致远,被誉为"曲状元",也被视为散曲豪放派的代表作家。他的小令写得俊逸疏宕,别有情致。如脍炙人口的《天净沙·秋思》:"枯藤老树昏鸦,小桥流水人家,古道西风瘦马。夕阳西下,断肠人在天涯。"仅 28 字就勾勒出一幅秋野夕照图,特别是首三句不以动词作中介,而连用九个名词勾绘出九组剪影,交相叠映,创造出苍凉萧瑟的意境,映衬出羁旅天涯茫然无依的孤独与彷徨。全曲景中含情,情景交融,隽永含蕴。周德清的《中原音韵》赞其为"秋思之祖",王国维的《人间词话》说它"寥寥数语,深得唐人绝句妙境"。

第三类是达官显宦作家。他们的作品多表现的是传统的士大夫思想情趣,在艺术上偏于典雅一路,俚俗的成分较少。这一类作家以卢挚、姚燧为代表。卢挚的《双调·沉醉东风·秋景》、姚燧的《中吕·醉高歌·感怀》等均具有较高的艺术鉴赏价值。

与前期散曲作家多为北方人不同,后期散曲作家的主体基本由南方人构成,因而散曲的创作中心也由北方转移到了南方。后期散曲创作风貌有了较大的变化,题材不断被开阔,表现领域得到极大扩张,使诗坛出现了诗、词、曲并立的格局。哀婉蕴藉的感伤情调代替了前期的激情喷发,逐步成为散曲创作的主流,风格从前期的豪放为主转为清丽为主。这一时期成就较大的作家有张可久、乔吉、睢景臣等,代表作品有张可久的《黄钟·人月圆·春晚次韵》、乔吉的《中吕·满庭芳·渔父词》等。这一时期重要作家还有张养浩,他的散曲多寄情林泉,但也不乏关怀民众之作。如《中吕·山坡羊·潼关怀古》:"峰峦如聚,波涛如怒,山河表里潼关路。望西都,意踟蹰,伤心秦汉经行处,宫阙万间都做了土。兴,百姓苦;亡,百姓苦。"此曲为张养浩晚年在陕西赈饥时所作,它最为人称道的是能一针见血地揭示出封建社会的历史本质:"兴,百姓苦;亡,百姓苦。"这八个字,鞭辟入里,振聋发聩,使全曲闪烁着耀眼的思想光辉。但到后期,散曲作家竭力雕琢词句,追求典雅工整的形式美,向诗词的写法靠拢,散曲便失去了鲜活灵动的特色、昂扬向上的气态,走向衰微。

(二)剧曲

1. 宋元南戏

自宋元以来,有名目留存的南戏共 238 种,有残文佚曲流传的为 130 多种,但现有完整剧本流传的仅 19 种。早期南戏作品以爱情婚姻和家庭生活为主,主要有《永乐大典戏文三种》,包括三本戏文:《张协状元》《小孙屠》《宦门子弟错立身》。其中《张协状元》是现存最完整的早期南戏剧本,创于南宋时期的温州"九山书会"。元末明初流行的《荆钗记》《白兔记》《拜月亭》《杀狗记》合称"四大南戏",是南戏在元末明初的代表作品。《琵琶记》是南戏发展的顶峰,由温州瑞安人高则诚于元朝至正年间,依南宋流传的《赵贞女蔡二郎》戏文编撰而成。《琵琶记》在中国戏剧史上被称为"词曲之祖",是南戏时代与传奇时代间的桥梁,对明代戏曲创作的影响非常深远。其余有完整留本的南戏有《东窗记》《破窑记》《金钗记》。

2. 元杂剧

一般的研究者大多把元杂剧分为前后两期,以大德年间(1279—1307 年)为界。前期是高度繁盛的时期,作家作品的数量相当可观。当时活动的中心在大都,主要作家有关汉卿、王实甫、马致远、白朴等。后期活动的中心南移,主要作家有秦简夫、郑光祖、乔吉等。主要代表作家有关汉卿、郑光祖、马致远、白朴等,并称为"元曲四大家"。《窦娥冤》《汉宫秋》《梧桐雨》《赵氏孤儿》并称元杂剧四大悲剧,《拜月亭》《西厢记》《墙头马上》《倩女离魂》并称元杂剧四大爱情剧。

3. 明清传奇

传奇,源于宋元南戏,是其成熟化与规范化的结果。明中叶以后,传奇代替杂剧成为戏曲舞台上的主角。其剧本文学曲词典雅,体制庞大,名篇佳作不胜枚举,表演上则日趋成熟,多用昆曲演唱。明清传奇的数量,据所知,约有2600 种。

明代初年,元末涌现的《琵琶记》《荆钗记》《白兔记》《拜月亭》《杀狗记》等南戏,已经通过改编在民间广泛流传。朱元璋的推崇,对这一阶段传奇创作的思想内容起了一定的影响。前期作品多为朝廷大吏、志学名流所作。他们的视野和思想受到阶级的制约,创作内容多着力于改编历史故事或金元杂剧、宋元南戏的旧作,并顺应宫廷的旨意宣扬忠孝节义或功名利禄、因果报应。这一时期也有部分较好的作品,如《寻亲记》对豪绅暴虐行为的抨击,《金印记》对世态炎凉的讽刺,《跃鲤记》对封建宗法制度支配下婆媳关系、家庭矛盾的揭露,《绣襦记》对真挚爱情的歌颂,都有一定的思想深度。从艺术形式看,这些作品虽然保持着南戏的传统特征,但也通过某些改革逐步确立了传奇的剧本体制。

明代后期(嘉靖至崇祯,即 1522—1644 年)的传奇创作盛极一时,汤显祖的《牡丹亭》便是其中杰出的代表。知名的作家除李开先外,还有专心致力于昆山腔传奇创作的梁辰鱼、张凤翼、徐复祚、凌濛初、冯梦龙、阮大铖等 200 余人。各类传奇可考者不下 700 种,内容广泛,风格多样。这时期的作品对社会的黑暗与统治集团的暴虐、贪婪,做了比较深入的揭露和批判,还从个性解放的要求出发,对封建礼教与专制主义作了激烈的批评。《鸣凤记》《磨忠记》《焚香记》《织锦记》《牡丹亭》《玉簪记》《红梅记》都是其中的优秀剧目。然而,即使是这些具有积极意义的优秀作品,在思想内容上也并不完美。对清官和帝王抱有幻想,对人民的反抗行动摆脱不了固执的阶级偏见,表现男女爱情大多数不脱才子佳人的俗套。

明末清初的大动荡,使传奇创作又有新的发展。以李玉为代表的苏州地区作家,继承了《鸣凤记》等传奇反映现实斗争的优良传统,写出了《清忠谱》《万民安》《一捧雪》《人兽关》《永团圆》《占花魁》《千钟禄》等昆曲作品。入清以后,社会矛盾发生了急剧的变化。一些作家写出了讴歌爱国英雄、表彰爱国气节的作品。洪升的《长生殿》、孔尚任的《桃花扇》不仅以主题的深刻和强烈的现实感震动了剧坛,而且以精巧的结构、妥帖的宫调与曲牌、优美的文辞,形成了传奇创作的又一高峰。清初的传奇作品,还有李渔的《笠翁十种曲》、万树的《风流棒》、方成培改前人的《雷峰塔》等。乾隆以后,统治者加强了文化专制,传奇创作受到沉重的打击。与此同时,朝廷又命张照等御用文人编撰《劝善金科》《踦平宝筏》《忠义璇图》等宫廷大戏,以备平时与节日庆典演出需要。由是传奇创作在思想与艺术上都趋于没落。但传奇的折子戏,却缘于昆、弋争胜而有所发展。从整本传奇中撷取精华段落而相对独立的折子戏,由于故事生动,表演精湛细腻,结构精练完整,人物形象鲜明,受到观众的欢迎,许多传奇便借助于折子戏的演出长期保存在舞台上。

九、小说

　　小说是以刻画人物形象为中心,通过完整的故事情节和环境描写来反映社会生活的文学体裁。小说与诗歌、散文、戏剧,并称"四大文学体裁"。人物、情节、环境是小说的三要素。情节一般包括开端、发展、高潮、结局四部分,有的包括序幕、尾声。环境包括自然环境和社会环境。

　　中国古典小说萌芽于先秦,发展于两汉,雏形于魏晋南北朝,形成于唐代,繁荣于宋元,鼎盛于明清。上古到先秦两汉的古代神话传说、寓言故事促成了小说的孕育和形成,如《女娲补天》《夸父逐日》。魏晋南北朝时期,出现了志人、志怪小说,其情节结构比较简单、粗略,如《搜神记》《世说新语》。唐传奇的出现,标志着中国古代小说的成熟,如《柳毅传书》和《莺莺传》。宋代的话本、明代的拟话本的出现,推动了古代小说的发展,拟话本的题材更加广泛,

◎《红楼梦》作者曹雪芹画像

◎《水浒传》作者施耐庵画像

情节更加曲折,描写更加细腻,如《灌园叟晚逢仙女》。明清章回体小说将古代小说逐渐推向了顶峰,如《三国演义》《水浒传》《西游记》《金瓶梅》《聊斋志异》《儒林外史》《红楼梦》《镜花缘》等,《红楼梦》则代表古典小说的顶峰。

(一)古典小说的两大系统

1. 文言小说

指的是古代以文言记录的杂事、异闻和故事。第一个著录了小说书目的《汉书·艺文志》说:"小说家者流,盖出于稗官,街谈巷语,道听途说者之所造也。"这个说法代表了从汉至唐对文言小说的理解,不同于现代的小说概念。文言小说,作者都是知识分子或官吏;内容是不限于经典的传闻、杂说或民间故事;创作手法有夸张、比喻,即虚构,形式大都是残丛小语,尺寸短书,即短篇;语言是文言文。文言小说从汉至清不断发展,产生了《搜神记》《世说新语》《唐代传奇》《剪灯新话》《聊斋志异》等代表作品。

2. 白话小说

发源于唐代的一种文学形式。当时,市人小说、寺院俗讲成为白话小说的两个发展源头。宋、元时期,开封、杭州等瓦舍勾栏处,"说话"艺术盛行,由此产生"话本小说"。这也是最早的白话小说形式,这种小说取材于现实生活中的短篇白话故事,篇幅较短,基本用口语叙述,有虚构性。宋末及元代,在白话小说基础上出现了文人模仿此形式创作的拟话本小说。明、清时期,产生了演义小说、长篇章回体小说等。

(二)古典小说的 8 种形态

1. 志怪传奇小说

又可细分为 3 种形态。
一是志怪小说,以记叙神异鬼怪故事传说为主体内容,产生和流行于魏晋南北朝，与当时社会宗教迷信和玄学风气以及佛教的传播有直接的关系。志怪小说的内容很庞杂，大致可分为三类，炫耀地理博物的琐闻，如托名东方朔的《神异经》、张华的《博物志》；记述正史以外的历史传闻故事，如托名班固的《汉武故事》《汉武帝内传》；讲说鬼神怪异的迷信故事，如东晋干宝《搜神记》、旧题曹丕的《列异传》、葛洪的《神仙传》、托名陶潜的《后搜神记》等。魏晋南北朝的志怪小说数量很多，现在保存下来的完整与不完整的尚有 30 余种。干宝的《搜神记》成就最高，是这类小说的代表。志怪小说对唐代传奇产生了直接的影响。

二是志人小说，指魏晋六朝流行的专记人物言行和记载历史人物的传闻轶事的一种杂录体小说，又称清谈小说、轶事小说。"志人"这个名目，为鲁迅《中国小说的历史的变迁》所设立，与"志怪"相对而言。志人小说按其内容主要分为三类：笑话、野史和逸闻轶事。著名志人小说有《笑林》《世说新语》等。

三是传奇小说，是古代中国文言短篇小说的一种，产生和流行于唐代，又称唐传奇。现存的大部分唐传奇作品都收在宋初编的《太平广记》一书里。唐传奇的兴起，标志着中国古代短篇小说的成熟。唐代三大爱情传奇元稹的《莺莺传》、白行简的《李娃传》、蒋防的《霍小玉传》是此时期的标志性作品。传奇小说经过宋元两代的衰微冷落，到了明初出现了新的转机，主要标志是瞿佑的《剪灯新话》、李祯的《剪灯余话》的出现。

2. 白话短篇小说

又可细分为两种形态。

一是话本小说，流行于宋元时期，又称宋元话本。话本，意思是说话的底本，又叫说话、词话，自宋代开始流行说书的娱乐形式，其内容为说书人讲唱各种题材类型的故事，其讲唱内容的底本，即称为"话本"。话本也可以阅读，相当于现在的小说。"说话"分为四家，即小说、讲史、说经、合生。四家中，小说、讲史最为重要，影响也最大。前者指的是用通行的白话来讲述平凡人的故事，后者是用浅近的文言讲述历史上的帝王将相的故事。宋代小说话本主要保存在《京本通俗小说》和《清平山堂话本》及"三言"中。一般为短篇故事，多表现现实生活,其中爱情和公案题材比较多。作品人物形象鲜明,颇具个性色彩,善于通过行动、对话表现人物性格和心理。宋代的讲史话本有《五代史平话》《大宋宣和遗事》《全相平话五种》等。这些话本以正史为主要依据,但也采入一些传说、异闻等,同时也不免虚构,以增强吸引力。它们的情节往往较曲折,篇幅较长。元明清的历史小说正是由此演变而成。

二是拟话本,是明代兴起的短篇小说的一种创作形式,它是由文人模拟宋元话本而创作的。它与话本的共同点是它们都是白话小说;其不同点是拟话本不再是说话艺人说唱的底本,而是专供人们阅读欣赏的文学作品,标志着宋元以来的讲唱文学已逐渐脱离了口头创作阶段进而发展成为作家的书面文学。其代表作品主要有:冯梦龙的《警世通言》《醒世恒言》《喻世明言》(简称《三言》)、凌蒙初的《初刻拍案惊奇》《二刻拍案惊奇》(简称《二拍》)、陆人龙的《型世言》、周清源的《西湖二集》、于霖的《清夜钟》以及佚名的《石点头》《醉醒石》等。

3. 历史演义小说

历史演义小说是由宋元说话艺术中的讲史一类发展而来的。历史演义以一朝一代的历史事实作基础,吸取野史杂说和民间传说的内容,敷演扩大而成。"七分事实,三分虚构"是其特点。元末明初罗贯中的《三国演义》是最典型的历史演义小说,也是中国的第一部历史演义小说,代表了历史演义小说的辉煌成就。在它的影响下,历史演义大量出现,内容差不多从远古传说时代到汉晋唐宋都有所作。较著名的有《列国志传》《全汉志传》《唐书志传通俗演义》等,其中以冯梦龙改编的《新列国志》成就较高,影响也较大。

4. 英雄传奇小说

英雄传奇小说也是在宋元讲史的基础上发展起来的,它与历史演义小说的不同之处在于它不拘泥于一朝一代的历史事件的演变,而是以描写理想化的传奇式的英雄人物为主,虚构的成分较多。明初施耐庵所著的《水浒传》是它的代表作品,标志着中国古典小说现实主义艺术趋于成熟,是中国最早全面反映农民起义的长篇小说。明中叶以后,产生了不少英雄传奇小说,较著名的是万历年间熊大木所著的《北宋志传》和无名氏所作的《杨家府演义》。此外,郭勋的《皇明英烈传》和袁于令的《隋史遗文》也是明后期影响较大的英雄传奇作品。

5. 神魔小说

神魔小说受到宗教不同程度的影响,内容涉及鬼神魔怪,充满奇异的幻想。吴承恩的《西游记》是神魔小说中最优秀的一部,是中国流传最广、影响最大的长篇神魔小说。《西游记》也是在宋元说话艺术和民间传说的基础上由文人作家加工创作而成的。此外,许仲琳所著的《封神演义》是影响较大的一部。罗懋登的《三宝太监西洋记通俗演义》、董说的《西游补》等也流传较广。

6. 人情小说

人情小说又叫世情小说,是指立足于人间社会,以基本写实的方式来描写家庭生活、婚姻、男女感情,并反映社会现实的小说作品,以《金瓶梅》为代表。《金瓶梅》是中国第一部文人独立创作的长篇小说,它开始摆脱了历史故事、历史传说对小说创作的束缚,转向现实题材,开始对日常生活作细致的描写,这在中国小说发展史上有着重要的意义。《金瓶梅》之后,世情小说表现出两种倾向:一种是在世情描绘中宣扬因果报应思想,如成书于明末西周生所著的《醒世姻缘传》等。另一种则演化为才子佳人小说,如成书于明末清初的《玉娇梨》《好逑传》等。

7. 讽刺小说

讽刺小说的特征是用嘲讽的表现手法揭露生活中消极落后和腐朽反动的事物。在艺术表现上,这类小说充分调动各种讽刺艺术手段,用夸张、巧合、漫画式描写等手法突出被描写对象本身的矛盾、可笑或畸形的特征,形成强烈对比,极其简洁尖锐地把人生无价值的东西撕破给人看,引发读者从中得到否定和贬斥丑的精神和情感愉悦,达到警诫教育或暴露、鞭挞、抨击的目的。著名的讽刺小说有清人吴敬梓的《儒林外史》等。

　　8. 公案侠义小说

　　中国之侠义、公案小说，原分两途。至清代二者合流，出现了侠义公案小说，此类小说将民众对惩暴护民、伸张正义的清官与铲霸诛恶、扶危济困的侠客的憧憬和向往纳入封建纲常名教所允许的范围之内，由清官统率侠客，既在一定程度上符合了民众的心愿，又颇适应鼓吹休明、弘扬圣德的需要。此类小说虽承《水浒传》之勇侠，精神则已蜕变，其人文内涵大体在于回归世俗，表现了鲜明的取悦于封建法权、封建伦理的倾向。主要体现在：一是从以武犯禁到皈依皇权；二是江湖义气被恋主情结取代；三是从绝情泯欲到儿女英雄。较为出色的作品为《三侠五义》和《儿女英雄传》。

　　《水浒传》《三国演义》《西游记》《红楼梦》（按照成书先后顺序）并称中国古典长篇小说四大名著，简称四大名著。

十、对联

　　对联，又称楹联或对子，是写在纸、布上或刻在竹子、木头、柱子上的对偶语句。迄今已有 1000 多年的历史，是我国古代流传下来的一笔宝贵财富。

　　（一）对联的特点

　　一是字数相等。上联字数等于下联字数，长联中上下联各分句字数分别相等。有一种特殊情况，即上下联故意字数不等，如民国时某人讽袁世凯一联："袁世凯千古；中国人民万岁。"上联"袁世凯"三个字和下联"中国人民"四个字是"对不起"的，意思是袁世凯对不起中国人民。对联中允许出现叠字或重字，叠字与重字是对联中常用的修辞手法，只是在重叠时要注意上下联相一致，但对联中应尽量避免"异位重字"和"同位重字"。所谓异位重字，就是同一个字出现在上下联不同的位置。所谓同位重字，就是以同一个字在上下联同一个位置相对。不过,有些虚词的同位重字是允许的,如杭州西湖葛岭联:桃花流水之曲;绿荫芳草之间。上下联"之"字同位重复,但因为是虚字,是可以的。不过,有一种比较特殊的"异位互重"格式是允许的(称为"换位格"),如林森挽孙中山先生联:一人千古;千古一人。

二是词性相当。在现代汉语中,有两大词类,即实词和虚词。前者包括:名词(含方位词)、动词、形容词(含颜色词)、数词、量词、代词六类。后者包括:副词、介词、连词、助词、叹词、象声词六类。词性相当指上下联同一位置的词或词组应具有相同或相近词性。首先是"实对实,虚对虚"规则,这是一个最为基本、含义也最宽泛的规则。某些情况下只需遵循这一点即可。其次词类对应规则,即上述12类词各自对应。大多数情况下应遵循此规则。再次是义类对应规则,义类对应指将汉字中所表达的同一类型的事物放在一起对仗。古人很早就注意到这一修辞手法,特别是将名词部分分为许多小类,如天文(日月风雨等)、时令(年节朝夕等)、地理(山风江河等)、宫室(楼台门户等)、草木(草木桃李等)、飞禽(鸡鸟凤鹤等)等。最后是邻类对应规则,即门类相临近的字词可以互相通对,如天文对时令、天文对地理、地理对宫室等。

三是结构相称。所谓结构相称,指上下联语句的语法结构(或者说其词组和句式之结构)应当尽可能相同,也即主谓结构对主谓结构、动宾结构对动宾结构、偏正结构对偏正结构、并列结构对并列结构,等等。但在词性相当的情况下,有些较为近似或较为特殊的句式结构,其要求可以适当放宽。

四是节奏相应。就是上下联停顿的地方必须一致。

五是平仄相谐。平仄相谐包括两个方面:①上下联平仄相反。一般不要求字字相反,但应注意:上下联尾字(联脚)平仄应相反,并且上联为仄,下联为平;词组末字或者节奏点上的字应平仄相反;长联中上下联每个分句的尾字(句脚)应平仄相反。②上下联各自句内平仄交替。

六是内容相关。一副对联的上下联之间,内容应当相关,如果上下联各写一个不相关的事物,两者不能照映、贯通、呼应,则不能算一副合格的对联,甚至不能算作对联。对联无论是咏物言志,还是写景抒情,都要求作者有较高的概括力与驾驭文字的本领,才可能以寥寥数语,做到文情并茂、神形兼备,给人以思想和艺术美的感受。

（二）对联的发展历史

早在秦汉以前，我国民间过年就有悬挂桃符的习俗。所谓桃符，即把传说中的降鬼大神"神荼"和"郁垒"的名字，分别书写在两块桃木板上，悬挂于左右门，以驱鬼压邪。这种习俗持续了 1000 多年，到了五代，人们才开始把联语题于桃木板上。据《宋史·蜀世家》记载，五代后蜀主孟昶"每岁除，命学士为词，题桃符，置寝门左右。末年（964 年），学士幸寅逊撰词，昶以其非工，自命笔题云：新年纳余庆，嘉节号长春"。这是我国最早出现的一副春联。宋代以后，民间新年悬挂春联已经相当普遍，王安石诗中"千门万户曈曈日，总把新桃换旧符"之句，就是当时盛况的真实写照。由于春联的出现和桃符有密切的关系，所以古人又称春联为"桃符"。一直到了明代，人们才使用红纸代替桃木板，出现我们今天所见的春联。据《簪云楼杂话》记载，明太祖朱元璋定都金陵后，除夕前，曾命公卿士庶家门须加春联一副，并亲自微服出巡，挨门观赏取乐。尔后，文人学士无不把题联作对视为雅事。

入清以后，对联曾鼎盛一时，出现了不少脍炙人口的名联佳对。南怀瑾先生早已将"清对联"与唐诗、宋词、元曲相提并论，更有学者认为，"清代的主流文体是楹联"。可以认为，孙髯翁的昆明大观楼长联和梁章钜的《楹联丛话》（1840 年）是清代楹联发展的重要里程碑，标志着楹联已经成为可以与诗、词、曲、赋、骈文媲美争妍的独立文体。从此，文人学士以楹联赠答，用对联作文字游戏，考验对方的智力，成为一时的风尚。这时，楹联的内容和形式都发生了很大变化。从形式上看，出现了许多长联，一联多达数百字，有的甚至达千余字；从内容上看，它可以表示志趣，表示喜庆，也可以表示哀悼，表示讽刺，但在民间广泛流行的还是表达喜庆的春联，因为它已经成为春节习俗的组成部分了。

第十六章
中国传统艺术

　　中华民族在五千年的文明史中,不仅创造出了指南针、火药、万里长城和大运河等物质文化,而且培育出璀璨夺目的艺术奇葩。中华文学、音乐、舞蹈、戏曲、绘画、书法、篆刻、雕塑等传统文化艺术,以其鲜明的民族特色、独特的审美追求和温柔敦厚的东方韵味,独秀于世界文学艺术之林。以意境取胜的中国诗歌,以五声音阶为基础的民族音乐调式体系,讲求程式长于虚拟的中国戏曲,讲究笔意墨韵的中国画等,都表现出中华文化的气派与风貌;更毋论书法、篆刻等纯属"特产"的艺术门类了。正如《礼记·乐记》中所谓"金石丝竹,乐之器也。诗,言其志也;歌,咏其声也;舞,动其容也",中华传统文化艺术历经几千年的涵养,形成了自己独到的审美意趣——骨法气韵、含蓄写意、寄情畅神。

一、音乐

　　音乐通过有组织的乐音所形成的艺术形象表达人们的思想感情,反映社会现实生活。音乐起源于劳动,作为社会意识形态,具有广泛的社会影响。音乐是表演艺术，必须通过演唱、演奏才能为听众所感受而产生艺术效果。其基本表现手段为旋律和节奏，其他重要表现手段有和声、复调、管弦乐法等。音乐可分声乐和器乐两大类。音乐又往往与诗歌、舞蹈、戏剧等相结合而成为歌剧、舞剧、戏曲等综合艺术。

（一）中国音乐的发展阶段

古代文献中对尧舜古乐的记载，说明中国音乐起源甚早。河南舞阳县发现的 18 支七音孔和八音孔的骨笛，距今已有 8000 多年。纵观中国音乐的历史，大致经历了以下几个时期：

中国音乐的形成期（约公元前 21 世纪至公元 3 世纪），包括从夏、商、西周到春秋、战国、秦汉。这一时期为中国音乐以后的发展奠定了基础，其最具有代表性意义的音乐艺术形式是钟鼓乐队。

中国音乐的新生期（约公元 4 世纪至 10 世纪），包括从魏、晋、南北朝到隋、唐。中国音乐在这一时期发生显著变化，开创了音乐国际化的新乐风。一方面世界音乐为中国音乐的发展做出了贡献，另一方面中国音乐也开始走向了世界化。

中国音乐的整理期（约公元 10 世纪至 19 世纪），包括辽、宋、金、明、清。这一时期的音乐文化与普通的平民阶层保持着密切的关联，呈现出世俗性和社会性的特点。其代表性音乐艺术形式是戏曲艺术及其音乐。

◎ 七弦琴

（二）中国传统音乐的三大来源

中原音乐、四域音乐、外国音乐是中国传统音乐的三大来源。

1. 中原音乐

指的是以黄河流域为中心发展起来的音乐。在漫长的历史发展过程中，形成了以汉族为主体的黄河流域音乐文化。其中，殷商和西周时期的音乐文化具有代表意义。除六代乐舞及其他多种乐舞的发展和整理、礼乐制度的阶级化和等级化、大司乐机构的设置、三分损益律的运用等有重要影响之外，尤其在"八音"乐器分类中"琴"（七弦琴）及其音乐的出现，奠定了中国传统乐器与器乐的基本模式。

2. 四域音乐

指的是除中原华夏族为主所创造的黄河流域音乐文化以外的中华大地各民族的音乐文化。其中，长江流域、珠江流域等地区，与黄河流域同为中华民族的文化发祥地。长江中游的楚文化中的音乐文化，色彩缤纷，独树一帜，同中原音乐并为上古中国传统音乐的表率，相互辉映，相互交融，进而衍生、发展。珠江流域的粤文化，西南各少数民族的音乐文化，西北作为古代丝绸之路经由路途对多处音乐文化传播、交融的作用，以及东北各少数民族的音乐文化，都为中国传统音乐的形成、发展做出了重要的贡献。其中，在乐器方面，作为汉族音乐文化与少数民族音乐文化交融的代表实例，可以举出由奚琴到胡琴类各种拉弦乐器的形式。

3. 外国音乐

中国音乐与外国音乐的交流，由来已久。据《穆天子传》记载，相传西周初，周穆王曾经带着规模颇大的乐队到西方各国旅行，并进行音乐交流。此后，在汉代，伴随着佛教的传入，印度教音乐和天竺乐也传入中国；隋唐时期，大量外国音乐的输入不仅带来外国乐曲，而且引进乐器、乐律、音阶。作为外国乐器传入中国，后又被改造为中国传统乐器的琵琶是颇具代表意义的乐器之一。

（三）中国传统音乐的样式划分

中国传统音乐基本上由宫廷音乐、文人音乐、宗教音乐、民间音乐四部分构成。

1. 宫廷音乐

一部分是典制性音乐，如各类祭祀乐、凯歌乐、朝会乐等；另一部分是娱乐性音乐,如各种筵宴乐、行幸乐。这两大部分音乐体现了宫廷贵族文化的两个侧面,一是皇权至上自我形象的塑造,二是贵族阶层的精神享乐。

2. 文人音乐

由历代具有一定文化修养的知识阶层人士创作或参与创作的传统音乐,具有强烈的个性色彩和高超的艺术水平。主要包括古琴音乐和词调音乐。古琴音乐即七弦琴音乐。历代文人对七弦琴音乐创造和发展的贡献,主要表现在琴歌、琴曲、琴论和琴谱等四个方面。词调音乐则是配合着词而歌唱的一种音乐体裁形式。文人对于词调音乐的贡献主要在于:一是择腔、创调,二是词调音乐的理论研究。著名的文人音乐代表人物有:屈原、宋玉、嵇康、阮籍、柳永和姜夔等。

3. 宗教音乐

由宗教信仰者为了宣扬宗教理念而演奏,具有神秘性,是最为特殊的一种音乐。在中国,主要有 5 类:佛教音乐、道教音乐、基督教音乐、天主教音乐和伊斯兰教音乐。

4. 民间音乐

民间音乐历史悠久,远古时期就已经诞生,长期处于边缘状态,在人民大众中倔强地生长生存。

(四)中国民间音乐的种类划分

中国民间音乐种类繁多,按题材分为民间歌曲、歌舞音乐、说唱音乐、戏曲音乐、民族乐器五大类。

1. 民间歌曲

是劳动人民在生活和劳动中自己创作、自己演唱的歌曲。中国民歌传统源远流长。据统计,各地已采集到的民歌数量总计超过 30 万首。民间歌曲是

人类社会生活中最早形成的音乐形式,并由此孕育出其他民间音乐体裁以及专业音乐形式。可以说,民间歌曲是一切音乐艺术的基础。汉族民歌在体裁形式上依据使用场合以及音乐特点主要划分为号子、山歌、小调三大类。

2. 歌舞音乐

它的特征是诗歌、音乐、舞蹈三者紧密结合,广泛流传于中国各民族地区。其音乐多采用当地的民歌小调,因而具有不同的民族风格和浓郁的地方特色。汉族歌舞,主要有流行于黄河以北各省的秧歌;流行于南方各省的采茶、花鼓、花灯;流行于东北地区的二人转,流行于内蒙古西部地区、山西和陕西北部的二人台等。流行于广大汉族地区的还有踩高跷、跑旱船、推小车、霸王鞭、竹马灯、花挑、春牛舞,以及风俗性的伴嫁舞、宗教性的太平鼓等。

3. 说唱音乐

也称曲艺音乐,按照其演唱形式可分为:鼓词类、弹词类、渔鼓类、琴书类、走唱类、板诵类。音乐是曲艺艺术的主要表现手段,它通过音乐与语言尽可能地完美结合,配合曲艺说唱相间和叙事与代言相结合的特点,生动形象地讲述故事,刻画人物,从而在书目中叙事和抒情。

4. 戏曲音乐

根据音乐的不同可划分成四个类别:皮黄腔;梆子腔;昆腔;高腔。京剧属于皮黄腔。

5. 民族乐器

中国民族乐器,历史悠久,源远流长。仅从已出土的文物可证实,远在先秦时期,就有了多种多样的乐器。例如,新石器时代文化遗址浙江河姆渡出土的骨哨,河南舞阳县的贾湖骨笛,仰韶文化遗址西安半坡村出土的埙,河南安阳殷墟中出土的石磬、木腔蟒皮鼓;湖北随县曾侯乙墓(公元前433年入葬)出土的编钟、编磬、悬鼓、建鼓、炮鼓、排箫、笙、篪、瑟等。这些古乐器向人们展示了中华民族的智慧和创造力。到周代,中国已有根据乐器的不同制作材料进行分类的方法,分成金、石、丝、竹、匏、土、革、木八类,叫作"八音"。在周末至清初的三千多年中,中国一直沿用"八音"分类法。金类:主要是钟,盛行于青铜时代。石类:各种磬,质料主要是石灰石,其次是青石和玉石。丝类:各种弦乐器,因为古时候的弦都是用丝作的。有琴、瑟、筑、琵琶、胡琴、箜篌等。竹类:竹制吹奏乐器,笛、箫、篪、排箫、管子等。匏类:匏是葫芦类的植物果实,用匏作的乐器主要是笙。土类:就是陶制乐器,有埙、陶笛、陶鼓等。革类:主要是各种鼓,以悬鼓和建鼓为主。木类:现在已经很少见了,有各种木鼓、敔、柷。中国的器乐音乐可以划分成两个类别:独奏和合奏。独奏音乐中再次划分成弓弦、弹拨、吹管、打击等类别。同样,合奏类音乐也可进一步划分成弦索乐、丝竹乐、鼓吹乐、吹打乐和锣鼓乐。

二、舞蹈

舞蹈,是通过有节奏的、经过提炼和组织的人体动作和造型,来表达一定的思想感情的艺术。正如闻一多在《说舞》中所言:"舞是生命情调最直接、最实质、最强烈、最尖锐、最单纯而又最充足的表现。"舞蹈总是与人类最热烈的感情联系在一起的。

舞蹈是人类最古老的艺术形式之一,可以说,中国有多少年的文明,就有多少年的舞蹈史。从最蒙昧的上古时代开始,中国传统舞蹈经过了多个阶段的发展和演变,逐渐形成了具有中国独特形态和神韵的东方舞蹈艺术。

(一)中国古代舞蹈的三个高峰

纵观中国古代舞蹈史,有三个舞蹈发展上的重要历史时期,第一是周代,第二是汉代,第三是唐代。

第一,周朝初期周公旦依据周国原有的制度,参酌殷礼,制定出一套礼乐制度,严格规定各种不同等级用不同规格的乐舞。宫廷还设置了掌管各种乐舞事宜的专门机构。历史上著名的《六舞》《小舞》都是在这时整理、编排的。周

◎ 百戏

代宫廷中,还有"散乐"——民间的乐舞,"四裔乐"——四方少数民族的乐舞。这两类乐舞,主要用于宴享活动。

第二,汉代正处于封建社会的上升时期,经济发达,国力强盛,国内各民族之间交往频繁,因此是中国乐舞艺术大发展大繁荣的时代。秦始皇统一全国后,七国的乐舞都汇集京都,这种乐舞的汇集必然加强了交流,从而促进了乐舞的发展。汉代的乐舞继承了秦代的乐舞,并在其基础上有了很大的发展。汉代盛行"百戏",这种艺术形式包括杂技、武术、幻术、滑稽表演、音乐演奏、演唱、舞蹈等多种民间技艺的串演。"百戏"又泛称"角抵戏"。其中最著名的舞蹈有《七盘舞》(或称《盘鼓舞》)《巾舞》《袖舞》《建鼓舞》《巴渝舞》等,还有表现特定人物和一定故事情节的《东海黄公》《总会仙倡》等表演节目。汉朝宫廷设置了两种乐舞机构:一是"太乐",掌管宗庙祭祀的雅乐;一是"乐府",以搜集民间乐舞进行加工、整理后,供皇帝娱乐。这些乐舞机构的建立,对汉代乐舞的发展起到了积极的推动作用。

第三,唐代是我国历史上乐舞艺术高度繁荣和发展的时期。由于唐朝国力强盛,政治稳定,对外贸易发达,文化交流频繁,这就为乐舞艺术的繁荣发展奠定了基础。另外,唐代继承了隋代的乐舞,留用了前朝的艺术家,乐舞制度依旧。例如,隋的《九部乐》开始也按原样演出,后来才又加了一部《燕乐》,发展为《十部乐》。《十部乐》除《燕乐》和《清商乐》是汉族的乐舞外,其他八部都是来自中外各地的民族民间乐舞。它们是《西凉乐》《天竺乐》《高丽乐》《龟兹乐》《安国乐》《疏勒乐》《康国乐》《高昌乐》。唐代中叶以后,宫廷燕乐又分《坐部伎》和《立部伎》两种不同的演出形式。《坐部伎》在厅堂上表演,舞者大抵为3—12人，舞姿高雅，用丝竹细乐伴奏。其乐工、舞人也称"坐部伎"，技艺水平较高。《立部伎》在厅堂下表演，舞60—180人不等，舞姿雄壮威武，伴奏乐器有鼓和金钲（即锣）等，音量宏大。其乐工、舞人也称"立部伎"，技艺水平较"坐部伎"低。唐玄宗时，习坐部伎不成的改习立部伎，再不成的则改习雅乐。相传，《坐部伎》共有六部乐舞，即《燕乐》《长寿乐》《天授乐》《鸟歌万岁乐》《龙池乐》《小破阵乐》。《立部伎》共有八部乐舞，即《安乐》《太平乐》《破阵乐》《庆善乐》《大定乐》《上元乐》《圣寿乐》《光圣乐》。唐代表演性的舞蹈又分为健舞和软舞两大类。健舞的舞姿矫健刚劲，软舞的舞姿轻盈柔婉。健舞有《剑器》《拓枝》《胡旋舞》《胡腾舞》《拂林》《大渭州》《阿辽》《黄璋》《达摩支》《杨柳枝》等。软舞有《绿腰》《春莺啭》《回波乐》《乌夜啼》《兰陵王》《凉州》《甘州》《团圆旋》《苏合香》等。此外，唐代还流行有"歌舞大曲"和"歌舞戏"，"大曲"的代表作是《霓裳羽衣》，歌舞戏的代表作是《大面》《拨头》《踏谣娘》等。

（二）古代舞蹈的分类

根据舞蹈的功能、用途，可分"实用舞蹈"（自娱）与"表演舞蹈"（娱人）两大类。"实用舞蹈"以健身、怡情、益智、表现为目的，往往参与者即舞者兼观众。"表演舞蹈"以表演或欣赏为目的，参与者分为演出者及观众。

根据舞蹈的作用和目的，舞蹈可分为生活舞蹈和艺术舞蹈两大类。

1. 生活舞蹈

生活舞蹈是人们为自己的生活需要而进行的舞蹈活动，包括习俗舞蹈、宗教祭祀舞蹈、社交舞蹈、自娱舞蹈、体育舞蹈等。

2. 艺术舞蹈

艺术舞蹈是指由专业或业余舞蹈家，通过对社会生活的观察、体验、分析、集中、概括和想象，进行艺术的创造，从而创作出主题思想鲜明、情感丰富、形式完整，具有典型化的艺术形象，由少数人在舞台或广场表演给广大群众观赏的舞蹈作品。由于艺术舞蹈品种繁多，根据各个不同的艺术特点，大致可分为两类。第一类,根据舞蹈的不同风格特点来区分,有古典舞蹈、民族民间舞蹈等。第二类,根据舞蹈表现形式的特点来区分,有独舞、双人舞、三人舞、群舞、组舞、歌舞等。

(三)古代舞蹈举例

1. 交谊舞

从汉代到魏晋期间,为了活跃气氛、联络感情和增进友谊,中国官宦和贵族宴会盛行一种交谊性的邀请舞,名叫"以舞相属"。在宴会上,一般是主人在宴会进行中先行起舞,舞跳完以后,邀请另外一个人继续跳下去。第二个人跳完以后,再邀请另外一个人接着跳,如此循环相接。被邀请人必须起舞回报,如果被邀请人拒绝起舞,则被认为是非常没有礼貌的行为,被认为是对邀请人的不恭敬。唐代还流行一种名叫"打令"的交谊舞,是在贵族宴会中行酒令时跳的习俗舞蹈。

2. 宫廷舞蹈

历代皇宫用于祭祀、礼仪、歌颂皇上的功德和宴会上演出的舞蹈统称为宫廷舞蹈。宫廷舞蹈经过宫廷的艺人加工和创新,很有艺术性,技艺高超,需要有很深的功力。这种舞蹈的阵容多数是规模宏大、富丽堂皇,很具欣赏性。中国历史上比较有代表性的宫廷舞蹈有唐代歌颂李世民的大型乐舞《秦王破阵乐》、技巧高超而功力深厚的《七盘舞》、乡土气息浓厚的《巴渝舞》、有着异域风情的《胡腾舞》、华丽飘逸的《霓裳羽衣舞》等。

中国舞蹈在走出蛮荒,进入文明社会以后,很快就走向成熟。在西周的初年即制定了雅乐体系,这是中国乐舞文化的一个里程碑。乐舞艺术的地位和作用也被提到了前所未有的高度。这一部分乐舞就是"雅乐""雅舞",它们一直是中国乐舞文化的重要组成部分,在几千年的封建社会中始终居于正统地位。雅乐舞蹈的主要内容是"六大舞"(六代舞)代表六个朝代。有黄帝的《云门》、尧帝的《咸池》、舜帝的《大韶》、夏禹的《大夏》、商汤的《大濩》、武王的

《大武》。六大舞又分为"文""武"两类。前四舞属于"文舞"，后两舞属于"武舞"。文舞手持龠翟而舞故称龠翟舞；武舞手持干戚而舞，又称干戚舞。这两种舞都和帝王得天下的手段有关，所谓"以文德得天下的作文舞，以武功得天下的作武舞"。

3. 佛教舞蹈

人间不能没有歌舞，极乐世界尤其少不了乐舞。佛教是在东汉初年由印度经西域传到中国中原地区的。不但百姓盛行信佛，连皇帝也很信奉佛教。当时的寺院既是宗教活动的中心，也是群众聚集娱乐的场所。音乐舞蹈既是祭祀礼仪的一个组成部分，也是宗教的宣传手段之一。在一些规模宏大的寺院中有十分精妙的伎乐，这在北魏时期是处处可见的。唐代佛事的重要组成部分也是舞祭。像舞蹈《菩萨蛮舞》就是典型的代表。唐代燕乐及其表演性的舞蹈中，都有一些带佛教色彩或者直接来自佛教的舞蹈。比如，隋唐时期著名的宫廷燕乐《九部乐》《十部乐》中的《天竺舞》具有非常浓厚的佛教色彩。唐朝的《霓裳羽衣舞》也具有浓厚的佛教特色。宋代的《风迎仙乐队》《菩萨献香花队》也都有浓郁的佛教色彩。蒙古人本来就信奉佛教（藏传佛教），因此元朝的宫廷雅舞，也有浓厚的佛教色彩，最有名的是《十六天魔舞》。从许多的历史资料看，这个舞蹈有如天女下凡一样，是非常优美的舞蹈。在明清两代的佛教舞蹈中，以明朝人袁宏道作的《迎春歌》和清代舞人徐惊鸿的《观音舞》最为著名。另外，清末宫廷舞蹈家裕容龄自编自演的独舞《观音舞》，塑造的也

◎ 天竺舞

◎ 霓裳羽衣舞

是一位头戴象征佛光的珠环、坐在莲台之上的观音菩萨形象。

4. 高跷

高跷,是舞蹈者脚上绑着长木跷进行表演的形式,技艺性强,形式活泼多样,由于演员踩跷比一般人高,便于远近观赏,而且流动方便无异于活动舞台,因此深受群众喜爱。关于高跷的起源,学者们多认为与原始氏族的图腾崇拜、与沿海渔民的捕鱼生活有关。据历史学家的考证,尧舜时代以鹤为图腾的丹朱氏族,他们在祭礼中要踩着高跷拟鹤跳舞。古文献《山海经》中有关于"长股国"的记述,根据古人的注释,可知"长股国"与踩跷有关。从"长脚人常负长臂人入海中捕鱼也"这一注释中,我们不难想象出脚上绑扎着长木跷,手持长木制成的原始捕鱼工具在浅海中捕鱼的形象。而更令人感兴趣的是,今日居住在广西防城沿海的京族渔民,仍有踩着长木跷在浅海撒网捕鱼的风习。今人所用的高跷,多为木质,表演有双跷、单跷之分。双跷多绑扎在小腿上,以便展示技艺;单跷则以双手持木跷的顶端,便于上下,动态风趣。其表演又有"文跷""武跷"之分,文跷重扮相与扭逗,武跷则强调个人技巧与绝招,各地高跷,都已形成鲜明的地域风格与民族色彩。

5. 秧歌

秧歌是中国(主要在北方地区)广泛流传的一种极具群众性和代表性的民间舞蹈的类称,不同地区有不同称谓和风格样式。在民间,对秧歌的称谓分为两种:踩跷表演的称为"高跷秧歌",不踩跷表演的称为"地秧歌"。近代所称的"秧歌"大多指"地秧歌"。

秧歌在中国已有千年的历史,明清之际达到了鼎盛期。主要在传统的农历正月十五元宵节于广场表演。这个舞蹈与农业劳动密切相关。由劳动的步法作为舞蹈步法的基础,在艺术上加工,并且使群众的队舞整齐化,形成了完整的秧歌舞,其后逐渐成为祝贺性、娱乐性的新年社火队舞,表演内容多为中国民间故事、神话传说。秧歌舞在清代就已盛行,清朝学者吴锡麒在其《新年杂咏钞》一书中认为宋朝流行的中国民间舞蹈《村田乐》就是秧歌舞前身。

三、绘画

中国绘画是中国文化的重要组成部分,根植于民族文化土壤之中。它不单纯拘泥于外表形似,更强调神似。它以毛笔、水墨、宣纸为特殊材料,建构了独特的透视理论,大胆而自由地打破时空限制,具有高度的概括力与想象力,这种出色的技巧与手段,不仅使中国传统绘画独具艺术魅力,而且日益为世界现代艺术所借鉴吸收。

(一)中国绘画简史

中国绘画的历史最早可追溯到原始社会新石器时代的彩陶纹饰和岩画,原始绘画技巧虽幼稚,但已掌握了初步的造型能力,对动物、植物等动静形态亦能抓住主要特征,用以表达先民的信仰、愿望以及对于生活的美化装饰。

先秦绘画已在一些古籍中有了记载,如周代宫、明堂、庙祠中的历史人物,战国漆器、青铜器纹饰,楚国出土帛画等,都已达到较高的水平。

秦汉王朝是中国早期历史建立的中央集权制大国,疆域辽阔,国势强盛,丝绸之路沟通着中外艺术交流,绘画艺术空前发展与繁荣。尤其是汉代盛行厚葬之风,其墓室壁画、画像砖、画像石,以及随葬帛画,生动塑造了现实、历史、神话人物形象,具有动态性、情节性,在反映现实生活方面取得了重大成就。其画风往往气魄宏大,笔势流动,既有粗犷豪放,又有细密瑰丽,内容丰富博杂,形式多姿多彩。

魏晋南北朝时期,战争频仍,民生疾苦,但是绘画仍取得了较大的发展,苦难给佛教提供了传播的土壤,佛教美术勃然兴起。如新疆克孜尔石窟、甘肃麦积山石窟、敦煌莫高窟都保存了大量的该时期壁画,艺术造诣极高。由于上层社会对绘事的爱好和参与,除了工匠,还涌现出一批有文化教养的上流社会知名画家,如顾恺之等。这一时期玄学流行,文人崇尚飘逸通脱,画史画论等著作开始出现,山水画、花鸟画开始萌芽,这个时期的绘画注重精神状态的刻画及气质的表现,以文学为题材的绘画日趋流行。

隋唐时国家统一,社会相对稳定,经济比较繁荣,对外交流活跃,给绘画艺术注入了新的机运,在人物画方面虽然佛教壁画中西域画风仍在流行,但吴道子、周昉等人具有鲜明中原画风的作品占了绝对优势,民族风格日益成熟,展子虔、李思训、王维、张璪等人的山水画、花鸟画已工整富丽,取得了较高的成就。

五代两宋之后,中国绘画艺术进一步成熟完备,出现了一个鼎盛时期,朝廷设置画院,扩充机构编制,广揽人才,并授以职衔,宫廷绘画盛极一时,文人学士亦把绘画视作雅事并提出了鲜明的审美标准,故画家辈出,佳作纷呈,而且在理论上和创作上亦形成了一套独立的体系,其内容、形式、技法都出现了丰富多彩、多头发展的繁荣局面。

绘画发展至元、明、清,文人画获得了突出的发展。在题材上,山水画、花鸟画占据了绝对的地位。文人画强调抒发主观情绪,"不求形似""无求于世",不趋附大众审美要求,借绘画以示高雅,表现闲情逸趣,倡导"师造化""法心源",强调人品画品的统一,并且注重将笔墨情趣与诗、书、印有机融为一体,形成了独特的绘画样式,涌现了众多的杰出画家、画派,以及难以计数的优秀作品。

(二)三大画科

中国画从题材上分为人物、山水、花鸟三类,它们大致可以和欧洲绘画中的人物、风景、静物相对应。

1. 人物画

是以人物形象为主体的绘画的通称。我国的人物画,历史悠久。据记载,商、周时期已经有壁画。东晋时的顾恺之专尚画人物画,他第一个明确提出了"以形写神"的主张。唐代阎立本也擅长人物画。还有吴道子、韩干等,都为人物画做出了卓越的贡献。唐以后画人物画的画家就更多了,历代都有。

中国的人物画,出现较山水画、花鸟画等为早;大体分为道释画、仕女画、肖像画、风俗画、历史故事画等。人物画力求人物个性刻画得逼真传神,气韵生动、形神兼备。其传神之法,常把对人物性格的表现,寓于环境、气氛、身段

◎ 洛神赋图

和动态的渲染之中。

历代著名人物画有东晋人顾恺之的《洛神赋图》卷,唐人韩滉的《文苑图》,五代南唐人顾闳中的《韩熙载夜宴图》,北宋人李公麟的《维摩诘像》,南宋人李唐的《采薇图》、梁楷的《李白行吟图》,元人王绎的《杨竹西小像》,明人仇英的《列女图》卷、张宏的《击缶图》和《布袋罗汉图》、曾鲸的《侯峒嶒像》等。

2. 山水画

是描写山川自然景色为主体的绘画。山水画在魏晋、南北朝已逐渐发展,但仍附属于人物画,作为背景的居多;隋唐始独立,如展子虔的设色山水,李思训的金碧山水,王维的水墨山水,王洽的泼墨山水等;五代、北宋山水画大兴,作者纷起,如荆浩、关仝、李成、董源、巨然、范宽、许道宁、燕文贵、宋迪、王诜、米芾、米友仁的水墨山水,王希孟、赵伯驹、赵伯骕的青绿山水,南北竞辉,形成南北两大派系,达到高峰。元代山水画趋向写意,以虚带实,侧重笔墨神韵,开创新风;明清及近代,续有发展,亦出新貌。

3. 花鸟画

是以动植物为主要描绘对象的中国画传统画科。花鸟画描绘的对象实际上不仅仅是花与鸟,而是泛指各种动植物,包括花卉、蔬果、翎毛、草虫、飞禽等类。花鸟画给人一种特殊的观赏情趣,其兴起较山水画为早。在魏晋南北朝之前,花鸟作为中国艺术的表现对象,一直是以图案纹饰的方式出现在陶器、铜器之上。那时候的花草、禽鸟和一些动物具有神秘的意义,有着复杂的社会意蕴。人们图绘它并不是在艺术范围内的表现,而是通过它们传达社会的信仰和君主的意志,艺术的形式只是服从于内容的需要。

人类早期对花鸟的关注,是孕育花鸟画的温床。史书记载,魏晋南北朝时期已有不少独立的花鸟画作品,其中有顾恺之的《凫雁水鸟图》、史道硕的《鹅图》、陆探微的《半鹅图》、顾景秀的《蝉雀图》、袁倩的《苍梧图》、丁光的《蝉雀图》、萧绎的《鹿图》,如此等等,可以说明这一时期的花鸟画已经有了一定的规模。虽然如今看不到这些原作,但是通过其他人物画的背景可以了解到当时的花鸟画已具有相当高的水平。

一般说花鸟画在唐代独立成科,属于花鸟范畴的鞍马在这一时期已经有了较高的艺术成就,如今所能见到的韩干的《照夜白》、韩滉的《五牛图》以及传为戴嵩的《半牛图》等,都表明了这一题材所具有的较高的艺术水准。而记载中曹霸、陈闳的鞍马,冯绍正的画鹰,薛稷的画鹤,韦偃的画龙,边鸾、滕昌佑、刁光胤的花鸟,孙位的画松竹,不仅表现了强大的阵容,而且各自都有杰作。

(三)五大画种

从社会内容来看,中国古代绘画大体上可分为宫廷绘画、文人绘画、宗教绘画、市民绘画和民间绘画五类。

1. 宫廷绘画

有两类:有政教实用性的一类,即绘具有榜样性的文臣武将和历代帝王,如阎立本的《历代帝王图》;也有闲适性的一类,体现所谓"内圣外王",身在朝廷之中、心存江湖之远的旨趣。宋代宫廷画院的山水花鸟画很典型。这类画与文人画相交迭,但其审美理想是不同的,宋代画论的神逸之争典型地反映了这一点。

2. 文人绘画

主要是表现士大夫的情趣,它不是紧跟朝廷的政治伦理要求,而是随士大夫自己的境遇变化,有六朝玄学的心境,宗炳之画体现闲情;有以佛教为归旨,王维的画充满禅意。宋代文人"寄至味于淡泊",它们创造的文人画笔简形具,离形得似,唯心所出。明清有市民氛围,徐渭、石涛、朱耷、郑燮之画,尽抒其压抑不平之气。

3. 宗教绘画

在寺庙与石窟之壁,画的是佛道人物和佛经、道教故事。除一些著名画家如吴道子参与外,多为匠人所绘制,艺术性不高。但随宗教在不同时代人心中的变化,壁画也反映出各自的审美风貌。南北朝的壁画,如敦煌壁画中的割肉贸鸽、舍身饲虎,反映的是佛教初来时带着的印度佛教色彩的心态:面对大苦大难的宁静和崇高。唐代壁画那众多的西方净土世界,反映的是佛教汉化后所具有的中国式的宗教心态:想把现实的欢乐在未来延续的愿望。五代以后壁画则多了世俗性、民间性、戏剧性。

4. 市民绘画

主要是指小说戏曲读本中的插图。在世情小说中有各种生活图画,特别是在艳情小说中,以前绘画中极少有的裸露乳房、全裸体,甚至性交场面也间有出现。

5. 民间绘画

主要与民间习俗有关,如财神、门神、送子图、福寿图之类,反映一般民众趋福避害的心理。

宫廷绘画的主要追求是精巧,其最佳载体是彩墨画。文人绘画的要旨是抒情达意,其最高顶峰是水墨画。宗教绘画的目的是解释宗教内容,多为彩色壁画。市民绘画与表现市民性的小说故事内容相连,在版面上达到妙境。民间绘画负载下层民众的愿望,年画为其重要表现形式。

(四)两大画法

中国画按照其技法及风格可分为两大类型,即工笔重彩画和水墨写意画。

1. 工笔画

又称"细笔画"。其绘画风格工整细致,以规整并富有表现力的线条勾画出物象的轮廓,并注重于细部的刻画,然后再敷以厚重、鲜亮的颜色。工笔画所用颜料大多以矿物质制成,历经多年仍然可以保持原有的色彩;整个画面漂亮明丽,有着很强的装饰效果。正因为这部分绘画作品具有富丽堂皇的外观,中国历史上大多数宫廷画家大都采用此种画法,以表现皇家气派。

2. 写意画

相对于工笔画的就是写意画,又称"粗笔画"。其画风简略,通过尽量简练的笔墨,着重描绘物象的神韵意态,而并不十分在意所画对象的逼真与形似。画家在画中多采用概括、夸张的手法,运用丰富的联想,最大限度地抒发自己的情绪,张扬不同的个性。因此,写意画作品带有一定的即兴性、随意性和偶然出现的意外效果,较难临仿和描摹。它们几乎全部是用水墨完成的,有着素淡、清雅的外观。这类作品在后期中国画坛上占有很大的比例。

从中国画发展的历史来看,早期的(12世纪以前)画幅均为工笔重彩画,晚期的作品则多是水墨写意画;再从作者的情形来看,工笔重彩画的作者大都是职业画家或工匠画家,水墨写意画的作者则大多兼有文人的身份。

当然,在工笔画和写意画之间还有一片开阔地带,供画家们在两端取舍,从而形成折中的——即半工笔半写意的画法。

(五)诗、书、画、印的完美结合

传统的中国画离不开诗词、题款、篆刻,是诗、书、画、印相结合的艺术表达。

早期中国的许多文字,是根据对象的形状或意义,用简练的线条描绘出来的象形文字。这与使用线条画画相似。中国文字的这一特点,加上书写文字的形式本身带有很强的艺术创造性,因而与绘画有着某种天然的联系,人谓之"书画同源"。中国画家(尤其是文人画家)在作画的过程往往十分自然地将写字的笔法运用到绘画中去;他们在创作中的情感很多时候以诗句的形式——直接题在画面上;并按中国文人的习惯,在画的落款处盖上刻有自己名号的朱砂红印章。强调线条的表现力,强调绘画笔墨的书法情趣,是品评中国画作品格调高下的重要标准。

中国绘画非常讲究画家综合的艺术修养,画家在下笔之先,一般已经将题诗的内容、字体及印章在画面中的位置作了通盘的考虑。画中的诗词与图像相辅相成,对画面意境和构图起到了某种补充和平衡的作用;印章的红颜色与黑白的(水墨)图画形成色彩的差异。将诗、书、画、印四个分割的因素融为一体,组成一幅统一的画面,是中国画一个很重要的特色。

四、书法

中国书法以毛笔、宣纸、墨和石砚为工具。书写者使用毛笔,蘸取在砚台中磨研适度的墨汁,在宣纸上书写。

(一)中国书法简史

书法是中国特有的艺术,虽然书法艺术的自觉化至东汉末才发生,但书法艺术当与汉字的萌生同时。为学术界公认的我国最早的古汉字资料是商代中后期的甲骨文和金文。从书法的角度审察,这些最早的汉字已经具有了书法形式美的众多因素,如线条美、单字造型的对称美、变化美以及章法美、风格美等。

秦统一后的文字称为秦篆,又叫小篆,是在金文和石鼓文的基础上删繁就简而来。著名书法家李斯的代表作为秦泰山刻石,历代都有极高的评价。

两汉 300 余年间,书法由籀篆变隶分,由隶分变为章草、真书、行书,至汉末,我国汉字书体已基本齐备。张芝(?—约 192 年),东汉书法家。张芝擅长草书中的章草,将当时字字区别、笔画分离的草法,改为上下牵连、富于变化的新写法,富有独创性,在当时影响很大,有"草圣"之称。

魏晋是完成书体演变的承上启下的重要历史阶段,造就了两个承前启后、巍然卓立的大书法革新家——钟繇、王羲之。钟繇(151—230 年),三国时期曹魏著名书法家、政治家。钟繇擅篆、隶、真、行、草多种书体,在书法方面颇有造诣,推动了楷书(小楷)的发展,被后世尊为"楷书之祖"。王羲之(303—

◎ "天下第一行书"《兰亭序》

361 年,一说 321—379 年),字逸少,东晋时期书法家,有"书圣"之称。琅琊临沂(今山东临沂)人。其书法兼善隶、草、楷、行各体,精研体势,心摹手追,广采众长,备精诸体,冶于一炉,摆脱了汉魏笔风,自成一家,影响深远。风格平和自然,笔势委婉含蓄,遒美健秀。代表作《兰亭序》被誉为"天下第一行书"。在书法史上,他与其子王献之合称为"二王"。王献之(344—386 年),字子敬,东晋著名书法家、诗人、画家。王献之自幼随父练习书法,以行书及草书闻名,但是在楷书和隶书上亦有深厚功底。王羲之书法影响了一代又一代的书苑。唐代的欧阳询、虞世南、褚遂良、薛稷、颜真卿、柳公权,五代的杨凝式,宋代的苏轼、黄庭坚、米芾、蔡襄,元代的赵孟頫,明代的董其昌……这些历代书法名家对王羲之心悦诚服,因而他享有"书圣"美誉。

张芝与钟繇、王羲之和王献之并称"书中四贤"。

南北朝时期的书法进入北碑南帖时代。此时书法以魏碑最胜。魏碑,是北魏以及与北魏书风相近的南北朝碑志石刻书法的泛称,是汉代隶书向唐代楷书发展的过渡时期的书法。代表作有《郑文公碑》《张猛龙碑》《敬使君碑》。唐初几位楷书大家如欧阳询、虞世南、褚遂良等,都是取法魏碑的。

整个唐代书法,对前代既有继承又有革新。初唐书家有欧阳询、虞世南、褚遂良、薛稷等,号称"初唐四家",此后有创造性的还有李邕、张旭、颜真卿、柳公权、怀素、钟绍京、孙过庭。欧阳询(557—641 年),唐朝著名书法家,后人以其书于平正中见险绝,最便于初学者,号为"欧体"。颜真卿(709—784 年),唐代名臣、书法家,其正楷端庄雄伟,号为"颜体",对后世影响很大。柳公权

（778—865 年），唐代著名书法家、诗人，书法以楷书著称，自创独树一帜的"柳体"，以骨力劲健见长，后世有"颜筋柳骨"的美誉。柳公权、颜真卿、欧阳询与后世赵孟頫并称"楷书四大家"。唐太宗李世民和诗人李白也是值得一提的大书家。楷书、行书、草书发展到唐代都跨入了一个新的境地，时代特点十分突出，对后代的影响远远超过了以前任何一个时代。

五代之际，在书法上值得称道的，当推杨凝式。他的书法在书道衰微的五代，可谓中流砥柱。杨凝式之外，还有李煜、彦修等有成就的书家。至此，唐代平正严谨的书风已告消歇，渐变入欹侧纵肆，以后北宋"四家"继之而起，又掀起了新的时代波澜。

帖学大行和以帝王的好恶、权臣的书体为转移的情势，影响和限制了宋代书法的发展。宋代为后世所推崇者有苏轼、黄庭坚、米芾和蔡襄四大家。四家之外，宋徽宗赵佶独树一帜，亦堪称道。

元初经济文化发展不大，书法总的情况是崇尚复古，宗法晋、唐而少创新。文宗天历初建奎章阁，专掌秘玩古物。元文宗常幸奎章阁欣赏法书名画，书法一度出现兴盛局面。赵孟頫、鲜于枢等名家是这一时期书法的代表。他们主张书画同法，注重结字的体态。但元代书坛纯是继承晋、唐，没有自己的时代风格，稍后于赵孟頫的康里巎巎还有些变化，奇崛独出于元代书坛。

明代近三百年间，虽然也出现了一些有造诣的大家，但纵观整朝没有重大的突破和创新。其代表书家有董其昌、文徵明、祝允明、唐伯虎、王宠、张瑞图、宋克。

清代 260 余年，书法由继承、变革到创新，挽回了宋代以后江河日下的颓势，其成就可与汉、唐并驾，各种字体都有一批造诣卓著的大家，可以说是书法的中兴时期。其代表人物有傅山、石涛、朱耷、郑燮、金农、邓石如、伊秉绶、陈鸿寿、何绍基、吴熙载、赵之谦、吴昌硕、李瑞清、康有为、刘墉、王文治、王铎、包世臣。

（二）历代书法艺术概论

"晋人尚韵，唐人尚法，宋人尚意，元明尚态"，这是清代书法家梁巘在《评书帖》中所说的一段著名书论。由于对这几个朝代的书法艺术特征进行了高度准确的概括，因而受到后世的推崇。

"晋人尚韵"，即是说在魏、晋、南朝时期的书法艺术讲究风度韵致。那时的书法尊崇"神采为上，形质次之"，大都表现出一种飘逸脱俗、姿致萧朗的风貌。其代表是二王的书法，袁昂在《古今书评》中评王羲之书为："如谢家子弟，纵复不端正者，爽爽有一种风气。"肖衍在《古今书人优劣评》中评王献之书为："绝众超群，无人可拟，如河朔少年，皆悉充悦，举体沓拖而不可耐。"（注：耐，能字之意。）二王书法艺术流露出的这种韵味风神，是以独具的艺术魅力反映出晋代书艺的时代特征。

"唐人尚法"，即是说唐代书法总体倾向都是重视法度，唐代书家对前人的书法进行了总结，在书法结体和用笔方面实行了规范化和精微化，如有欧阳询《三十六法》和《八诀》，唐太宗《笔法诀》，颜真卿《述张长史笔法十二意》，张怀瓘《用笔十法》和《玉堂禁经》，林韫《拨镫四字法》，以及最受后人推崇的《永字八法》和《五字执笔法》等。因此，唐人的楷书表现出大小相等、上下齐平、用笔应规入矩的趋势，即使是比较自由浪漫的行草书，也逐渐抛弃了晋人兼用侧锋的笔法，而追求纯中锋的用笔。在崇尚法度的风气之中，出现了森严雄厚的"唐楷"和豪放的"狂草"，体现了唐帝国开拓向上的精神。

"宋人尚意"，即是说宋代书法追求意趣而不拘法度。苏轼说："诗不求工字不奇，天真烂漫是吾师。"黄庭坚亦说："老夫之书，本无法也，故不择笔墨，遇纸则书，纸尽则已，亦不计较工拙与人之品藻讥弹。"米芾说："学书须得趣，他好俱忘，乃入妙，别为一好萦之，便不工也。"董逌亦说："书法贵在得笔意，若拘于法者，正以唐经所传者尔，其于古人极地不复到也。"这些就充分表明了宋代书家们不泥古法，提倡适意的艺术主张，这种主张在他们的代表作品中，如苏轼的《黄州寒食诗》、黄庭坚的《诸上座帖》、米芾的《虹县诗帖》里得到充分的体现。

"元明尚态"，即是说元、明时期的书法时尚偏重于模仿，注意在字的形态上下功夫。书法潮流在元、明时代进入了一个复古时期，大凡学书者纷纷效仿晋人，而求之于刻帖。赵孟頫说："结字因时相传，用笔千古不易。"即是认为字的结体形态可以随时代而变化,而古人笔法应恪守不变。赵孟頫的这个主张被奉为金科玉律,所以元、明两代的书人大都是以唐人的笔法,写魏晋人书貌,形成了书法仅注重在字形上刻意求好的总趋势。

当然,梁巘这里提出的尚韵、尚法、尚意、尚态,主要是对这几个时期书法特征的概括,并不是说韵、法、意、态在这几个时期里是隔绝而不相通的,如在"尚法"的唐代,也有颜真卿《祭侄文稿》那样尚意的作品。晚明时,傅山、王铎、黄道周、倪元璐、张瑞图的书法,是不能用"尚态"来评价的。宋代黄庭坚的书法不仅有"意",而且也重"韵"。只是它们没有代表时代的主流罢了。

(三)帖学和碑学

1.帖学

帖学,是指研究考订法帖的源流、优劣,拓本的先后好坏,以及书迹的真伪和文字内容等的学问。从书法艺术角度讲,帖学是指崇尚晋代王羲之、王献之以下历代诸法帖的书法流派,以区别于"碑学"。从书法审美上讲,帖派书风追求的是一种飘逸之美、潇洒之美、妩媚之美,其书法属于"优美"风格。

法帖包括帛书、纸书等墨迹,也包括自五代以后开始出现的刻帖。传世的历代法书墨迹有真迹,如陆机的《平复帖》,也有摹写和临写的复制品,如《兰亭序》。历代刻帖,有官(方)私(人)之分,也有单帖与丛帖(汇刻)之分,其中尤以北宋时期所刻的《淳化秘阁法帖》(简称《淳化阁帖》)最为著名,该帖是中国现存最早的一部官刻丛帖,被称为"帖祖"。刻帖中保存了大量已经失传的古代书法名家书迹,刻帖精良者可谓"下真迹一等",也是极受历代学书者欢迎的。

从宋代开始,帖学研究的对象主要指的是墨本与刻石的拓片或拓本,而非原刻石木。帖学以手札、书信为主,多忠实于原迹,比较真实地反映了书作者的原本写字风格。帖学笔法全面完备,它涵盖了书法的全部历史和领域,从小孩子学书法一直到成为书法大家,从一种书体到融会多种书体,都可从帖学里找到答案,摄取足够的营养。清代以前的书法大家基本是学帖学而成家的。

　　清代中叶以前,中国书法史以帖学占主流。清代中叶以后,碑学兴起,帖学逐渐衰微。代表人物有:张芝、钟繇、王羲之、王献之、智永、张旭、怀素、杨凝式、颜真卿、苏轼、黄庭坚、米芾、赵孟頫、祝允明、唐寅、文徵明、董其昌、张瑞图、倪元璐、黄道周、王铎、沈尹默、李志敏、启功等。

　　2. 碑学

　　碑学,指研究考证碑刻源流、时代,鉴别碑刻拓本的种类、年代、真伪和考证识别刻石中古文字结体的一门学问,也是指崇尚碑刻书艺的书法流派。从书法审美上讲,碑派书风追求的是一种质朴之美、刚健之美、豪放之美。如果说帖派书法属于"优美"风格的话,碑派书法则属于一种"壮美"的风格。

　　书法史上所称的"碑",也称"刻石"或"碑版",是指镌刻文字的石块,包括庙碑、墓碑、墓志、造像记、摩崖石刻等,碑文书法一般都是先书后刻的,因此,它是经过了写手和刻手两道工序的二次性创作作品。

　　碑学始于宋代,清中叶以后,帖学衰微,金石大盛而碑派书法兴起。经郑燮、金农发其机,阮元导其源,邓石如扬其波,包世臣助其澜,始成巨流。至清末民初,碑学的发展达到了顶峰,出现了像吴昌硕、康有为、赵之谦、张裕钊、沈曾植、李瑞清等大批碑学家。理论上从阮元到包世臣,再到康有为,把碑学亦推向了顶峰,甚至说达到了以谈碑学碑为荣、以谈帖学帖为不屑一顾的地步。代表人物有郑燮、金农、吴昌硕、邓石如、阮元、包世臣、赵之谦、张裕钊、沈曾植、李瑞清、孙诒经、李文田、陶濬宣、康有为、于右任、李志敏、孙伯翔等。

五、篆刻

　　篆刻艺术,是书法(主要是篆书)和镌刻(包括凿、铸)结合来制作印章的艺术,是汉字特有的艺术形式,迄今已有3700多年的历史。

　　篆刻艺术是书法、章法、刀法三者完美的结合,一方印中,既有豪壮飘逸的书法笔意，又有优美悦目的绘画构图，并且更兼得刀法生动的雕刻神韵，可称得上"方寸之间，气象万千"。传统认为，篆刻必先篆后刻，甚至有"七分篆三分刻"之说。篆刻本身是一门与书法密切结合的艺术。可以说，篆刻艺术是用刻刀在石头上写书法。

（一）中国篆刻简史

篆刻印章起源甚早，据《汉书·祭祀志》载："自五帝始有书契，至于三王，俗化雕文，诈伪渐兴，始有印玺，以检奸萌。"篆刻兴起于先秦，盛于汉，衰于晋，败于唐、宋，复兴于明，中兴于清。在这个长期的发展过程中，篆刻艺术出现了两个高度发展的历史阶段。

一个是战国、秦汉、魏晋六朝时期，这一时期的篆刻用料主要为玉石、金、牙、角等。汉代印章达到了空前的灿烂兴盛，史称"汉印"，字体由小篆演变为"缪篆"。汉印的印形、纽式等十分精美，而文字处理、章法变化等形成的艺术也一直被后代篆刻家们奉为典范。西泠八家之一的奚冈曾说："印之宗汉也，如诗文宗唐、字文宗晋。"

明清以来，篆刻迎来了它的第二个发展高峰期，它的篆刻艺术特点主要是流派纷呈。在这一时期文彭、何震对流派篆刻艺术的开创起了重大的作用。文彭是文徵明的儿子，他是在一次偶然的机会，发现了"灯光石"冻石可以当作治印材料。经过他的倡导，石材被广泛地应用。在这以后的一段时期内篆刻艺术流派纷呈，出现了程邃、丁敬、邓石如、黄牧甫、赵之谦、吴让之等篆刻艺术家，一时间篆刻艺术呈现出了一派繁荣的景象。

（二）秦印和汉印

1. 秦印

"秦印"一般指秦统一六国后，对印章制定了严格的规章制度而形成的印章形式。就印章内容、艺术形式而言，秦印主要分为"官印"与"私印"两大类。就印章形状、大小而言，大致有方形、长方形、圆形等形制，方形尺寸在2.3厘

◎ 秦印

米—2.4 厘米之间，间或有超大、超小；长方形印的印尺在 1.3 厘米—2.3 厘米之间；圆形印有大有小，直径介于 3 厘米—0.5 厘米之间。

秦印主要特征有三：第一，有白文界格。一般有"田""日""口"三种界格。官印多数为"田、日"界格形式，平正规整者多为高官权显，刻画随意者多为中小官吏。"日、口"多为私印及吉语箴言印等，此类印章刻制较为随意自由，结字章法等形式更为灵活多变，它们更多地展现了秦印艺术的独特风格。第二，以凿刻白文为主，间有少量铸造。第三，入印文字多以秦小篆为基础，风格与秦权量诏版相类似，以横平竖直、方中寓圆为主，点画生动自然，姿态顾盼相应。秦代印章历史虽然短暂，但因其具独特的艺术风格，为历代印人所推重。从形式、风格来看，它上接战国，下启汉魏，是中国印章史上重要的转折期，其地位犹如书法史上的魏晋时期。

2. 汉印

汉印，汉至魏、晋时期印章的统称。篆体有别于秦篆，大都方平正直，布局谨严，有独特风格。与秦印并为后世篆刻家所取法。

汉印凝重端庄，形制严谨朴茂，可分官印、私印两大类。官印以白文居多，有铸有凿，文官多用铸印，军中多急就章的凿印，其中尤以凿制的"将军""司马"两种官印艺术成就最高。汉代私印中的姓名印则以端庄平正、严谨浑厚为胜。至清末民初，流传和出土的汉印有 2 万多枚。

（三）篆刻流派

1. 文彭（明清篆刻鼻祖）

文彭（1498—1573 年）是大书画家文徵明的长子，字寿承，别字三桥，江苏苏州人。文彭喜欢刻牙印，力戒元人屈曲乖谬的毛病，篆法介于方圆之间。文彭的石印刻就之后，总要用火煅烧成铁色，石头经过煅烧之后，质地顽裂，没有办法再刻,以免别人磨平重刻。他的篆刻具有"开朝华而启夕秀"的承上启下的意义,作品以安逸典雅、沉静清丽为基调,白文刻意追溯汉法,朱文则取宋元遗风而自出新意。

2. 皖派

创始人是文彭的高足何震(1530—1604 年),字主臣,号雪渔,一号长卿,安徽新安(今江西婺源)人。何震的篆刻浑穆不及文彭,但苍劲过之。何震曾说:"六书不精义入神,而能驱刀如笔,吾不信也。"何震的传人有梁千秋、苏宣、朱简、汪镐京、江皓臣、程林、金光先、文及先、程原、程朴、汪关、汪泓等人。

3. 歙派

创始人程邃(1605—1691 年),字穆倩,一字朽民,安徽歙县人。程邃开始学习文彭、何震,后来自立门户,喜欢以大小篆钟鼎款识入印,尤其得力于秦代朱文,只可惜对六书不够精通,篆法时有谬误。程邃的传人有巴慰祖、胡唐、汪肇龙、黄吕、黄宗缉、唐燠、程奂轮、程锦波、江恂、江德量。

4. 浙派

创始人丁敬(1695—1765 年),字敬身,号龙泓山人、研林,晚年号钝丁,又署无不敬斋,浙江杭州人。丁敬远承何震,近接程邃,有人评论他:"入清以来,文何旧体,皮骨都尽,皖派诸子,力复古法,而古法仅复,丁敬兼撷众长,不主一体,故所就弥大。"因为丁敬力追古贤,而又不墨守汉家成法,所见既远,成就自大。浙派传人有金农、郑板桥、黄易、奚冈、蒋仁、陈鸿寿、胡震、张燕昌、杨澥、翁大年、杨大受、陈祖望、钟以敬、江尊、杨与、吴镢、华复、陆泰。

5. 邓派

创始人邓琰(1743—1805 年),字石如,一字顽伯,安徽怀宁人。邓石如书法刚健浑朴,篆刻亦如其书,师承梁千秋,但有自己的创新,不屑于以秦汉为最高标准,篆法圆劲,独树一帜。传人有包世臣、吴熙载、赵之谦、胡澍、周启泰、程荃。

6. 黟山派

创始人黄士陵（1849—1908 年），字牧甫，一作穆甫，别署黟山人，安徽黟县人。师承在吴熙载、赵之谦之间，也是邓派的一个分支。白文多模仿赵之谦，而挺拔过之，偶尔刻制秦代古玺，颇有古趣。他的朱文印杂取古币文字入印，鼓刀直入、犀利无比，腕力之强，当世无双。黄士陵的传人有其子黄少牧、高足李尹桑。

六、雕塑

雕塑在中国没有像西方那样独立的地位，几乎一直是建筑的一部分。但雕塑又一直都在被创造出来，从河姆渡文化遗址出土的陶猪，到青铜器上的虎、鹤，春秋战国的土俑陶俑，秦兵马俑，汉霍去病墓的石兽，直到以后源源不断的宗教造像、民间小品。

（一）古代雕塑简史

中国古代雕塑经历了萌芽期、成熟和繁荣期、高峰期、低潮期四个时期。

1. 萌芽期：新石器时代到夏、商、周

中国古代雕塑艺术可追溯至公元前 4000 年以上，这一时期石器和陶器的出现，拉开了中国雕塑史的序幕。其雕塑作品侧重于动物外形的器皿、饰物和人物的捏塑，形体小巧，造型粗略，带有浓厚的人情味，青铜器艺术代表了商周雕塑的最高水平。此时的青铜作品虽然多具实用目的，但已初步具备了雕塑艺术的特性，一些夸张、变形、奇特的纹饰，渲染了威严神秘的气氛，形成了端庄、华丽、气质伟岸、形象乖张的艺术特性，突出反映了商周时期人们的审美观和对自然环境的理解。鼎是这一时期典型的雕塑作品。

2. 成熟和繁荣期:秦汉和魏晋南北朝

秦汉雕塑突飞猛进,形成发展史上第一个高峰。临潼出土的数千兵马俑,给世人展示了秦代雕塑艺术的辉煌成就, 其兵俑体态与真人相等、数量众多、形态各异、栩栩如生;马俑形象写实、身体矫健、活灵活现。人物雕塑更注重面部的形象刻画,神态万千、精细逼真。

汉代雕塑在继承秦代恢宏庄重的基础上, 更突出了雄浑刚健的艺术个性。这一时期的墓葬雕塑特别发达,在形式上突出了石雕作品的雄浑之势和整体之美。马踏匈奴是霍去病墓前石刻最重要的一件。它采用象征手法,以气势雄壮、昂首挺立的战马象征霍去病和他所统率的英雄健儿;以马下所踏的一个面目狰狞做垂死挣扎的人物象征战败的奴隶主贵族侵略者,采取了大起大落、精细有别的手法处理,形象十分醒目,是思想性与艺术性完美统一的典范,是西汉纪念碑雕刻取得划时代成就的标志。

源于魏晋时期的佛像雕塑艺术风格的多样化与技巧的纯熟达到了史无前例的水平。此时的佛雕作品既有博大凝重之态,又不失典雅鲜活之美。雕塑制作规模宏伟,数量巨大,艺术技巧有很大提高,在反映社会生活的广度与深度方面,在社会中的地位与作用,都不同程度超过前代。各族人民在雕塑艺术上互相交流,促进了雕塑的发展,在总的时代风格下有一定的地区特色。

3. 高峰期:隋唐

隋唐时期是中国古代雕塑艺术步入更为成熟也是成就最高的一个时代,主要体现在佛教美术方面,出现了内容更丰富、表现范围更广大、技巧更熟练的佛教造像。与此同时,从事雕塑的艺术家与工匠也更多地出现,创造出一批划时代的作品。宗教题材以外的雕塑,则以陵墓雕刻最为重要。它从另一个方面显示了唐代雕塑艺术的水平和风格。

隋代至盛唐时期是古代大规模开窟造像的最后一个高峰期,石窟寺遍布北方、西北以及巴蜀地区。现存著名的石窟寺有山东云门山、驼山石窟、敦煌莫高窟、龙门石窟,炳灵寺石窟、天龙山石窟、广元千佛崖和皇泽寺造像等。其中敦煌石窟的彩塑和龙门奉先寺的雕像艺术水平最高,唐代的艺术风格也最为鲜明。位于河南洛阳的龙门石窟在经历魏晋唐多个朝代的开凿后,虽历经千年岁月的风霜,仍不失其神秘华丽之彩。龙门奉先寺群雕更显示出大唐帝国的强盛。此时的佛像雕塑艺术已逐步摆脱外来佛像样式的影响,走向了雕塑作品民族化的成熟期。

4. 低潮期:唐之后至清末

宋元雕塑缺乏隋唐时期的宏伟规模和奔放气势,在写实手法的精雕细刻上却有所发展,宗教雕塑占重要地位,开凿石窟的风气已趋衰微,寺观雕塑仍具一定规模。由于宗教艺术进一步世俗化,神佛塑像中理想化成分明显减弱,现实性生活气息则大大增强,特别是菩萨、罗汉、侍者像几乎是现实生活人物写照。继中晚唐之后的宋代雕塑进一步生活化、世俗化,创作手法趋于写实风格,材料使用则更加广泛。宋代的彩塑较为发达,在佛雕造像上较唐代有了较大变化,此时的佛像造像以观音菩萨居多。宋代帝陵的表饰仿效唐代,但其表现手法以写实为主,石雕作品更具端庄温顺之态。宋代雕塑的过分世俗化,严重削弱了雕塑艺术应有的纪念性、恒久性,其作品在空间布局、形体数量上的追求也不及前代。

元代喇嘛教佛像又出现于寺庙之中,帝王陵寝缺乏汉唐之气魄。从雕塑整体发展来看,宋至元题材因袭唐代而有变化,雕刻手法虽细腻写实,但缺乏洗练,整体不够坚实有力,造型上缺乏深沉豪迈的气概,是中国古代雕塑日趋衰落的时期。

明清的雕塑沿着古代传统继续发展,呈现了定型化与世俗化的面貌。雕塑艺术的进展主要表现为敬神意识的衰落与世俗审美趣味的增长。名目繁多的寺庙里,供奉着各式各样的神像,从题材到表现手法日趋世俗化、民间化,形成了工巧繁缛、萎靡纤细、色彩亮丽的艺术风格。佛教石窟造像骤减,佛寺造像虽亦有世俗化佳作,但一般流于定型化而失生气,城隍、土地、关帝等偶像增多。明清帝陵的陵墓表饰较前代规模更大、像设更多,布置讲究,技术娴熟,但其既缺乏唐代的超然,也缺乏汉代的雄浑,此时的作品更能满足人们的赏心悦目之功能。得到显著发展的雕塑品种是小型的案头雕塑和工艺装饰雕刻,它们生气勃勃,品色繁多。如泥、陶、瓷塑,明清有广州石湾陶瓷、福建德化瓷塑、广东潮安漆泥塑和无锡惠山泥塑等。明清雕塑有明显追随唐宋风格的痕迹,在明清石雕佛像几乎绝迹,寺庙造像逐渐发达,且趋于程式化。

(二)中国雕塑四个集群

1. 陵墓集群

包括陵墓表饰(华表、石人、石兽等)、墓室雕饰(墓门、墓道、宫床等墓内建筑雕饰及墓内肖像)、明器艺术(陪葬用的俑和动物造型、建筑模型和器物模型)。中国古人从来没有敢彻底地不信鬼神。孔子说:"祭神如神在。"(《论语·八佾》)王侯将相都希望把自己现世的享乐与威风带到地下去,帝王们几乎都是从登基伊始就开始修建自己的陵墓。远古至殷商是活人殉葬,春秋战国以后多以俑代活人,葬下的雕塑是拟真的,如秦

◎ 马踏匈奴雕塑

兵马俑,但拟真的程度和规模又依陵墓整体规模来决定,因此大多数雕塑是缩小版。由于这些雕塑的目的是模仿实物,其精品也就类似于民间泥塑和文人的案头小品。陵墓雕塑的最高成就是在地上,特别是陵墓门前和神道上的雕塑。它们既要显出墓主与冥界相连的威严和地位,还要对朝墓者产生心理影响。中国雕塑最优秀的作品都出现在这里,如霍去病墓的马踏匈奴、六朝陵前的辟邪、乾陵的飞马、顺陵的石狮等。

2. 宗教集群

包括佛道寺庙和佛教石窟里的塑像、浮雕。宗教雕塑,特别是佛教雕塑,与陵墓雕塑相比具有更多的变化和更丰富的内容。在雕塑材料上,石窟为石雕,寺庙多为泥塑。在艺术风格上,各代的佛、菩萨、罗汉雕塑与当时的人体审美观念紧密相连。魏晋六朝,瘦骨清相;隋唐五代,圆满丰腴;有宋以降,匀称多媚。和陵墓雕

塑一样,佛教雕塑也是以群体为主的,每一庙或窟之中必有一个中心。这一雕塑既处于观者视点的中心,又是最高大的,其余雕塑则服从它、呼应它、从而构成整体效果。龙门、云冈、敦煌石窟如此,著名寺庙也是如此。从六朝到宋明,寺庙中雕塑群体又有一个逐渐由印度的寺庙安排到近似于中国朝廷的帝王、文臣、武将的仪式安排的过程,总之雕塑群体越来越等级秩序化。

宗教雕塑产生了许多优秀作品。云冈石窟的大佛塑像那面部超脱一切苦难的微笑,敦煌彩塑中身体呈 S 形被誉为"东方维纳斯"的菩萨,还有那肌肉一块块凸出,不是按西方的健美而是依东方的气功而显示出力量的金刚力士,都是世界一流的艺术珍品。

甘肃敦煌莫高窟、山西大同云冈石窟、河南洛阳龙门石窟、甘肃天水麦积山石窟并称"四大石窟",是以中国佛教文化为特色的巨型石窟艺术景观,是中国古代传统文化艺术的历史瑰宝。

3. 建筑装饰

包括宫殿、苑囿、会馆、牌坊、民居、桥梁等建筑物上的装饰性雕塑。

4. 工艺雕塑

包括工艺性的泥塑、瓷塑、金属塑铸、木雕、干漆雕塑、竹雕、根雕、石雕、玉雕、牙雕、骨雕、角雕、果核雕等。

(三)中国雕塑 8 种风格

纵观中国雕塑发展,就其精神性,受政治、宗教、哲学影响;就其造型,受绘画的影响,并在意象、抽象、写意、写实诸方面显示出其道、其智、其美,有着迥异于西方传统的独立体系、独特价值。简而言之可以将中国雕塑归纳为 8 种类型的风格特征。

1. 原始朴拙意象风

原始的意象风是原始人生命自然状态的发散表现, 是直觉感受的表达。

通过鲜明、夸张的表现与外貌特征的塑造,直截了当地表达心灵。原始意象风的生成基于原始人主客未分的混沌心理状态。雕塑的外形特征按基本形分类,眼睛的塑造或是两个凸球,或是阴刻线纹,或是凹洞。泛神论与空间恐惧在此演化为造型手法的稚拙与朴野,这种意象反映了原始人对事物的模糊直觉,在造型上体现为把对象归纳为简单、不规则的几何形,是盛行于后世写意风与抽象风的基础。

2. 商代诡魅抽象风

与原始意象风呼应的是商代始大行其道的抽象风,东方的抽象,带着神秘主义色彩,它是万物有灵与抽象本能的结合。其神秘,富于图腾意味;其抽象,乃视复杂事物为简单之概念。三星堆青铜雕塑的特征集中体现了诡魅的抽象之风。它有别于根据美的原则简化组合、表达审美理想于意蕴的现代主义抽象构成。它像文字的生成一样,有象形、会意、形声,有天象、地脉,有不可知的虚无。因此,弧、曲、直、圆、方等线面体概括了对风、雨、雷、电、阴、阳、向、背的认识,此中有许多令人费解的密码。但从云纹图案、鸟头纹、倒置的饕餮,可以显而易见抽象风形成的原型。

3. 秦俑装饰写实风

秦俑的写实风带着装饰意味,较之于商代的抽象更贴近生活的情感以及自然形体的特征。它塑造的方式是通过对客观形体结构的整理、推敲和概括,向有机几何体过渡,继而以线、面、体的构成完成整体之塑造。众多人物的塑造在装饰风手法的统一之下,整体气势更觉恢宏。秦俑在一些局部处理和人物背后的刻画方面极为用心,它展示的是多维空间。即使是跪射式武士的鞋底,其千针万线也表现得细致入微。秦俑的纪念性强,几何体的构造及整体概括性增加了其空间感,只不过强大的"军阵"是埋于地下。秦俑的装饰写实风为我们提供了在现实物质形体结构中寻找形式的可能。它是区别于西方写实主义的中国式写实,这"写实"体现了东方人善于将形体平面化的倾向。

4. 汉代雄浑写意风

汉代的意象风是中国雕塑最强烈、最鲜明的艺术语言,它是可以与西方写实体系相对立的另一价值体系。汉代写意雕塑从形式与功用上分为两类:第一类是以霍去病墓前石刻为代表的纪念碑类,第二类是陪葬俑。霍墓石刻不仅是楚汉浪漫主义的杰作,也是中国户外纪念碑形式的代表。它的价值体现在:其一,借《跃马》《马踏匈奴》赞美英雄战功,这较之于西方直接以主人骑马或立像雕塑表现更富于诗性的想象,这是中国纪念碑的"借喻法"。其二,以原石、原形为体,开创了望石生意、因材雕琢的创作方式。这种方式的哲学根基是"天人合一"的思想,一方面尊重自然、时间对石头的"炼就",另一方面融入人的创造。这与以希腊为代表的西方雕刻相比,更显中国人重"意"的艺术表现思维方式。这种风格至汉代达到鼎盛,所憾的是汉代以降,此风渐衰。至近现代,又因西洋雕塑传统的介入,中国雕塑大有以西方写实主义为体、为用的倾向。时至今日,以西方现当代艺术为参照之势愈演愈烈,故那种存在于我们文化中的写意精神未能得到很好的继承与发扬。

5. 佛教理想造型风

与汉代写意风有着明显风格区别的是佛教理想化的造型风。庄严与慈悲是超越现实造型的精神基础。它外化为形式,这形式综合了严谨的法度与理想的形态,它弥漫着普度众生的慈光。从形式看,如果说汉代雕塑重"体"的话,佛教艺术则发展了中国雕塑艺术中线的元素。这主要是由于画家参与佛像范本的创制。两晋南北朝时期,各地佛寺石窟画师荟萃,西域佛画仪范与汉族审美融合交汇。卫协、顾恺之、张僧繇等画家参与佛教绘事。东晋人顾恺之在《论画》中说卫协"七佛"伟而有情势;师学卫协的张墨则"风范气韵、极妙参神";陆探微启"秀骨清像"一格,其人物"使人懔懔,若对神明";张僧繇创"面短而艳"之体。曹仲达立"衣服紧匝"之法;陆探微之子陆绥"体运遒举,风力顿挫,一点一拂,动笔新奇。""曹衣出水"风格,张僧繇的"疏体",杨子华、吴道子、周昉等所创造的造型样式均成为后来佛教造像的理想化图本、仪范。

6. 宋代俗情写真风

佛教雕塑到了宋代则明显转化为世俗题材和写实风格。凿于南宋绍兴年间的大足石窟136窟八菩萨像,129窟数珠观音,宝顶山的父母恩重经变相,山西太原晋祠圣母殿的侍女像,江苏吴县紫金庵罗汉像,这些雕塑除外形上表现为世俗的写真风外,与之相呼应的内心活动的特征,即身体姿态手势、瞬间表情的捕捉与刻画更接近于现实生活中的真实人物。一些罗汉被塑造成睿智、有异禀的知识分子,常常在道具、衣纹细节等方面的刻画上形态酷似,质感的逼真为我们所惊奇赞美。总之,宋代写真风的特点可归纳为:题材的世俗化、形象的生活化、心理的人情化、手法的逼真化,内容及形式与宗教教义背道而驰,形成表现生活的画卷。

7. 帝陵程式夸张风

大型陵墓石刻肇始于汉代,南朝和唐代的作品代表了陵墓石刻的最高成就,其程式化的夸张风介于俑和汉代石刻写意之间。南朝时期的辟邪则具有诡魅的抽象意味,与原始图腾、楚汉浪漫同属一个造型体系,通过对比因素在视觉上造成体量的庞大、凝重、厚硕,时时蓄聚着冲击的张力。辟邪在中国雕塑史上,是对造型的巨大贡献,它与汉墓前石刻不同点在于雕塑通体都经过了塑造、雕琢、线、体、弧面、圆面、曲面、平面的有机整合,匠心聚在,工艺性虽强,却有气贯长虹的生动气韵。为守护帝陵,神化了的人物、动物立于天地之间,它的体量、它的神气要镇住一个广阔空间、一个悠远的时间,"夸张"是其必然选择。同时,程式也与"尽忠职守"并存,放眼后期的陵墓雕刻,程式化是其雕刻艺术的又一隐形特征。

8. 民间朴素表现风

劳动之余的一种欢乐、审美的愉悦,更自由,更自在,只为表达心灵。这里有我们民族的集体无意识,有不经意中散发的智慧之光。直觉的、率真的、表意的、抒情的、想象的、现实的、奇异的……犹如古代民间的歌谣,是唱出来的。糖人、面人、泥人及南北各地木雕,在那造型过程中,形的灵动、形的拙朴,

能点起心灵深处审美的灵犀,是我们民族自身对美的本真感悟。一个民族的创造性、活力要在那原始的内驱力中去寻找发现,艺术创造才有生命之感。民间艺术的表现性,是对生活积极意义上的歌颂,是在美好向往、自娱自乐心态下的创造,这与西方现代表现主义的"宣泄"大相径庭。因此,民间朴素的表现是艺术的生态发展,是非功利的纯艺术劳动。它对于我们今天的意义不仅在于技巧、形式,更在于创作心态。在这种心态之下创作的艺术,其特点是题材丰富、情感纯真、手法自由、造型生动。

通过对中国雕塑8种类型风格特征的简要分析,我们可以总结出中国雕塑的精神特征是神、韵、气的统一。所谓神,应包含三个方面:首先指对象的内在精神实质;其次指作者之精神,创作时的艺术思维活动,创作时的精神专一;再次指作品所达到的境界。所谓韵是通过线条来表达的,中国的线不为描写对象的物理性质,它赋有诗性、神性、巨大的超越性。它有着道家思想的元素象征——水的特性,与物推移、沛然适意、彰隐自若、任性旷达;也有着禅家灵性的元素象征——风的特性,不羁于时空、自由卷舒、触类是道;更禀执儒家中和、阳刚、狂狷之气——神与韵的物质化生发出之"气",它是无处不在、无处不可感的文化与宇宙气象。空灵宏宽,寂静缥缈。古气、文气、大气、山林之气、宏宇之气,这气场的存在,使得中国雕塑的感染力量——情感辐射、先声夺人、涵蕴沁心,看不到体积、材质、手法,恍惚窈冥,只有无可抵御的感染力量,它聚散、缊缊、升降、屈伸、浩浩然充塞于天地之间。这气更是超拔于形质之上的精神境界。人类在发展,中国雕塑艺术在未来将实现风格的不断嬗变,但其脉络始终不离其根。

七、戏曲

中国戏曲起源于原始歌舞,是一种历史悠久的综合舞台艺术样式。经过汉、唐到宋、金才形成比较完整的戏曲艺术,它由文学、音乐、舞蹈、美术、武术、杂技以及表演艺术综合而成。它的特点是将众多艺术形式以一种标准聚合在一起，在共同具有的性质中体现其各自的个性。中国戏曲剧种种类繁多，据不完全统计，中国各民族地区戏曲剧种有 360 多种，传统剧目数以万计。经过长期的发展演变，逐步形成了以"京剧、越剧、黄梅戏、评剧、豫剧"（亦有表述为"京剧、评剧、豫剧、越剧、黄梅戏"）五大戏曲剧种为核心的中华戏曲百花苑。

（一）戏曲的主要艺术特征

1. 综合性

中国戏曲是一种高度综合的民族艺术。这种综合性不仅表现在它融汇各个艺术门类（诸如舞蹈、杂技等）而出以新意方面，而且还体现在它精湛涵厚的表演艺术上。各种不同的艺术因素与表演艺术紧密结合，通过演员的表演实现戏曲的全部功能。其中，唱、念、做、打在演员身上的有机构成，便是戏曲的综合性的最集中、最突出的体现。唱，指唱腔技法，讲究"字正腔圆"；念，即念白，是朗诵技法，要求严格，所谓"千斤话白四两唱"；做，指做功，是身段和表情技法；打，指表演中的武打动作，是在中国传统武术基础上形成的舞蹈化武术技巧组合。这四种表演技法有时相互衔接，有时相互交叉，构成方式视剧情需要而定，但都统一为综合整体，体现出和谐之美，充满着音乐精神（节奏感）。中国戏曲是以唱、念、做、打的综合表演为中心的富有形式美的戏剧形式。

2. 程式性

程式是戏曲反映生活的表现形式。它是指对生活动作的规范化、舞蹈化

| 京剧 | 豫剧 | 越剧 | 评剧 | 黄梅戏 |

表演并被重复使用。程式直接或间接来源于生活,但它又是按照一定的规范对生活经过提炼、概括、美化而形成的。此中凝聚着古往今来艺术家们的心血,它又成为新一代演员进行艺术再创造的起点,因而戏曲表演艺术才得以代代相传。戏曲表演中的关门、推窗、上马、登舟、上楼,等等,皆有固定的程式。除了表演程式外,戏曲从剧本形式、角色当行、音乐唱腔、化妆服装等各个方面,都有一定的程式。优秀的艺术家能够突破程式的某些局限,创造出自己具有个性化的规范艺术。程式是一种美的典范。

3. 虚拟性

虚拟是戏曲反映生活的基本手法。它是指以演员的表演,用一种变形的方式来比拟现实环境或对象,借以表现生活。中国戏曲的虚拟性首先表现为对舞台时间和空间处理的灵活性方面,所谓"三五步行遍天下,六七人百万雄兵""顷刻间千秋事业,方丈地万里江山""眨眼间数年光阴,寸炷香千秋万代",这就突破了西方歌剧的"三一律"与"第四堵墙"的局限。其次是在具体的舞台气氛调度和演员对某些生活动作的模拟方面,诸如刮风下雨、船行马步、穿针引线,等等,更集中、更鲜明地体现出戏曲虚拟性特色。戏曲脸谱也是一种虚拟方式。中国戏曲的虚拟性,既是戏曲舞台简陋、舞美技术落后的局限性带来的结果,而且主要是追求神似、以形写神的民族传统美学思想积淀的产物。这是一种美的创造。它极大地解放了作家、舞台艺术家的创造力和观众的艺术想象力,从而使戏曲的审美价值获得了极大的提高。

(二)戏曲的四种基本形式

中国古典戏曲在其漫长的发展过程中,曾先后出现了宋元南戏、元代杂剧、明清传奇、清代地方戏等四种基本形式。

1. 宋元南戏

南戏是中国北宋末至元末明初, 即 12—14 世纪 200 年间在中国南方地区最早兴起的地方戏曲剧种,民间俗称戏文,或称为南曲戏文,简称南戏文。

因起源于浙江温州(永嘉)地区,故又名温州杂剧或永嘉杂剧。南戏是中国的百戏之祖。"百戏之祖"并非昆曲,昆曲源于昆山腔,只是南戏四大声腔之一。

南戏是在宋杂剧角色体系完备之后,在叙事性说唱文学高度成熟的基础上出现的。它是民间艺人"以宋人词而益以里巷歌谣"(《南词叙录》)构成曲牌连缀体制,用代言体的形式搬演长篇故事,从而创造出的一种新兴艺术样式。就形式而言,它综合了宋代众多的技艺,如宋杂剧、影戏、傀儡戏、歌舞大曲,以及唱赚、缠令等在表演上的优点,与诸宫调的关系则更为密切。所有宋代存在的民间技艺都是南戏综合吸收的对象,说唱文学则是其叙事方式的主要来源。

与杂剧、传奇相比,南戏有如下一些特点:

南戏熔歌唱、舞蹈、念白、科范于一炉,表演一个完整的故事。由于故事情节比较曲折,剧本一般都是长篇,数倍于杂剧。一本南戏长的可达五十多出,短的则为二三十出。如《永乐大典戏文三种》中,《张协状元》长达五十三出,《宦门子弟错立身》最短,只有十四出。一般在第一出前有四句"题目",概括介绍剧情大意。很多时候,南戏根据剧情的需要可长可短,具有较大的灵活性。

南戏运用南方曲调,韵律、宫调均无严格规定,不受宫调限制,且可随时换韵。乐器以鼓板为主。南曲细腻委婉的特点使南戏更适于演唱情意缠绵、细腻婉转的故事。一般采用五声音阶。温州南戏形成后,在东南沿海各地传播,由于各地方俗唱的不同,又逐渐形成了不同的南曲声腔,如海盐腔、余姚腔、弋阳腔、昆山腔。

南戏的角色主要有生、旦、净、末、丑、外、贴等七种,演唱的方式比较自由,富于变化,没有一人主唱的规定,根据各种上场的角色需要均可演唱,且创造了独唱、对唱、轮唱、合唱等演唱形式。这种演唱方式比杂剧一人主唱的形式要合理得多,更有利于表达复杂的故事内容和人物性格。在使用曲牌方面,南戏已经形成了一些固定的连缀习惯。

南戏不仅使用南曲,而且也吸收了北曲的曲牌,创造了"南北合套"的形式。南北合套的运用丰富了南戏的音乐,对南北合流具有重大的影响。

2. 元杂剧

元杂剧又称北杂剧,是元代用北曲演唱的传统戏曲形式。形成于宋末,繁盛于元大德年间（13世纪后半期—14世纪）。元杂剧是在金院本和诸宫调的直接影响之下，融合各种表演艺术形式而成的一种完整的戏剧形式，并在唐宋以来话本、词曲、讲唱文学的基础上创造了成熟的文学剧本。

元杂剧具有完整、严密的结构体制。

"四折一楔子"是元杂剧最常见的剧本结构形式，合为一本，每个剧本一般由四折戏组成，有时再加一个楔子，演述一个完整的故事。少数作品也有一本分为五折或六折的，还有用两个楔子的。通常一本就是一部戏，个别情节过长的戏，可写成多本。例如，王实甫《西厢记》共五本二十一折，杨景贤《西游记》六本二十四折，每本戏仍是四折。这很像后世的连台本戏或连续剧。一本戏限定由男主角（正末）或女主角（正旦）一个人歌唱，其他配角一般都只能道白不能唱。由男主角主唱的叫末本戏，女主角主唱的叫旦本戏。

元杂剧以北方音乐为基础，因此有别称"北杂剧"，采用的是北曲联套的形式。每一折用一个套曲，每一个套曲一般都连缀同一宫调的若干支曲牌组成。每折一个套曲，常见的是第一折用仙吕，第二折用南吕，第三折用中吕，第四折用双调。少数剧本的各折也有使用其他宫调的。在每一宫调之内，各有数十支曲牌。曲词就是按曲牌填写，一折之中的每支曲牌都压同一韵脚，不可换韵。有时又有向其他宫调借用一支或几支曲牌的情况，称为借宫。

杂剧角色分为旦、末、净、杂。旦包括正旦、外旦、小旦、大旦、老旦、搽旦。正旦：歌唱的主要女演员。外旦、贴旦是次要女演员。末包括正末、小末、冲末、副末。正末是歌唱的主要男演员，外末、副末是次要的男演员。冲末是首次上场的男演员。净是地位低下的喜剧性人物。杂是除以上三类外的演员。有孤（当官）、驾（皇帝）、卜儿（老妇人）、俫儿（小厮）、细酸（读书人）等。

元杂剧一般是一人主唱或男、女主角唱，主唱的角色不是正末就是正旦，正旦主唱称旦本，如《窦娥冤》窦娥主唱；正末主唱的称为末本，如《汉宫秋》汉元帝主唱。一般来说，一剧中一人主唱到底，这是通例。但也有少数剧本，随着剧情的发展，人物也有所变化。如《赚蒯通》，第一折正末扮张良，二、三、四折正末扮蒯通。这就出现了主唱人物的变换。

宾白在后世的戏曲中也叫道白或说白，前人对元杂剧的宾白大致有两种解释：徐渭《南词叙录》："唱为主，白为宾，故曰宾白，言其明白易晓也。"单宇《菊坡丛话》："北曲中有全宾全白。两人对说曰宾，一人自说曰白。"后者从训诂角度说明可能更准确些。它是曲词外演员说的话，包括人物的对白和独白，由白话和部分韵语组成，又称韵白和散白。对白与话剧的对话相似，独白兼有叙述的性质，在情节的发展和人物的塑造上起着重要的作用。

科介也称科范、科、介，指唱、白以外的动作，元杂剧中指示人物动作和表情的术语。一般来说，元杂剧剧本中的科表示四个方面的意思。一是人物一般的动作，如《汉宫秋》第一折写王嫱迎接汉元帝，注明"趋接科"；二是表示人物的表情，《汉宫秋》第一折毛延寿定计，注明"做忖科"；三是表示武打动作，高文秀《襄阳会》四折"四将做混战科"；四是指剧中穿插的歌舞动作。《梧桐雨》二折玉环舞蹈，"正旦做舞科"。有时也表示剧中的舞台效果。

3. 明清传奇

明清传奇是 14 世纪中叶—20 世纪初，从宋元南戏和金元杂剧发展与丰富起来的中国戏曲艺术。剧本体制有许多新的创造，表演艺术在明代中叶以后达到了高峰，从而构成了中国戏曲繁荣发展的新阶段。

明清传奇在南戏的基础上发展而成，较之杂剧，在下列三个方面有了很大变化：

一是南北曲合套的形式普遍运用。在传奇里，南北曲合套的形式不仅得到了普遍运用，而且合套的形式也多样化了，有一南一北交替使用的，也有南北混用的，即在一套曲子里，可以一半用南曲，一半用北曲，而曲律则更为严格。

二是剧本分出并加上出目。以《桃花扇》为例，全剧四十出，每出皆有出目。如"却奁"（第七出）、"骂筵"（第二十四出）、"沉江"（第三十八出）、"余韵"（续四十出）等。每出皆有人物下场诗。如"余韵"下场诗："渔樵同话旧繁华，短梦寥寥记不差；曾恨红笺衔燕子，偏怜素扇染桃花。笙歌西第留何客，烟雨南朝几人家？传得伤心临去语，年年寒食哭天涯。"

三是剧本容量加大，角色体制有了较大发展。如《牡丹亭》五十五出，《长生殿》五十出。明中叶以后，传奇作者演奇事、绘奇人、抒奇情、设奇构、写奇

◎《桃花扇》

文、用奇语，形成一种文学浪潮。历史剧、风情剧、时事剧、社会剧，各种体裁的作品应运而生。同时戏剧角色亦有很大发展。明人王骥德《曲律·论部色》云："今之南戏（即传奇），则有正生、贴生（或小生）、正旦、贴旦、老旦、外、末、净、丑（即中净）、小丑（即小净）。共十二人，或十一人，于古小异。"传奇的唱词已不限一人主唱，可二人互唱，也可多人合唱。如《牡丹亭·惊梦》杜丽娘（正旦）唱："梦回莺啭，乱煞年光遍。人立小庭深院。"婢女春香（贴旦）接唱："炷尽沉烟，抛残绣线，恁今春关情似去年？"

4. 清代地方戏

清代地方戏是清代新兴的多种民族、民间戏曲的统称。

地方戏的兴起，并非始于清代。清以前所有古老剧种都发源于一定的地域，其最初形态都是地方戏，只是在特定的历史条件下，某些剧种取得了专擅一代剧坛的优势地位，同时出现的其他剧种或因数量不多，或因尚处于不成熟阶段，未能形成诸腔并奏争胜的局面。这种情况到了明末清初开始发生变化，首先是明末弋阳诸腔戏的繁衍；继而是清康熙、乾隆年间许多新兴地方戏曲在全国范围内普遍滋生，终于使戏曲剧坛的面貌为之一变。据有关文献记载，康熙至乾隆期间除昆、弋诸腔戏继续流行外，已有下列新兴地方戏曲出现：即梆子腔（包括弋阳梆子、安庆梆子、陇西梆子等）、乱弹腔（包括扬州乱弹和山西平阳、四川等地的乱弹）、秦腔、西秦腔（一名琴腔或甘肃调）、西腔、西调、陇州调、并州腔、襄阳腔（一名湖广腔）、楚腔、吹腔（一名枞阳腔或石牌腔）、宜黄诸腔、二簧腔（一名胡琴腔）、啰啰腔（一名啰戏或锣戏）、弦索腔（一名女儿腔，俗名河南调）、唢呐腔、巫娘腔、柳子腔、勾腔、本地土腔（本地指河南，包括大笛翁、小唢呐、朗头腔、梆锣卷）、山东弦子戏、卷戏、滩簧、秧歌和花鼓等。上述新兴的地方戏曲，名称既无规范，形态也不稳定，或称腔，或称调，或称戏,或按地名称,或以伴奏乐器命名,也有因腔调或演唱的特点得名的,其间常有名异而实同,或名同而实异的情况。这说明它们还处在不成熟和不完善的阶段。尽管如此,其诸腔杂陈,新奇迭出,百花竞放的局面已逐渐形成,却是一个基本的事实。乾隆年间,戏曲剧种出现了花部、雅部的区分,雅部专指昆曲,花部即指各种地方戏曲,又称"乱弹"或"花部乱弹"戏。

与上述情况相适应,原来散布在南北各地的昆曲,也加强了自明代以来就已出现的地方化的趋势,接受各地民间艺术、地方语言和群众欣赏习惯的影响,演变为富有当地色彩的昆剧,如被今人称为北昆、湘昆的剧种;或被地方戏所吸收,成为地方戏的组成部分之一,如川剧、婺剧中的昆曲。此外,这一时期流行在闽、广一带的古老剧种,如兴化戏(即今莆仙戏)、下南腔(即今梨园戏)、潮调(即今潮州戏)等也有相应的发展。许多少数民族的戏曲,如藏剧、白族吹吹腔、壮剧等,也已形成或有新的发展。

清代地方戏在戏曲艺术形式上有一个突出的贡献,就是在梆子、皮簧剧种中创造了一种以板式变化为特征的音乐结构形式,并由此引起了戏曲文学、舞台艺术以及整个演出形式的一系列变革,为中国戏曲创立了一种新的艺术体制,即板式变化体。它较之以前从南戏、杂剧开始直到昆、弋诸腔戏都采用的曲牌联套体音乐结构体制,有更为单纯、通俗、灵活的优点。由于这种体制的唱词句格是上下两个整齐句子的不断反复,可以视剧情的需要自由伸缩,唱腔结构也是采用上下两个乐句,以板式变化和反复变奏的形式来适应戏剧内容的需要,节奏可紧可慢,唱腔可长可短;因此,唱的安排就不必再受固定套数、句格、字数的限制,其他表现手段(念、做、打等)的综合运用,也无须恪守以唱为主的套曲体的制约,而能够在不同的剧目和场次中,按照戏剧化的要求灵活处理,合理运用,或以唱为主,或以做为主,或偏于文,或偏于武。这样,在表演艺术上为演员的多种艺术才能和风格的自由发挥提供了广阔天地;同时,在戏曲文学领域,使剧作者可以打破过去套曲体制按套曲分出的形式局限,而采取主要依据戏剧冲突的发展来安排长短不拘的场次的分场结构形式,从而将戏曲艺术的综合性、戏剧化和表现力都推进到一个新的高度。

清代地方戏的作品大都出自下层佚名作者之手,主要靠梨园抄本流传或艺人口传心授,刊刻付印的极少。保存至今并能看到早期面貌的剧本,只有乾隆年间刊行的戏曲选本《缀白裘》第6、第11两集以及《纳书楹曲谱》和少数梨园抄本。

八、曲艺

曲艺是中华民族各种"说唱艺术"的统称,它是由民间口头文学和歌唱艺术经过长期发展演变形成的一种独特的艺术形式。据不完全统计,至今活在中国民间的各族曲艺曲种约有400个。

(一)曲艺的分类

根据脚本特点、演出形式和音乐曲式,大体上可以归纳成评书、相声、快板、鼓曲、说唱大书等五大类。

1. 评书类

评书特点是只说不唱,由一个演员讲故事。"评"是用评语评论的意思。李渔在《闲情偶寄》中说评书是"话则本之街谈巷议,事则取其直说明言"。评书一般都用普通话讲述,也有使用地方方言的,如四川评书、湖北评书等。一个演员,一块醒木,一把扇子,就产生了"全凭一张口,满台风雷吼"的艺术魅力。

2. 相声类

相声是从中国民间说笑话发展而来的,具有轻松、活泼、滑稽、风趣的特点,又能通过幽默、诙谐的语言和表演,增长群众的知识,满足群众文化娱乐的要求。最常见的形式是一个人说的单口和甲乙二人捧逗争哏的对口。三人以上的群口,已很少有人表演。南方的独角戏(滑稽)、四川的相书都属于这一类。

3. 快板类

快板包括快板书、对口快板(数来宝)、山东快书、天津快板、竹板书等曲种。它由一两个演员韵诵,演出时用竹板、节子板、铜板(鸳鸯板)击打伴奏。快板原是单纯叙事的,没有故事情节,干板垛字,节奏较快。增添了故事情节和人物形象后,发展成快板书。

4. 鼓曲类

鼓曲音乐性较强,以演唱曲词为主。曲艺中三分之二的曲种都属这一类。概括一下,又可分成大鼓类、渔鼓类、弹词类、牌子曲类、杂曲类、走唱类七种。

5. 说唱大书类

大书就是中、长篇书,表演时连说带唱,说说唱唱。这类曲种如北方的西河大鼓、南方的评弹,很受农民欢迎。

(二)曲艺的艺术特征

众多的曲种虽然各自有各自的发展历程,但它们都具有鲜明的民间性、群众性,具有共同的艺术特征。其表现为:

以"说、唱"为主要的艺术表现手段。说的如相声、评书、评话;唱的如京韵大鼓、单弦牌子曲、扬州清曲、东北大鼓、温州大鼓、胶东大鼓、湖北大鼓等鼓曲;似说似唱的(亦称韵诵体)如山东快书、快板书、锣鼓书、萍乡春锣、四川金钱板等;又说又唱的(既有无伴奏的说,又有音乐伴奏的唱)如山东琴书、徐州琴书、恩施扬琴、武乡琴书、安徽琴书、贵州琴书、云南扬琴等;又说又唱又舞的走唱如二人转、十不闲、莲花落、宁波走书、凤阳花鼓、车灯、商花鼓等。正因为曲艺主要是通过说、唱,或似说似唱,或又说又唱来叙事、抒情,所以要求它的语言必须适于说或唱,一定要生动活泼,洗练精美并易于上口。

曲艺不像戏剧那样由演员装扮成固定的角色进行表演,而是由不装扮成角色的演员,以"一人多角"(一个曲艺演员可以模仿多种人物)的方式,通过说、唱,把形形色色的人物和各种各样的故事表演给听众。因而曲艺表演比之戏剧,具有简便易行的特点。只要有一两个人、一两件伴奏的乐器,或一个人带一块醒木、一把扇子(评书艺人所用)、一副竹板(快板书艺人所用),甚至什么也不带（如相声艺人），走到哪儿，说唱到哪儿，与听众的交流，比之戏剧更为直接。

曲艺表演的简便易行，使它对生活的反映快捷。曲目、书目的内容多以短小精悍为主，因而曲艺演员通常能自编、自导、自演。与戏剧演员相比，曲艺演员所肩负的导演职能，尤为明显。比如一个曲目、书目，或一个相声段子，在表演过程中故事情节的结构、场面的安排、场景的转换、气氛的渲染、人物的出没、人物心理的刻画、语言的铺排、声调的把握、节奏的快慢，无一不是由曲艺演员根据叙事或抒情的需要，根据对听众最佳接受效果的判断，来对说或唱进行统筹安排，进行调度，导演出一个个令听众心醉的精彩节目。

曲艺以说、唱为艺术表现的主要手段，因而它是诉诸人们听觉的艺术。也就是说曲艺是通过说、唱刺激听众的听觉来驱动听众的形象思维，在听众形象思维构成的意象中与演员共同完成艺术创造。曲艺表演可以在舞台上进行，也可划地为台随处表演，因而曲艺听众的思维与戏剧观众相比，不受舞台框架的限制，曲艺所说、唱的内容比戏剧具有更大的时间和空间的自由。为了把听众天马行空的形象思维规范到由说、唱营造的艺术天地之中，曲艺演员对听众反应的聆察更为迫切，也更为细致，因而他与听众的关系，比之戏剧演员更为密切。

为使听众享受到如闻其声、如见其人、如临其境的艺术美感，曲艺演员必须具备坚实的说功、唱功、做功，并需具有高超的模仿力。只有当曲艺演员具有了活泼泼的动人技巧，对人物的喜怒哀乐刻画得惟妙惟肖，对事件的叙述引人入胜，才能博得听众的欣赏。而上述坚实功底之底蕴是来自曲艺演员对现实生活的观察、体验与积累，以及对历史生活的分析、研究和认识。这一点对一个曲艺演员显得尤为重要。

九、杂技

杂技，是包括各种体能和技巧的表演艺术，《简明不列颠百科全书》称它是"一种有悠久历史的专门艺术,包括跳、身体技巧和平衡动作,较晚时又使用长杆、独轮自行车、球、桶、绷床及吊架等器械"。

(一)杂技简史

中国杂技大约在新石器时代就已经萌芽。秦统一中国后,吸收各国角抵的优点,形成了一种娱乐性的杂技节目——角抵戏。

汉代,角抵戏的内容更充实,品种更丰富,技艺更高超。到东汉时,则形成了一种以杂技艺术为中心,汇集各种表演艺术于一堂的新品种——"百戏"体系,其中弄剑、跳丸、倒立、走索、舞巨兽、耍大雀、马上技艺、车上缘杆、顶竿、人兽相斗、五案、七盘、鱼龙漫延、戏狮等节目,盛极一时。根据记载,汉武帝(公元前140—公元前86年在位)为了显示国家的富庶广大,在元封三年(公元前108年)的春天,举行了盛大的宴会和赏赐典礼。在宴会进行中,演出了空前盛大的杂技乐舞节目。节目中有各种百戏技艺,还有外国杂技艺术家献技。安息(古代波斯)国王的使者带来了黎轩(今埃及亚历山大港)的幻术表演家,表演了吞刀、吐火、屠人、截马的魔术节目。这些技艺奇巧、场面盛大的演出,使四方来客对汉帝国的广大和富强深为赞叹,达到了汉武帝夸示帝国昌盛富庶,吸引西域诸国结好汉室,共同对付强敌匈奴的外交目的。异域奇技使汉代杂技艺术更加丰富发展。自此皇室每年都要举行此项活动,这种年年增添内容的杂技会演大会,持续演出达64年之久,直到汉元帝初元五年(公元前44年)才停止。

南北朝时期,各族艺术交流频繁,使这一时期的杂技呈现出兼收并蓄、多姿多彩的特点,不仅民间基础丰厚,而且各朝宫廷表演也异彩纷呈。

唐代杂技不如汉代时那样盛大,而且淘汰了角抵百戏中的一些节目,但保存下来的节目却得到了惊人的发展,较之汉代有了新的特色,出现了许多前所未有的高超技艺。其中"载竿"之艺极高,马术节目也有很大发展,驯兽也达到了相当高的水平。唐代的《明皇杂录》中记载了一位宫廷歌舞伎王大娘表演的百尺顶竿,上面竟装着一座木山,仿照仙山"瀛洲""方丈"形象,山上还有小孩手持红色符节合乐歌舞。唐代杂技在宫廷与民间并盛。皇室贵戚不仅在宴乐中欣赏杂技,而且在达官贵人的出行仪仗队中,也常有行进中的杂技表演,如敦煌壁画中的《宋国夫人出行图》就是一例。

宋代(960—1278 年)杂技从宫廷转移到民间,从演出形式到节目内容都发生了深刻变化。程朱理学的兴起,封建伦理的充斥,使来自民间、富有生活气息的杂技艺术受到排斥。除了诸军百戏等带有训练性的节目在皇室庆典表演之外,大多节目都沦为都会瓦子场所和乡镇流浪艺人的谋生方式。这种变化使一些排场豪华的大型节目消失,而多种多样的小型节目,一家一户或一个人表演的节目发展起来。彩戏法中的系列节目"剑、丹、丸、豆"等手彩技艺,得到了空前的发展。以腰、腿、顶功为主要特征的特技异技,也出现了不少绝活。

宋代以后,杂技的社会地位江河日下。元朝建立后,杂技沦落为走江湖、耍把戏的江湖艺术。明清时代(1368—1911 年),杂技沦落江湖的情况未变,个人表演、父子师徒相传的杂技更为发展,形成了小型多样系列化表演,保持了许多古老技艺。一些特技在元明戏曲形成之际,被吸收入一些剧种,如蒲剧《挂画》中的"椅技",川剧中的"变脸""吐火"等。清代艺人则多以家庭亲属为基础"撂地"演出,或靠赶会流动演出,以维持生计。

中华人民共和国成立后,杂技艺术获得新生。杂技艺术从简单的技巧表演发展到有乐队、舞蹈、灯光等配合的综合艺术表演。在党和政府的领导下,当代中国杂技已经成为深受全世界人民喜爱的艺术奇葩。

(二)杂技的艺术特色

中国杂技的艺术特色,大致表现在以下几个方面:

第一是特别重视腰、腿、顶功的训练。中国杂技艺人,即使是表演古彩戏法的演员也都要有扎实的武功基础。

第二是险中求稳、动中求静,显示了冷静、巧妙、准确的技巧和千锤百炼的硬功夫。如"走钢丝"中种种惊险的表演,都要求"稳"。

第三是平中求奇,以出神入化的巧妙手法,从无到有,显示人类的创造力量。

◎ 耍坛子

第四个艺术特色是轻重并举，通灵入化，软硬功夫相辅相成。最能表现这一艺术特色的是"蹬技"节目。

第五是超人的力量与轻捷灵巧的跟斗技艺相结合。例如，在当代的"千斤担"节目中，一位老演员手举脚蹬同时举起四副石担和七八个演员，负重达千斤以上，表现了超人的力量。

第六是大量采用生活用具和劳动工具为道具，富有生活气息，显示了中国杂技与劳动生活的紧密关系。

第七是古朴的工艺美术与形体技巧的结合。例如，"耍坛子""转碟"等表演把中国的瓷绘艺术与杂技交融在一起。

第八是中国杂技有着极大的适应性，表演形式、表演场所均呈现出多样化的特点。

第九是中国杂技有着严密的师承传统，又与姐妹艺术关系密切。中国杂技的每一种技艺都是代代相传，但同时它又从戏曲、舞蹈、武术中吸收了大量的营养。

这些艺术特色构成了中国杂技的独特魅力。

十、工艺美术

工艺美术是造型艺术之一。它是一种集装饰、绘画、雕塑为一体的空间性综合艺术。工艺美术品是以美术的技巧制成的各种与实用相结合并有欣赏价值的工艺品。它是因人们的实际生活要求而产生的，与人们的日常生活有极

◎ 江西景德镇的陶瓷

◎ 湖南醴陵的陶瓷

密切的关系。中国工艺美术的历史悠久，是我国文化宝库中一颗璀璨的明珠，在国际上素负盛名。

工艺美术一般分为两大类：日用工艺，即经过装饰加工的生活实用品，如一些染织工艺、陶瓷工艺、家具工艺等；陈设工艺，即专供欣赏的陈设品，如一些象牙雕刻、玉石雕刻、装饰绘画等。具体又分为雕刻工艺、陶瓷工艺、印染工艺、织绣工艺、编结工艺、织毯工艺、漆器工艺、家具工艺、金属工艺、首饰工艺、其他工艺共 11 大类。

雕刻是指利用各种可塑材料或可雕、可刻的硬质材料，创造出具有一定空间的可视、可触的艺术形象，借以反映社会生活，表达艺术家的审美感受、审美情感、审美理想的艺术。雕刻是一种古老的装饰工艺，其工艺手法主要有阴雕、阳雕（浮雕）、圆雕、透雕（镂空雕刻）、通雕。历史悠久、技艺精湛的各种雕刻工艺，如牙雕、玉雕、木雕、石雕、泥雕、面雕、竹刻、骨刻、刻砚等，是中国工艺美术中一项珍贵的艺术遗产。

中国人早在约公元前 8000—2000 年（新石器时代）就发明了陶器。用陶土烧制的器皿叫陶器，用瓷土烧制的器皿叫瓷器。陶瓷则是陶器、炻器和瓷器的总称。凡是用陶土和瓷土这两种不同性质的黏土为原料，经过配料、成型、干燥、焙烧等工艺流程制成的器物都可以叫陶瓷。今天，一般称江西景德镇、广东佛山、福建泉州、湖南醴陵为中国古代四大瓷都。

印染又称之为染整，是一种加工方式，也是前处理：染色、印花，后整理：洗水等的总称。早在六七千年前的新石器时代，我们的祖先就能够用赤铁矿粉末将麻布染成红色。居住在青海柴达木盆地诺木洪地区的原始部落，能把毛线染成黄、红、褐、蓝等色，织出带有色彩条纹的毛布。商周时期，染色技术不断提高。宫廷手工作坊中设有专职的官吏"染人"来"掌染草"，管理染色生产。染出的颜色也不断增加。到汉代，染色技

◎ 剔红，是中国漆器特有的装饰技法

术达到了相当高的水平。

织绣是用棉、麻、丝、毛等纺织材料进行织造、编结或绣制的工艺。中国织绣工艺品种繁多，绚丽多彩。主要有刺绣、织锦、缂丝、抽纱、花边、绒绣、机绣、绣衣、绣鞋、珠绣、地毯、手工编结等。中国中部湖南省的湘绣、西部四川省的蜀绣、南部广东省的粤绣和东部江苏省的苏绣，并称中国四大名绣。

编结工艺是以天然纤维和化学纤维纺线为原料，使用棒针或钩针等工具进行的手工编结。

织毯工艺是地毯生产工序之一。它运用专用的手工工具和机械设备，使用棉毛纱等材料，按照图案和规格质量要求、工艺规程和技术操作方法，改变原材料的形态，编织成型地毯半成品或艺术挂毯。

中国漆器是中国古代在化学工艺及工艺美术方面的重要发明。它一般髹朱饰黑，或髹黑饰朱，以优美的图案在器物表面构成一个绮丽的彩色世界。从新石器时代起，中国人就认识了漆的性能并用以制器。历经商周直至明清，中国的漆器工艺不断发展，达到了相当高的水平。中国的戗金、描金等工艺品，对日本等地都有深远影响。

工艺家具是指纯手工雕刻而成的具有极高艺术性、观赏性的一类家具的总称，一般工艺家具是相对于实用家具而言的，在注重家具实用性的基础上，更注重家具精湛的制作工艺和别具匠心的设计造型。

金属工艺是中国工艺艺术的一个特殊门类，主要包括景泰蓝、烧瓷、包金、错金、冲线错金、金花丝镶嵌、斑铜工艺、锡制工艺、铁画、金银首饰饰品等。

首饰加工工艺，是对各种首饰原材料依据各种形态进行加工，形成成品的所有工艺的统称。具体包括手工加工工艺、机器加工工艺、贵金属首饰的表面处理工艺等。

十一、建筑

建筑，既是物质建设，又是一种文化建设。在各民族中，汉族的建筑数量最多,分布也最广;同时,各民族的建筑也各具特点,所以形成了中华民族丰富多彩的建筑面貌。从城市建筑群到一幢幢单体建筑,都曾经创造出许多优秀的作品,它们是古代劳动人民智慧的结晶,集中反映了中国古代建筑技术和艺术的高度成就。这些建筑在漫长的历史发展中,逐步形成了自己有特点的体系,在世界建筑中独树一帜,成为人类建筑宝库中的一份珍贵遗产。

(一)古代建筑的特点

1. 木构架的结构方式

中国古代建筑,很早以前就采用了木构架的结构方式。就是说,房屋的骨架都是用木料制成的。它的基本形式是用木头柱子立在地面上,柱子上架设木梁和木枋,在这些梁和枋上面架设也是用木料做成的屋顶构架,在这些构架上再铺设瓦顶屋面。这种木构架的形式,在 2000 年前汉代墓穴中的建筑模型上可以看到,历史上留存下来的大量建筑也多是这种结构。这种木结构的建筑有许多优点。第一,在使用上有很大的灵活性。我们常说中国房子是"墙倒屋不塌",就是因为这些房屋都是用立柱,而不是用墙体承受上面的重量,墙壁倒了,房屋依然立在那里。所以房屋的外墙和内墙都可以灵活处理。外墙可以是实体的墙,在北方寒冷地带,可以用厚墙,在南方炎热地区,可以用木板或竹编的薄墙;也可以不用墙而安门窗;甚至房屋四周都可以临空而完全不用墙;这样就满足了殿堂、亭榭、廊子等各类建筑的不同需要。在室内更可以按用途以板壁、屏风、隔扇分隔成不同的空间。第二,防震性能好。因为木结构建筑的各部分之间绝大多数是用榫卯联结的, 这些节点都属于柔性联结,加以木材本身所具有的韧性, 所以当遇到像地震这样突然的袭击力量时,它可以减少断裂和倒塌,加强了建筑的安全性。山西应县有一座高达 60 多米的佛塔,全部用的是木结构,已经有 900 多年的历史了,曾经遇到过多次较大的地震,但至今仍巍然屹立。第三,木结构便于施工建造。木材是天然材料,它不像砖瓦那样需要用泥土烧制,它比起同样是天然材料的石头,采集和加工都要容易得多。同时,在长期实践中,工匠们还创造了一种模数制,就是用木结构中一个构件的大小作为基本尺度,房屋的柱、梁、门窗等都以这个尺度为基本单位来计算出自己的尺寸大小,这样,工匠就可以按规定尺寸对不同构件同时加工,然后到现场拼装,较少地受季节和天气的限制,加快了房屋建造的速度。当然,木结构也存在着缺点。例如,它的坚固和耐久性不如砖石结构;木材怕火、怕潮湿、怕虫类腐蚀,历史上遭受雷击而毁于火灾的建筑不计其数。所以木建筑比起砖石建筑,寿命要短得多,这也是历史悠久的古建筑保存下来为数不多的原因。

2. 建筑的群体布置

我们看到的中国古建筑,总是成组成群地出现,大到一座宫殿、寺庙,小到一所住宅都是这样。先以最常见的住宅来分析,北方的四合院是住宅中最普通的形式,它由四座房屋前后左右围成一个院子,主人的住房在中间,子女用房在两边。这种把房屋围成一个院子,主要建筑在中央,次要建筑在两侧成均衡对称的布置方式成了中国古建筑平面布局的基本形式。宫殿是这样,寺庙也是如此,只不过宫殿庙宇的单体建筑更讲究,所围成的院子更大,前后左右组成的院落更多,成为更大的建筑群体。中国建筑由四根柱子组成的“间”为基本单位,由“间”组成各种不同形状的单座建筑,由单座建筑又组成大小不同的院落建筑群组,一座城市也主要由这许许多多不同用途的建筑群组所组成。这种规整的建筑群组是我国古代建筑的主要形式,但并不是唯一的形式。在山区或者地形复杂的地方,各建筑之间或者各个院落之间不可能都前后左右完全整齐对称地排列,因而只能采取因地制宜的安排组合。在园林中,为了创造有变化的景致,有时还有意地将建筑分散灵活地布置,打破规整的格式。当然山区、园林里的这些建筑仍然是群组中的一个部分,它们不是独立存在的,只是组合方式与宫殿、住宅不同而已,正因为这样,才使得中国古代建筑呈现出丰富多彩的面貌。

3. 建筑的艺术处理

中国古代建筑的艺术处理,有它鲜明的特点,这主要表现在:它善于将建筑的各种构件本身进行艺术加工而成为有特色的装饰,大到一座建筑的整体外形,小到一个梁头、瓦当都是这样。中国建筑的屋顶由于木结构的关系,体形都显得庞大笨拙,但古代工匠却利用木结构的特点把屋顶做成曲面形,屋檐到四个角上都微微向上翘起,看上去,屋顶面是弯的,屋脊是弯的,屋檐也是弯的。在长期实践中,又创造了庑殿、歇山、单檐、重檐等各种形式,还把屋脊上的构件加工成各种有趣的小兽,使庞大的屋顶变成了中国古建筑一个富有特殊艺术形象的重要部分。房屋木结构的梁、枋出头也做成了蚂蚱头、麻叶头等各种有趣的形式,连一排排屋檐上的瓦头都进行了装饰,刻出各式花草、禽兽,增加了建筑的情趣。为了保护木材,在木结构的露明部分涂上油彩,这又为装饰提供了广施才能的场所,创造了中国建筑特有的"彩画"装饰。在中国建筑装饰中,不但敢于用而且也善于用色彩。色彩浓重而鲜明成了中国古建筑的一大特色。一座重要的宫殿建筑,屋顶覆盖着黄色的琉璃瓦,屋顶下是青绿色调的彩画,殿身是红墙红柱和红门窗,下面有白色的石台基和深色的地面,在蓝天的衬托下闪闪发光。这样大胆地把黄与蓝、红与绿、白与黑几组相互对比的颜色放在一起,使整座建筑光彩夺目。古代匠师不但敢于用重彩,而且也善于用淡笔。在南方一些园林中,建筑多用白色的墙和青灰色的瓦,深咖啡颜色的木结构往往不加彩画,四周栽培着青竹、芭蕉,组成了色彩淡雅的园林环境。

(二)中国建筑分类

按照不同的用途,中国古建筑分为宫殿建筑、陵墓建筑、坛庙建筑、宗教建筑、园林建筑和民居建筑六类。

1.宫殿建筑

宫殿建筑是古代专供奴隶主贵族和封建皇帝使用的建筑。这些建筑都是集中了当时技术最高明的工匠,使用了最好的材料,花费了大量的人力和财力建造起来的。所以它们的规模最大、最华丽、最讲究,可以说代表了那个时期建筑技术和艺术的最高水平。

◎ 北京故宫博物院　　　　　　　　　　　◎ 北京天坛

　　我们从历代皇朝的宫殿建筑上可以看到以下的特点：第一，中国古代的宫殿建筑都是单幢的建筑，它们的体量多不很大，分别满足统治者工作、生活、游乐等各方面的要求。第二，这些单幢的建筑按照一定的序列组织在一起，主要宫殿安排在南北方向的中央轴线上，次要建筑在左右两侧，前面为朝政用房，后面为居住和游乐建筑区。第三，这些宫殿建筑群又组成为一座宫城，四周用墙相围，宫城自成一区，处在都城的中心位置上。这种形式已经成为一种固定的格式，在中国长期的封建社会中为历代皇朝所沿用。

　　2. 陵墓建筑

　　陵墓建筑是中国古代建筑的重要组成部分，中国古人基于人死而灵魂不灭的观念，普遍重视丧葬，因此，无论任何阶层对陵墓皆精心构筑。在漫长的历史进程中，中国陵墓建筑得到了长足的发展，产生了举世罕见的、庞大的古代帝、后墓群，如陕西的秦始皇陵、北京的明十三陵等；且在历史演变过程中，陵墓建筑逐步与绘画、书法、雕刻等诸多艺术门类融为一体，成为反映多种艺术成就的综合体。

　　3. 坛庙建筑

　　中国古代是按照礼来治家治国的。中国的礼制思想集中体现在两个方面：其一是对自然的崇拜，相信"天"是人类的主宰，天上诸神支配着农作物的丰歉和人间的祸福，而人间帝王的一切行为都是受命于天的，因此是不可违抗的;其二是要人们崇尚祖先,因为祖先赋予我们生命,教会我们生存的技能,死后也在时刻护佑着后代子孙,特别是帝王的祖先,不仅赋予其生命,还赋予江山社稷,因此祖先也是神圣的。用以宣讲传播礼学的礼制,举办各种"礼"所规定的祭奠活动的建筑称礼制建筑。礼制建筑有官修和民建两种,包括坛庙、祭祠和祠堂。

（1）太庙

太庙是帝王祭奠祖先的建筑群。目前保存最完整的明清两代太庙,位于天安门东侧,现为北京劳动人民文化宫。太庙布局有明显的中轴线,左右配殿严格对称,按照中国传统"左祖右社"的规定,外有高大厚重的墙垣和树冠茂密的古柏,内有空敞宁静的庭园,庄严肃穆,静谧安宁。

（2）社稷坛

社稷坛是帝王祭祀土地神和谷神的地方,位于天安门西侧,现为中山公园。中国传统的治国思想是"以农为本",古代以"社稷"代称国家。按"五行"中五方五色的配置,中央、东、南、西、北分别为黄、青、红、白、黑,所以必须用五色土覆盖于坛面,以象征"普天之下,莫非王土"和祈求全国风调雨顺,五谷丰登。

（3）天、地、日、月坛

祭祀天、地、日、月、泰山神的活动,是历代帝王登基后的重要活动。因为君权"受命于天",且要秉承天意治理国家,所以皇帝必须亲自去天坛祭天,祭天在南郊,时间在冬至日;土地是国家的根本,皇帝须亲自或派人前往地坛祭地,祭地在北郊,时间在夏至日;万物生长靠太阳,所以须到日坛祭日,祭日在东郊;月亮是夜明之神,所以又须到西郊月坛祭月。因为祭天、地、日、月等活动都在郊外进行,所以统称为郊祭。历代许多皇帝,如秦始皇、汉武帝等,都要登五岳之首泰山祭泰山神,称为封禅大典。

（4）文庙与武庙

用来祭祀圣哲先贤的祠堂庙宇。文庙（孔庙）是祭祀我国古代著名思想家、教育家、儒家学派的创始人孔子的场所。由孔子创建的儒家学说是中国封建社会的正统思想和统治阶段的精神支柱,因此孔子受到历代帝王的推崇,追封其为先师、先圣、至圣、大成至圣等,并为其制定了设庙规制,为"左庙右学"，即在京城太学的左侧须建文庙。至明、清两代，各地府、州、县学的左侧都建了孔庙，与设庙规制同时颁布的还有祭祀规制。分皇祭、官祭、随时祭。在京城每年春秋皇帝亲自祭，在各地同期有地方官举行祭祀活动，每遇大事，皇帝亲自派人去孔子家乡曲阜致祭。这样在全国大小城市几乎都有规模不等的孔庙。其中规模最大、时代最早的是山东曲阜的孔庙。关羽是三国时蜀汉大将，其事迹被统治者所渲染，儒家尊其为"武圣人"。旧时武庙（关帝庙）之多，居全国诸庙宇之首。山西解州关帝庙为武庙之首。

（5）祠堂

祠堂是族人祭祀祖先或先贤的场所。祠堂有多种用途，除了"崇宗祀祖"之用外，各房子孙平时有办理婚、丧、寿、喜等事时，便利用这些宽广的祠堂以作为活动之用。另外，族亲们有时为了商议族内的重要事务，也利用祠堂作为会聚场所。在中国古代儒家伦理中，家族观念相当深刻，往往一个村落就生活着一个姓氏、一个家族或者几个家族，多建立自己的家庙祭祀祖先。正因为这样，祠堂建筑一般都比民宅规模大、质量好，越有权势和财势的家族，他们的祠堂往往越讲究，高大的厅堂、精致的雕饰、上等的用材，成为这个家族光宗耀祖的一种象征。祠堂多数都有堂号，堂号由族人或外姓书法高手所书，制成金字匾高挂于正厅，旁边另挂有姓氏渊源、族人荣耀、妇女贞洁等匾额，讲究的还配有联对。如果是皇帝御封，可制"直笃牌匾"。祠堂内的匾额之规格和数量都是族人显耀的资本。有的祠堂前置有旗杆石，表明族人得过功名。一般来说，祠堂一姓一祠，旧时族规甚严，别说是外姓，就是族内妇女或未成年儿童，平时也不许擅自入内，否则要受重罚。

4. 宗教建筑

宗教建筑是有灵魂的，其崇高与完美往往使步入其中的人们叹为观止，甚至被一种强大的精神力量所征服。

5. 园林建筑

现存的中国古代园林，一般可以分为皇家园林、私家园林和寺庙园林三种基本类型。

（1）皇家园林

皇家园林如果从公元前 11 世纪周文王修建的"灵囿"算起，到 19 世纪末慈禧太后重建清漪园为颐和园，已经有 3000 多年的历史，可谓源远流长。在这漫长的历史时期中，几乎每个朝代都有宫苑的建置。皇家园林一般建在京城里面，与皇宫相毗连，相当于私家的宅园，称为大内御苑；大多数则建在郊外风景优美、环境幽静的地方，一般与离宫或行宫相结合，分别称为离宫御苑、行宫御苑。行宫御苑供皇帝偶尔游憩或短期驻跸之用，离宫御苑则作为皇帝长期居住并处理朝政的地方，相当于一处与大内相联系着的政治中心。此外，这些郊外的园林面积广大，土地肥沃，在农业生产及都城水利中也发挥着重要作用。

（2）私家园林

中国古代园林除皇家园林外，还有一类属于王公、贵族、地主、富商、士大夫等私人所有的园林，称为私家园林。古籍里称之为园、园亭、园墅、池馆、山池、山庄、别墅、别业等。规模较小，一般只有几亩至十几亩，小者仅一亩半亩而已；大多以水面为中心，四周散布建筑，构成一个个景点或几个景点；以修身养性、闲适自娱为园林主要功能；园主多是文人学士出身，能诗会画，清高风雅，淡素脱俗。私家园林集中在南京、苏州、无锡等地。现代保存下来的园林大多属于明清时代，这些园林充分表现了古代传统园林建筑的独特风格和高超的造园艺术。

（3）寺庙园林

寺庙园林，指佛寺、道观、历史名人纪念性祠庙的园林，为中国园林的三种基本类型之一。寺庙园林狭者仅方丈之地，广者则泛指整个宗教圣地，其实际范围包括寺观周围的自然环境，是寺庙建筑、宗教景物、人工山水和天然山水的综合体。一些著名的大型寺庙园林，往往历经成百上千年的持续开发，积淀着宗教史迹与名人历史故事，题刻下历代文化雅士的摩崖碑刻和楹联诗文，使寺庙园林蕴含着丰厚的历史和文化游赏价值。

江苏苏州拙政园、北京颐和园、河北承德避暑山庄、江苏苏州留园并称中国四大名园。

6. 民居建筑

中国历史悠久,疆域辽阔,自然环境多种多样,社会经济环境不尽相同。在漫长的历史发展过程中,逐步形成了各地不同的民居建筑形式,这种传统的民居建筑深深地打上了地理环境的烙印,生动地反映了人与自然的关系。中国各地区、各民族现存的民间住宅类型,归纳为六种形式。

(1)木构架庭院式

中国传统住宅的最主要形式,其数量多、分布广,为汉族、满族、白族等族大部分人及其他少数民族中的一部分人使用。这种住宅以木构架房屋为主,在南北向的主轴线上建正厅或正房,正房前面左右对峙建东西厢房。由这种一正两厢组成院子,即通常所说的"四合院""三合院"。长辈住正房,晚辈住厢房,妇女住内院,来客和男仆住外院,这种分配符合中国封建社会家庭生活中要区别尊卑、长幼、内外的礼法要求。这种形式的住宅遍布全国城镇乡村,但因各地区的自然条件和生活方式的不同而各具特点。其中四合院以北京的四合院为代表,形成了独具特色的建筑风格。

(2)四水归堂式

中国南部江南地区的住宅名称很多,平面布局同北方的"四合院"大体一致,只是院子较小,称为天井,仅作排水和采光之用("四水归堂"为当地俗称,意为各屋面内侧坡的雨水都流入天井)。这种住宅一进院,正房常为大厅,院子略开阔,厅多敞口,与天井内外连通。后面几间院的房子多为楼房,天井更深、更小些。屋顶铺小青瓦,室内多以石板铺地,以适合江南温湿的气候。江南水乡住宅往往临水而建,前门通巷,后门临水,每家自有码头,供洗濯、汲

◎ 四合院

水和上下船之用。

（3）三间两廊式

广东民居镬耳屋的内部格局是典型的"三间两廊"的肌理。"三间"指的是排成一列的三间房屋，其中间为厅堂，两侧为居室。三间房屋前为天井。天井两侧的房屋即为"廊"。"两廊"一般用作厨房或门房。这种廊檐相间的布局，刻意营造虚实相结合的意境，不但较比闭塞自封的北地建筑更显开放，而且还拧开了一道实用的阀门：一方面便于空气流通、消暑散热；另一方面靠着廊庑连接了建筑的骨骼，起到隔绝风雨、遮挡阳光的作用。当然，有的镬耳屋的间数不只如此，开间越多意味着等级越高，这自然与先民的等级观念相关。

（4）一颗印式

云南省的"一颗印"式住宅可以作这类住宅的代表，在湖南等省称为"印子房"。这类住宅布局原则与上述"四合院"大致相同，只是房屋转角处互相连接，组成一颗印章状。"一颗印"式住宅建筑为木构架、土坯墙，多绘有彩画。

（5）窑洞式

窑洞式住宅主要分布在中国中西部的河南、山西、陕西、甘肃、青海等黄土层较厚的地区。利用黄土壁立不倒的特性，水平挖掘出拱形窑洞。这种窑洞节省建筑材料，施工技术简单，冬暖夏凉，经济适用。窑洞一般可分为靠山窑、平地窑、砖窑、石窑或土坯窑五种。

（6）干阑式

干阑式住宅主要分布在中国西南部的云南、贵州、广东、广西等地区，为傣族、景颇族、壮族等居民的住宅形式。杆栏是用竹、木等构成的楼居。它是单栋独立的楼，底层架空，用来饲养牲畜或存放东西，上层住人。这种建筑隔潮，并能防止虫、蛇、野兽侵扰。

此外，中国还存在不少比较特殊的住宅形式，如大土楼。大土楼是中国福建西部客家人聚族而居的围成环形的楼房。一般为三至四层，最高为六层，包含庭院，可住 50 多户人家。庭院中有厅堂、仓库、畜舍、水井等公用房屋。这种住宅防卫性很强。客家人为保护自己的生存创造独特的建筑形式，至今仍在使用。

（三）中国建筑六大派系

千百年来,由于不同地区人们不同的生活习惯,中华大地上留下了许多各具特色的建筑。大体可以分为皖派、闽派、京派、苏派、晋派、川派六大派别。

1. 皖派建筑

皖派建筑是六大建筑派系里最为突出的建筑风格之一,是中国南方民居的代表。其中徽派是最为人熟悉的皖派的一支,2000 年被列入"世界遗产名录"。尤以民居、祠堂和牌坊最为典型,被誉为徽州古建三绝,为中外建筑界所重视和叹服。

2. 苏派建筑

苏派建筑是江浙一带的建筑风格,是南北方建筑风格的集大成者,园林式布局是其显著特征之一。脊角高翘的屋顶,江南风韵的走马楼、砖雕门楼、明瓦窗、过街楼,轻巧简洁、古朴典雅,体现出清、淡、雅、素的艺术特色,充满了江南水乡古朴沉静的意味。

3. 闽派建筑

闽,即福建,闽派民居即流行于闽南地区的一种建筑风格。其中"土楼"是其最为鲜明的代表,是一种供聚族而居,且具有防御性能的民居建筑,历经500 多年传承而来,将生土夯筑技术发挥到极致,单体建筑规模宏大精细,地堡式建筑风格沿用至今。常见的类型有圆楼、方楼、五凤楼、宫殿式楼等,楼内生产、生活、防卫设施齐全,是中国传统民居建筑的独特类型。

4. 京派建筑

中国北方建筑以京派建筑最为典型,而京派建筑里最典型的便是北京的四合院。院落宽绰疏朗,四面房屋独立,大到皇宫王府,小到平民住宅,每一处雕饰,每一笔彩绘,都是北方文化的无价之宝。除四合院外,宫殿建筑也是京派建筑的代表作,其中故宫是宫殿建筑的问鼎之作,也代表了传统建筑艺术的最高水平。它可以看作是一个巨大的四合院,功能更广泛,分工更明确,给人以皇家威严之感。

5. 晋派建筑

晋派只是一个泛称,不仅指山西一带,还包括陕西、甘肃、宁夏及青海部分地区。在这些地区中以山西的建筑风格最为成熟,故统称为晋派建筑。晋派建筑大体分为两类:一类是山西的城市建筑,这是狭义上的晋派建筑;山西历史上有晋商闻名天下,勤劳的世代晋商在积累无数财富的基础上形成了自己的建筑风格。晋派建筑在很大程度上反映了晋商的品格:稳重、大气、严谨、深沉;斗拱飞檐,彩饰金装,砖瓦磨合,精工细做。另一类是陕北及周边地区的窑洞建筑,这也是西北地区分布最广的一种建筑风格。窑洞冬暖夏凉,天空瓦蓝透亮,空气神清气爽。黄土高原的祖先们就是在窑洞中生存、繁衍和壮大起来的。

6. 川派建筑

即流行于四川、云南、贵州等地的一种建筑风格,为当地少数民族特有的建筑风格。在川派建筑中以傣族竹楼、侗族鼓楼、川西吊脚楼,最具鲜明特色。竹楼是一种干栏式建筑,主要用竹子建造,下层高七八尺,四围无遮拦,牛马拴束于柱上。上层近梯处有一露台,用竹篱隔出主人卧室并兼重要钱物存储处;其余为一大敞间。楼中央是一个火塘,日夜燃烧不熄。侗族鼓楼是侗乡具有独特风格的建筑物,座座鼓楼高耸于侗寨之中,巍然挺立,气势雄伟。飞阁垂檐层层而上呈宝塔形,瓦檐上彩绘或雕塑着山水、花卉、龙凤、飞鸟和古装人物,云腾雾绕,五彩缤纷,侗寨风光可谓十足。川西吊脚楼,也叫"吊楼",多依山靠河就势而建,呈虎坐形。吊脚楼属于干栏式建筑,但与一般所指干栏有所不同。干栏应该全部都悬空的,所以称吊脚楼为半干栏式建筑。吊脚楼有很多好处,高悬地面既通风干燥,又能防毒蛇、野兽,楼板下还可放杂物。吊脚楼还有鲜明的民族特色,优雅的"丝檐"和宽绰的"走栏"使吊脚楼自成一格,被称为巴楚文化的"活化石"。

不论是何种建筑派别,都离不开匠人们历时数年的精心雕琢,一砖一瓦之时,一榫一卯之间,一转一折之际,都凝结着匠人文化的精粹。

第十七章
中国史学文化

中国是一个史学高度发达的国家,梁启超在《中国历史研究法》中说:"中国于各种学问中,惟史学为最发达;史学在世界各国中,唯中国为最发达。"在中国传统学术里面,史学是仅次于经学的重要学术门类,所谓经、史、子、集是也。

一、史学

(一)中国史学简史

中国史学追本溯源,萌发于古代先民对于远古英雄人物的传说。黄帝、蚩尤之战是关于部落战争中的英雄人物的传说,羿射九日、女娲补天是关于对自然灾害进行斗争中的英雄人物的传说,禹善治水、稷善耕稼是关于在社会生产中发挥巨大作用的英雄人物的传说,还有许多关于创造发明、祖先崇拜、血统传承的传说。这是在文字出现以前先民的原始历史意识和历史知识传播的最初形式。殷、周时期出现了甲骨文和金文,有了简单的文字记载,为史学的产生提供了必要条件。中国古代史学从最早的官方文献《尚书》和史诗即

《诗经》中的《雅》《颂》出现为萌芽起,历 2000 余年,经过 5 个发展时期,取得了世所罕见的成就。

先秦时期:中国古代史学的产生。《尚书》中的《盘庚》《牧誓》等篇记载了殷、周时期的一些重大史事,《雅》《颂》反映周室东迁前各个历史阶段的社会情况和有关封国、征伐、农事等活动,它们与金文记载都表现出明确的历史意识。西周末年至春秋时代,"国史"发展起来,称"春秋""梼杌""乘",均编年纪事。春秋末年孔子修《春秋》,为中国史学上第一部编年体史书,开私人撰史的先河。战国时代私人撰史逐渐增多,《左传》和《国语》是记述春秋史事的,《战国策》和《战国纵横家书》是记述战国史事的,《竹书纪年》和《世本》是记述远古至当世史事的通史,政治形势走向统一的趋势在史书中多有反映。

秦汉时期:中国古代史学的确立。政治上的大一统局面,产生了与之相适应的历史巨著《史记》和《汉书》,前者为第一部纪传体通史,后者为第一部纪传体断代史,它们奠定了中国古代史学发展的基础。西汉初年诸家史论和东汉末年荀悦撰写的第一部断代编年史《汉纪》,也是这个时期的重要史学成果。

魏晋南北朝隋唐时期:中国古代史学的发展。《三国志》《后汉书》

◎《史记》

◎《汉书》

《晋书》《宋书》《南齐书》《梁书》《陈书》《魏书》《周书》《北齐书》《隋书》《南史》《北史》等 13 部"正史"的编撰,是这个时期史学的重大成就。它们占了"廿四史"的半数以上。刘知几写出了世界上第一部系统的史学评论著作《史通》(唐

◎《资治通鉴》

中宗景龙四年,即 710 年),杜佑写出了世界上最早的典制体通史《通典》(唐德宗贞元十七年,即801 年),扩大了历史撰述的领域。地方史、民族史、宗教史、家史、家传、谱牒、域外史等,都有很大发展,史书的数量、种类和体裁也都明显地增加。

五代宋元时期:中国古代史学的继续发展。司马光的《资治通鉴》、郑樵的《通志》、马端临的《文献通考》,代表了编年、纪传、典制三种体裁的通史撰述的新成就;袁枢的《通鉴纪事本末》是纪事本末体史书的杰作。《旧唐书》《旧五代史》《新唐书》《新五代史》《宋史》《辽史》《金史》等 7 部"正史"的编撰,以及对于当代历史文献的整理,也都反映出史学继续发展的势头。

明清时期:中国古代史学的嬗变。李贽的《藏书》《续藏书》《焚书》《续焚书》,顾炎武的《日知录》,王夫之的《读通鉴论》《宋论》,黄宗羲的《明夷待访录》《明儒学案》《宋元学案》,章学诚的《文史通义》等,是这个时期的史学名作。对于历史文献的考订、整理、校勘和对于古史的考信,王鸣盛、钱大昕、赵翼、阮元、崔述等,是为名家。封建正宗史学思想仍居统治地位,同时出现了批判和揭露封建专制主义的进步思想。

(二)两大史学传统

中国传统史学的主要特点,是形成了官方史学与私家史学两条相互联系的发展轨道。历代官修的"二十四史"号称"正史"。与正史相对应的史书是野史、杂史和别史。野史、杂史、别史的共同特点是成于私人之手而非官修,故又称"私史"。三者又有所不同:野史体例不一,或编年,或纪传,或杂记一代史事,其内容多奇闻逸事、闾巷风俗、统治者的秘事,故往往被封建王朝视为禁书;杂史体例一般是只记一事始末、一时见闻或一家私记;别史内容往往限于杂记历代或一代史事。野史、杂史、别史虽有史实不确之弊,但往往亦可补正史之阙遗,具有较高的史料价值。

(三)史官制度

中国历代均设置专门记录和编撰历史的官职,统称史官。各朝对史官的称谓与分类多不相同,但主要的可以分为记录类和编纂类两者。史官刚刚出现的时候以及发展过程中的很长时间,这两者是不大分别的,后来演化出专门负责记录的起居注史官和史馆史官,前者随侍皇帝左右,记录皇帝的言行与政务得失,皇帝不能阅读这些记录内容,后者专门编纂前代王朝的历史。

在中国历史上,设立史官,记录国家大政和帝王言行,是一种由来已久的制度和传统。在夏代的奴隶制国家机构中已设置了史官。《吕氏春秋·先识篇》记载:夏桀荒淫无道,太史令终古出其图法进行劝谏,无效,即弃而奔商。早在西周时期,我国就出现了比较完备的史官制度。今天我们所看到的《尚书》,就性质而言,就是当时史官所保留的历史文献汇编;《易经》的卦爻辞也很可能是史官所整理的结果;《逸周书》也有部分是比较可信的西周文献。从魏明帝太和年间开始,在政府的中书省设置著作郎一职,专门从事历史著作的编撰工作。从此,我国有了著史的专官。唐代是中国史学发展史的一个重要时代,正式设置了史馆。唐朝初年,唐太宗认为有必要设置史馆来加强对修史工作的指导,从此后由史馆专门负责修史工作,由宰相监修。这一制度后来一直得到了延续,成为中央集权专制时代里的定制。

(四)史书体裁

中国传统史学不仅具有悠久的历史,而且还拥有众多完备的体裁。《四库全书》中划分出 15 类,包括正史类、编年类、纪事本末类、杂

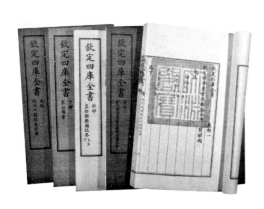

◎《四库全书》

史类、别史类、诏令奏议类、传记类、史钞类、载记类、时令类、地理类、职官类、政书类、目录类、史评类等。重要的有编年体、国别体、纪传体、典制体、纪事本末体等几种。

1. 编年体

在众多的史学体裁中,首先出现的就是编年体。将一些历史事件在它发生的时刻记录下来,最后再按年代整理出来,自然就形成了编年体。流传到今天的最早的史书也就是编年体的《春秋》。编年体注意历史事件的时间联系,年经事纬,条目清晰。但是,这一体裁也有它的缺点,因为很多事情持续多年,这样就导致不同的事件互相干扰掺杂。同时,有些事件也很难确定它的发生时间。编年体对于记载社会、文化等方面的内容也有所不便。

《春秋》《左传》《竹书纪年》《汉纪》《后汉纪》《资治通鉴》《国榷》等均为编年体史书。

2. 国别体

以国(诸侯国)为主体记载,即按国家分类记载历史。最早的一部是春秋时代左丘明作的《国语》,较好的一部是汉代初期刘向编订的《战国策》。

◎ 司马迁题跋像

3. 纪传体(二十四史)

纪传体是以本纪、列传人物为纲、时间为纬、反映历史事件的一种史书编纂体例。纪传体史书的突出特点是以大量人物传记为中心内容,是记言、记事的进一步结合。这种体裁是由司马迁所开创的,《史记》也是我国第一部纪传体通史。从此后纪传体成为我国史学著述的正宗,历代所修的所谓正史,无一例外,全部是纪传体的史书。但是,纪传体也有其弊端,即"一事而复见数篇,宾主莫辨",分头叙述人物,历史事件则被分记到人物传之中,产生重复矛盾的缺陷。

在中国传统史书中最引人注目的就是历代正史,也就是大家所熟知的"二十四史"或"二十五史"。所谓二十四史包括:《史记》《汉书》《后汉书》《三国志》《晋书》《宋书》《齐书》《梁书》《陈书》《魏书》《北

◎《二十四史》

周书》《北齐书》《隋书》《南史》《北史》《旧唐书》《新唐书》《旧五代史》《新五代史》《宋史》《金史》《辽史》《元史》《明史》。所谓二十五史是指二十四史再加上《新元史》或《清史稿》。

4. 典制体(十通)

典制体史书以典制为中心,记述历代典章制度及其因革损益。它以分门别类为表述上的特点,曾被称为分类书。典制体史书是从纪传体史书中的书志分离来的,发展为独立的体裁。著名史学家刘知几的儿子刘秩作《政典》三十卷,接着杜佑在这一基础上写出了我国第一部典章制度的通史——《通典》。

《通典》的巨大成功,使后世的续作、仿作不断。南宋时郑樵也意在融会贯通而修了《通志》。宋元之际马端临也从会通着眼而修了348卷的《文献通考》。《通典》《通志》《文献通考》这三部典章制度名著被人们合称为"三通"。后来清朝又修了《续通典》《续通志》《续文献通考》《清通典》《清通志》《清文献通考》,与"三通"一起合称"九通"。进入民国以后,又修了《续清文献通考》,与"九通"合称"十通"。

除"十通"外,典制体的史书还包括了会要,会要是专记断代的典章制度专著。

5. 纪事本末体(九种纪事本末)

纪事本末体是以事件为中心的著史体裁。它与编年体、纪传体合称为古代三大史体。纪事本末体裁,每事一题,为一专篇,把分散的材料按时间先后加以集中叙述,兼有编年体和纪传体的优点,详于记事,方便阅读。它创立于南宋人袁枢的《通鉴纪事本末》。在袁枢的影响下,明清两代的仿作和续作很多,形成了一个从先秦到清朝的系统。

"九种纪事本末"是《左传纪事本末》《通鉴纪事本末》《宋史纪事本末》《辽史纪事本末》《金史纪事本末》《西夏纪事本末》《元史纪事本末》《明史纪事本末》《清史纪事本末》。

二、金石学

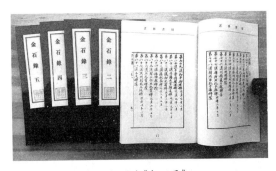
◎ 赵明诚《金石录》

金石学是中国考古学的前身。它是以古代青铜器和石刻碑碣为主要研究对象的一门学科,偏重于著录和考证文字资料,以达到证经补史的目的,特别是其上的文字铭刻及拓片;广义上还包括竹简、甲骨、玉器、砖瓦、封泥、兵符、明器等一般文物。

金石学形成于北宋时期,欧阳修是金石学的开创者,赵明诚的《金石录》提出"金石"一词。清代王鸣盛等人正式提出金石之学这一名称。近代马衡著《中国金石学概要》,对金石学作了较全面的总结。

第十八章
中国术数文化

　　中国术数文化庞大博杂，历时悠久，门类繁多，影响深远。"术"指各种带有可操作性的占卜和方术；"数"，秦汉指历数，以后指气数、运数、数理，成为可赋其象以归纳推理人与自然、社会某种关系的不能精确计算的纯数。术数源于先秦，成于秦汉，盛于唐宋，衰于清。秦汉时又称数术，指以阴阳五行生克制化、天人合一、后天八卦等为基础理论的占卜术、方术及推理天人关系的知识系统，方法上的突出特征是以象数、干支、符号等比拟人、事物、社会，寻其机巧，达到经邦治国、占断吉凶、观象制器的目的。有较多的经验成分和合理成分，既是科技之源，也是迷信之薮。秦汉以后，术数、方术、方伎逐渐混淆合流，唐宋时又加进了太极、先天八卦和"图书之学"的理论，"穷天地""侔造化"的哲理性较浓厚，断吉凶休咎的种种方术也大为发展，门类及内容丰富。唐宋以后，天文、历法、算术、形法、医术等逐渐与占卜分离，清中叶以后，术数专指以阴阳五行、太极八卦之理推算个人命运吉凶休咎的方法与方术，作为知识系统，已是"百伪一真"。因此，广义术数包括天文、历法、数学、星占、卜筮、孤虚、须臾、占候、房中、养生、咒禁、符印、厌胜、杂占、六壬、奇门遁甲、相术、命术、风水、择日、拆字、起课等，狭义术数则专指除天文、历法、算术等以外的占断吉凶的法与术。

术数各分支都以《易经》为理论源点，它们和《易经》有相同的哲学内核，只是在演绎时对《易经》进行了不同方向的阐释、发展和变异。术数学传承了数千年而不衰绝，其目的和《易经》一样，试图揭示"天地人"的演变规律，并以此为人类提供可行的方法，达到趋吉避凶的目的。

一、术数的五个时期

先秦时期：远古时期的术数主要是占卜。古人认为占卜是与神灵和祖先沟通的一个重要手段。传说在三皇五帝时就有占卜方法流传，但没有确切的文字记载。而后，《尚书》《左传》等典籍中有了很多卜筮、占星、风水等方面的记载。《周易》的出现极大地促进了占卜术的发展。

两汉时期：出现了相面术、解梦术，由于人们对自身命运的关注，占卜法更多地运用到个人身上，这不同于先秦时只有天子或诸侯才能占卜的情况。两汉时期的术数著作有2000多卷，分为阴阳、天文、占星、形法、蓍龟、杂占六大类。易学家以孟喜、京房为代表，他们重点发展了象数之学，并以此为出发点创造了飞伏说、卦气说、纳甲说、爻辰说等象数学体系，使象数之学成为《易经》研究的主流学说，其中纳甲法是两汉易学家最重要的创造。

魏晋南北朝时期：这是术数学和佛学的全盛时期。社会动荡不安促使人们更

◎ 太极八卦图

◎ 郭璞所著的《葬经》

多关注自身命运,原来用于立继承人、两国交战、兴修工程、祭祀大典等活动的预测术,被应用到了个人命运的预测上。金钱起卦法也应运而生,并得到了广泛的应用。这一时期出现了六壬、太乙、奇门等术数分支,以及风水学开山宝典——郭璞所著的《葬经》。

唐宋时期:《易经》是唐朝的九经之首。唐朝初年,李淳风和袁天罡的《推背图》因准确预言武则天当政而名震一时。北宋初期,华山高道扶摇子陈抟创建了"紫薇斗数"理论,用星象法进行命理预测,成为命理学的重要流派。邵雍的《梅花易数》和《皇极经世》等著作也在此时问世。

明清时期:术数著作的最大特点是具有集大成性,如任铁樵的《滴天髓》、刘伯温的《灵棋经注》、袁详的《六壬大全》等。但美中不足的是,数学者们过于注重总结前人的成就,相对缺乏独创性。

二、术数的基础理论

(一)太极

所谓太极即是阐明宇宙从无极而太极,以至万物化生的过程。其中的太极即为天地未开、混沌未分阴阳之前的状态。《易经》系辞:"是故易有太极,是生两仪。"两仪即为太极的阴、阳二仪。太极是中国文化史上的一个重要概念、范畴,就迄今所见文献看,初见于《庄子》:"大道,在太极之上而不为高;在六极之下而不为深;先天地而不为久;长于上古而不为老。"太,即大;极,指尽头、极点。物极则变,变则化,所以变化之源是太极。后见于《易传》:"易有太极,是生两仪。两仪生四象,四象生八卦。"

(二)阴阳

古代朴素的唯物主义思想家把矛盾运动中的万事万物概括为"阴""阳"两个对立的范畴,并以双方变化的原理来说明物质世界的运动、变化。例如,《老子》所谓"万物负阴而抱阳",《易传》所谓"一阴一阳之谓道"。

(三)五行

指古人把宇宙万物划分为五种性质的事物,也即分成木、火、土、金、水五大类,并叫它们为"五行"。早见《尚书·洪范》记载:"五行:一曰水,二曰火,三曰木,四曰金,五曰土。水曰润下,火曰炎上,木曰曲直,金曰从革,土爰稼穑。润下作咸,炎上作苦,曲直作酸,从革作辛,稼穑作甘。"后人根据对五行的认识,又创造了五行相生相克理论。相生,是指两类属性不同的事物之间存在相互帮助、相互促进的关系,具体是:木生火,火生土,土生金,金生水,水生木。相克,则与相生相反,是指两类不同五行属性事物之间关系是相互克制的,具体是:木克土,土克水,水克火,火克金,金克木。

(四)干支

天干地支,简称为干支,源自中国远古时代对天象的观测。天干共有十个字数,排列顺序为:甲(jiǎ)、乙(yǐ)、丙(bǐng)、丁(dīng)、戊(wù)、己(jǐ)、庚(gēng)、辛(xīn)、壬(rén)、癸(guǐ);其中甲、丙、戊、庚、壬为阳干,乙、丁、己、辛、癸为阴干。地支共有十二个字数,排列顺序为:子(zǐ)、丑(chǒu)、寅(yín)、卯(mǎo)、辰(chén)、巳(sì)、午(wǔ)、未(wèi)、申(shēn)、酉(yǒu)、戌(xū)、亥(hài)。其中子、寅、辰、午、申、戌为阳支,丑、卯、巳、未、酉、亥为阴支。十二地支对应十二生肖:子—鼠,丑—牛,寅—虎,卯—兔,辰—龙,巳—蛇,午—马,未—羊,申—猴,酉—鸡,戌—狗,亥—猪。十天干和十二地支依次相配,组成六十个基本单位,两者按固定的顺序相互配合,组成了干支纪元法。天干地支的发明影响深远,至今依旧在历法、术数、计算、命名等各方面使用天干地支。

（五）天人合一

中国古代哲学中关于天人关系的一种学说。指天与人的关系紧密相连，不可分割。强调天道与人道、自然与人为的相通和统一。宇宙自然是大天地，人则是一个小天地。人和自然在本质上是相通的，故一切人事均应顺乎自然规律，达到人与自然和谐。老子说："人法地，地法天，天法道，道法自然。"

三、术数的分类

（一）术数的原生系统

包括：星占、式占系统；卜筮系统；厌胜、相术、梦占系统；形法、风水系统；杂占系统。

（二）术数的分类

（1）天文式占系统，包括天文、历数、算术、式占等门类。
（2）卜筮系统，包括易占、龟卜等门类。
（3）命书相书系统，包括命书、相书等门类。
（4）杂占系统，包括射覆、占梦、选择、占候术、阴阳、厌禳、神仙等门类。
（5）形法系统，包括宅经、葬书等门类。

第十九章

中国古代科技

　　在人类历史上，封建社会科学文化的最高成就是由中国创造的。从商周时期，历经春秋战国、秦汉南北朝、隋唐时期的发展，到宋朝臻至鼎盛，古代中国科技都在不断地发展与进步当中。明清时期，受海禁及闭关锁国等对外政策的影响，古代中国的科技开始衰落。

　　中国古代科技发展的特点：

　　一是具有很强的实用性，服务于生产和巩固统治的需要；

　　二是中国古代科技著作大多是对生产经验的直接记载或对自然现象的直观描述，具有较强的经验性；

　　三是古代科学理论的技术化倾向严重，而这些技术又不具有开放性，没有转化为普遍的生产力。

　　总之，中国古代科技对世界造成了重大影响，为世界科学技术做出了重大贡献。

一、数学

（一）十进位值制

人类算数采用十进制,可能跟人类有十根手指有关。亚里士多德称人类普遍使用十进制,只不过是绝大多数人生来就有 10 根手指这样一个解剖学事实的结果。实际上,在古代世界独立开发的有文字的记数体系中,除了巴比伦文明的楔形数字为 60 进制、玛雅数字为 20 进制外,几乎全部为十进制。只不过,这些十进制记数体系并不是按位的。

现在人们日常生活中所不可或离的十进位值制,就是中国的一大发明。至迟在商代时,中国已采用了十进位值制。从现已发现的商代陶文和甲骨文中,可以看到当时已能够用一、二、三、四、五、六、七、八、九、十、百、千、万等 13 个数字,记 10 万以内的任何自然数。这些记数文字的形状,在后世虽有所变化而成为现在的写法,但记数方法却从没有中断,一直被沿袭,并日趋完善。十进位值制的记数法是古代世界中最先进、科学的记数法,对世界科学和文化的发展有着不可估量的作用。正如李约瑟所说的:"如果没有这种十进位制,就不可能出现我们现在这个统一化的世界了。"

◎ 出土于殷墟的商代干支表

（二）两种计算方法

1. 筹算

筹算是中国古代的计算方法之一,以刻有数字的算筹记数、运算,约始于

◎ 筹算

◎ 珠算

春秋，直至明代才被珠算代替。

筹，又称为策、筹策、算筹，后来又称之为算子。它最初是小竹棍一类的自然物，以后逐渐发展成为专门的计算工具，质地与制作也愈加精致。据文献记载，算筹除竹筹外，还有木筹、铁筹、骨筹、玉筹和牙筹，并且有盛装算筹的算袋和算子筒。算筹实物已在陕西、湖南、江苏、河北等省发现多批。其中发现最早的是1971年陕西千阳出土的西汉宣帝时期的骨制算筹。筹算在中国肇源甚古，春秋战国时期的《老子》中就有"善数者不用筹策"的记述。当时算筹已作为专门的计算工具被普遍采用，并且筹的算法已趋成熟。

算筹记数的规则，最早载于《孙子算经》："凡算之法，先识其位。一纵十横，百立千僵。千、十相望，万、百相当。"

2. 珠算

珠算是以算盘为工具进行数字计算的一种方法，被誉为中国的第五大发明。

算盘是中国古代劳动人民发明创造的一种简便的计算工具。我国传统算盘为上二下五珠，上面一粒表示"5"，下面一粒表示"1"，在用算盘进行计算时采用"五升十进制"，即每一档"满5"时便用一粒上珠表示，每一档满"10"时便向前一档"进1"。

珠算之名最早见于汉人徐岳撰写的《数术记遗》，其中有云："珠算，控带四时，经纬三才"。现在说珠算有1800多年的历史，应该就是根据这个时间点计算出来的。不过，那个时候的算盘运算法与今天有很大区别。现代珠算起于元明之间。元人朱世杰的《算学启蒙》载有的36句口诀，即与今天的大致相同。

明代商业经济繁荣，在商业发展需要条件下，珠算术普遍得到推广，逐渐取代了筹算。现存最早载有算盘图的书是明洪武四年（1371年）新刻的《魁本对相四言杂字》。现存最早的珠算书是闽建(福建建瓯市)徐心鲁订正的《盘珠算法》(1573年)。流行最广,在历史上起作用最大的珠算书则是明朝程大位编的《直指算法统宗》。

(三)中国数学史的五次高峰期(见冯爱芬《浅谈中国数学史的五次高峰期》一文)

1. 西汉末期

这一时期的主要标志是第一次出现了专门数学著作。早期有《许商算术》和《杜忠算术》,在此基础上发展成《九章算术》,书中收集了246个应用题和各个问题的解法,分别隶属于方田、粟米、衰分、少广、商功、均输、盈不足、方程、勾股九章,其中在方程章中提出了正负数的不同表示法和正负数加减法则,从而解决了多元一次方程的解的问题。多元一次方程组解法在印度最早出现于7世纪初婆罗门笈多(Brahmagupta,约628年)所著书中。在欧洲,最早提出三元一次方程组解法的是16世纪的法国数学家布丢(Butto,1059年)。由此可见《九章算术》中的方程术,不但是中国古代数学中的伟大成就,而且在世界数学史上也是一份最可宝贵的遗产。同时《九章算术》的编写体例对后来数学的发展具有深远的影响。

2. 三国到南北朝中期

这一时期以刘徽、祖冲之为代表的杰出数学家,在数学理论研究方面取得了许多重要成果。例如,刘徽代表作《九章算术注》和《海岛算经》,在他的《九章算术注》中,不但整理了各项解题方法的思想系统,提高了《九章算术》的学术水平,并且创立了许多新方法,开辟了数学发展的道路。他利用割圆术计算圆周率,而且在他的书中处理问题时,多次用到极限方法,说明他对极限有相当的认识,至今在高等数学教材上还引用他的话:"割之又割,使至弥细,……"祖冲之著《缀术》,他已把圆周率精确到小数点后第八位,这比德国人奥托(VaLentinusotto,1550—1605年)于1573年得到这个近似值,早了

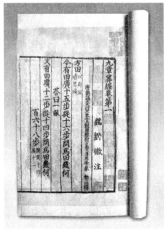 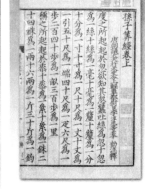 

◎《九章算术》　　　　　◎《孙子算经》　　　　　◎《张邱建算经》

1100多年，他在计算球体积和开带从立方方面都有重大贡献。

《孙子算经》《夏侯阳算经》和《张邱建算经》大约也为这一时期的著作。其中《孙子算经》中的"物不知数"问题的解法实际是一次同余式问题的解法。德国数学家高斯（K.F.Gauss,1777—1850年）于1801年出版的《算术探究》中明确地把这种解法写成了定理，当时欧洲的数学家们对中国古代数学毫无所知，高斯是通过独立研究得出他的成果的。1852年，英国基督教士伟烈亚力（Alexander,Wylie,1815—1887年）将《孙子算经》中"物不知数"问题的解法传到欧洲，1874年马蒂生（L.Mathiesen）指出孙子的解法符合高斯的定理，从而在西文的数学史里将这一个定理称为"中国的剩余定理"。

总之，这一高峰期的突出特点是以理论研究为主。

3. 隋到唐中期

这一时期，以刘焯（544—610年）、王孝通、张遂（683—727年）等为代表的杰出数学家，理论联系实际，作出了很大成就。隋朝统一中国，展开了筑长城、开运河等大规模的工程建设，对数学知识和计算技能提出了比前代更高的要求。王孝通的《缉古算术》介绍开带从立方法（求三次方程的正根），解决了工程上存在的问题；刘焯结合天文学的发展，创立了二次函数的等间距内插公式;张遂在刘焯内插公式的理论基础上,创立了自变量不等间距的内插公式。刘焯的《皇极历》和王孝通的《缉古算术》是数学发展中的两个辉煌成就。作为统治阶级的唐王朝比较重视数学的教育和研究,在国子监里设立"算学",建立了国家的数学教育机构。这是统治阶级第一次设立数学教育机构,这是数学获得高度发展的良好契机。同时,唐王朝授命李淳风整理注释了"十部算经",即《周髀算经》《九章算术》《孙子算经》《五曹算经》《五经算经》《辑古算术》《海岛算经》《夏侯阳算经》《张邱建算经》《缀术》。十书的名称史上多有变化,都是由于失传造成的。

4. 北宋中期到元中期

这一时期,代数和数论及组合数学得到迅速发展,出现了贾宪、秦九韶、李治、王恂、朱世杰等一批卓越的数学家,把我国的古代数学推向最高峰。

数学的发展有着相对的独立性,数学内在矛盾的对立和统一也能推动数学本身的发展。在平面积和立体积概念的基础上,出现了四次幂和更高次幂的概念。高次幂的概念虽是非常抽象,但不难证明,它是有现实意义的。11世纪中贾宪撰《黄帝九章算法细草》,在少广章里介绍了一张世界最古老的二项式定理系数表和开任何高次幂的"增乘开方法"。13世纪中数学家们又将这个增乘开方法用来求任何数字高次方程的正根,很多有实际意义的应用问题就得到了解答。

天文学的不断发展对数学提出了更高的要求,也促进了数学的发展。南宋人秦九韶《数书九章》(1247年)总结了天文学家推算"上元积年"的经验,写出他的"大衍求一术",使一次同余式问题解法成为系统化的数学理论。元人王恂、郭守敬等的授时历法(1280年)应用招差法发明三次函数的内插法,朱世杰又将招差法用来解决高阶等差级数的求和问题,并在此基础上得出了高次招差法化公式。这正是数学发展必须理论联系实际的一个很好证明。

13世纪初,数学家们还发明了一个建立方程的新方法,任何代数问题都可以利用这个方法迎刃而解。他们"立天元一"为所求的未知量,依据已给的条件立出一个开方式,同现在我们设 X 为未知量,立方程的演算程序相仿,后人称它为"天元术"。由此进一步的发展是联立多元高次方程的解法，后人称它为"四元术"。13世纪中用天元术或四元术解答应用问题的书很多，现在有传本的有李治的《测圆海镜》共12卷，于1248年出版；朱世杰的《四元玉鉴》共3卷，于1299年出版。

上面的数学成就和世界上其他地区出现同样的成就相比较：秦九韶的"大衍求一术"比欧拉（Enter，1707—1873年，瑞士）的早出500多年。朱世杰的多元高次方程组的解法比培祖（E.Bezout，1730—1783年，法国）提出的消去法早出400余年。在欧洲，1670年格列高里（J.Gregory，1638—1675年，英国）首次对招差术加以说明；1676年牛顿（I.Newton，1642—1727年，英国）的著作中出现了招差术的普遍公式，这些都比我国迟了许多年。

总之，到元代中叶，我国数学有一套严整的系统和完备的算法，是我国古代数学的全盛时期。这时欧洲还处在中世纪，我国数学家光辉灿烂的成就，远远走在世界的前列。

5. 20世纪30年代左右

这一时期，我国数学在长期落后于世界的状况下，开始有了一些创造性的成果。主要有以下几个方面：第一，是微分子方程和函数论方面。代表人物陈建功，1929年，他用日文写成《三角级数》一书，这是世界上第一部这方面的专著。到1949年，他先后发表了有创造性学术论文30多篇，包括正交函数、傅里叶级数、单叶函数等多方面的重要成果。另一个为熊庆来，主要研究整函数和半纯函数，取得了不少重要成果。第二，是有关几何学和拓扑学方面的研究。代表人物陈省身、苏步青，从1926年开始，他们几乎年年都有论文发表。第三，是有关数论和代数方面的研究，首先在现代代数方面取得成就的是留学德国的曾炯之，1933—1934年，他在哥廷根大学写的论文，获得了关于函数域上可除代数的一个重要成果。这方面的代表人物为华罗庚，20世纪30年代，他先后发表了有关代数和数论方面的论文二三十篇。从1935年起他用苏联维诺格拉多夫创造的"三角和法"研究华林·塔锐（G.Tang）等问题获得优秀成果。另外在概率论及其他方面也都有研究并取得一定的成果。

二、物理学

在中国古代,物理学虽一直没有从哲学和自然科学中分化出来成为一门独立的科学,然而通过含有物理知识的哲学、自然科学和科技知识等著作的流传,物理知识还是不断地在社会上传播,仍然得到了一定的发展,并在其运用中还有许多举世闻名的发明创造。

在力学方面,中国古代很早就发现了杠杆的作用,到春秋时代,已经相当广泛地使用等臂天平。《墨经》中以桔槔和秤的工作原理为例,总结了杠杆的工作原理,提出了"本(重臂)""标(力臂)""权""重"等概念,论述了等臂杠杆和不等臂杠杆的平衡条件,并指出"挈,长重者下,轻短者上"。即杠杆的平衡,不但取决于两物的重量,还与"本""标"的长短有关。可见墨家已对杠杆原理进行了探讨。《墨经》中对力的概念提出了初步的论述:"力,刑(形)之所以奋也。"即是说,力是使物体开始运动或加快运动的原因。春秋末年的《考工记》最早作出了关于物体惯性的论述。在《辀人篇》中说:"劝登马力,马力既竭,辀尤能一取焉。"意思是说,马拉车的时候,马已停止用力了,但车还能前进一段路程。这是世界上对惯性现象的最早论述。

中国古代在光学方面也有颇多研究。《墨经》从早为人们认识的光的直线传播原理出发,首先提出了影与光、物之间的关系,并进一步具体解释了小孔成像的原因。《墨经》还介绍了平面镜成像,叙述了凹面镜、凸面镜成像的规律,如"低,景一小而易,一大而正,说在中之内外。"北宋时期沈括在《梦溪笔谈》中,也有许多光学方面的观察和实验的记录及分析。如对日食、月食的成因作了理论总结,并第一次用类比演示实验来验证月亮圆缺的科学道理。元人赵友钦在其所著《革象新书》中对光学现象做了比较深入的研究和详细的描述,并用实验进行小孔成像的研究,指出了小孔成像的规律。

中国古代在声学方面的研究非常有特色,在中国古物理学中一枝独秀,尤其在乐器制作和乐律研究上有不少成就。河南舞阳县贾湖村的骨笛,是公元前 5000 至前 6000 年新石器时代的遗物，这是迄今发现的世界上最早的乐器。西周时期，见于《诗经》记载的乐器就有 29 种，其中频率固定的打击乐器有鼓、馨、钟、铃等；调频弹拨乐器有琴、瑟；管类乐器有箫、管、埙、笙等。殷商时期已产生了宫、商、角、徵、羽五声，西周编钟已刻有十二律中的一些铭文。16 世纪末，朱载堉提出了十二平均律的理论和算法，是我国对音乐声学的重大贡献。关于声音发生与传播见解更为深刻的是王充和宋应星。王充在《论衡·变虚篇》中将鱼"动于水中，振旁侧之水"与人的"操行"（行动）引起"气应而变"加以对比。宋应星则明确提出"物之冲气也，如其激水然。气与水，同一易动之物。"中国是首先发现声音共鸣现象的国家并加以利用，战国时代《庄子·徐无鬼篇》就记载了琴弦共振的现象。

◎ 司南

在磁学方面中国古代所取得的成就最大。相传黄帝时就发明了指南针，并应用于战争。公元前 4 世纪左右成书的《管子》中就有"上有慈石者，其下有铜金"的记载，这是关于磁的最早记载。在我国很早就发现了磁石的指向性，并制出了指向仪器司南。《鬼谷子》中有"郑子取玉，必载司南，为其不惑也"的记载。北宋初年人工磁化技术得到发展，北宋时曾公亮与丁度编撰的《武经总要》中记载了指南鱼的制作方法。《梦溪笔谈》中记述了水浮、置指甲上、置碗唇上和悬丝等四种指南针的装置方法以及各种方法的长处和缺陷，使人们对当时的指南针有较清晰的认识。文中所说的指南针"常微偏东"，说明沈括也已注意到磁偏角。这一发现早于欧洲 400 多年。指南针是中国的四大发明之一，推动了人类文明的发展。

三、化学

中国是世界最早的文明发达国家。中国古代化学也取得了相当辉煌的成就,其发展水平远远超过了当时世界其他地区和国家。著名科学史家李约瑟说,中国是"整个化学最重要的根源","化学是地地道道从中国传出去的"。中国古代化学的主要成就表现在以下几个方面:

(一)发明了精美的陶瓷技术

中国早在约一万年前的新石器时代就已经发明了原始的制陶术,成为世界上最早能够制陶的国家之一。在距今五六千年以前,在今河南地区就出现了具有红、黑图饰的"彩陶"制品,反映了当时已经具有了相当高的制陶技术和社会文化水平,形成了著名的"彩陶文化"。尧时代的朝代名称就叫陶唐时代,充分反映了尧时代属于上古陶器时代。

在约 4500 年前,中国在不断改进制陶技术的基础上,开始用较纯净和精细的瓷土取代粗糙的陶土为原料制胎和挂釉,并以较高温度进行煅烧制出了世界最早的原始瓷器。到了汉代,由于烧瓷技术不断改进,中国已能造出精细的青瓷。以后,再经晋、唐、两宋到明,历代名窑已能制出极其精美的瓷器,并远销国外,受到各国人民的盛赞,对世界文化的发展做出了重大贡献。"瓷"几乎已经成了"中国"的代名词。瓷器的发明是中国古代化学取得的一项杰出成就。

(二)掌握了超群的冶金技术

1. 青铜冶炼

中国开始冶炼青铜的时期记载说是晚于西方,但实际情况却是中国的冶炼铜器的水平远高于西方。例如,早在公元前 14 世纪的商代,中国就掌握了

◎《考工记》

高超的青铜冶炼技术，制出了造型复杂、精巧、庄重的青铜器，已经达到较高的水平和成熟的技术，为世界其他地区所不及。特别是在战国至汉代成书的《考工记》中，还提出了以六种不同的铜锡配比冶炼不同性能的青铜的"六齐"规则，成为世界上最早总结青铜冶炼规律的国家，反映了当时超群的冶炼水平。

2. 铸铁冶炼

中国冶炼块铁技术也很早，冶炼铸铁的技术却比欧洲早 2000 年。中国铸铁的发明出现在公元前 5 世纪，而欧洲则迟至公元 15 世纪。由于铸铁的性能远高于块铁，所以真正的铁器时代是从铸铁诞生后开始的。社会发展的历史表明，铸铁的出现是社会生产力提高和社会进步的主要标志。中国从块铁到铸铁发明的过渡只用了约一个世纪的时间，而西方则花费了近 3000 年的漫长路程。中国古代炼铁技术发展得如此迅速是世界上绝无仅有的。英国著名科学史家贝尔纳说，这是世界炼铁史上的一个唯一的例外。

3. 球墨铸铁冶炼

过去，以铸铁柔化制造球墨铸铁的技术，国际学术界一直以为是在 1947 年由英国人发明的，但是，在 1981 年经中国学者关洪野等人对 513 件出土的汉魏时期铁器研究后表明，中国早在 2000 多年前的汉代就已经发明了球墨铸铁，远远早于发达的欧洲国家。

（三）首创了造纸术

中国是世界上最早发明造纸的国家。早在西汉时期就已经出现了原始造纸术,主要是用化学和机械方法处理麻类植物纤维,使之分散成浆,进而抄制成纸。105年,东汉的蔡伦认识到了这种供书写用的廉价材料对社会文化发展的重大意义,为此他周游各地,广泛收集造纸经验,并加以综合、改进和提高,发明了一套完整的造纸方法,使造纸术得以广为应用。751年,中国造纸术传到中亚,10世纪传到非洲,11世纪再传到欧洲,17世纪又传到美洲,在全世界得以推广,对人类文明的建设和发展产生了难以估量的巨大作用。

◎ 蔡伦造纸

(四)提出了深邃的物质理论

中国古代很早就提出了一系列深邃的物质理论,以解释万物的组成、结构和变化。

1. 阴阳说

大约出现于公元前12世纪的周朝之际,首先见之于《易经》。作者从复杂的自然现象中抽象出了阴和阳两个范畴,认为阴、阳两种势力的相互作用是万物产生的根源。

2. 五行说

大约同阴阳说同时出现,认为万物是由金、木、水、火、土五种基本物质所构成,较阴阳说更为具体。公元前5世纪的春秋末期,五行说已见诸文字记载。在鲁国太史左丘明所著《国语·郑语》中已经提到,"夫和生实物,同则不继,尽乃弃矣,故先王以土与金、木、水、火杂,以成万物。"

中国五行说对于物质构成的解释不仅早于西方约500年,而且就其内容的广度和深度上来说早2000年亦为西方所不及。例如,无论是古希腊的水、火、气、土"四元说",还是古印度的地、水、火、风"四元说",都没有提到中国五行说中的"金"和"木"两种更具有代表性的"元素"。但是中国思想家却提出来了。这反映了中国古代所具有的较为先进的冶金业、手工业和农业的水平,以及古代思想家的高超概括能力。

3. 阴阳五行说

到了战国时代,阴阳说和五行说开始融合为一,形成阴阳五行说,以此进一步解释各种自然现象。它认为阴静而阳动;阴初入静时生"金",再入静时则生"水";阳始动时生"木",再动时则生"火";金、木、水、火以不同比例相聚则凝结为"土",进而构成万物。可以看出,阴阳五行说较阴阳说或五行说更进一步地体现了关于物质组成和变化的朴素唯物辩证思想,对后来中国化学的发展产生了巨大影响。

4. 端说

公元前5世纪的中国哲学家墨子(公元前468—前376年)也提出了类似于原子论的思想。他在《墨子》中指出,"非半不弗斫,则不动,说在端"。意思是

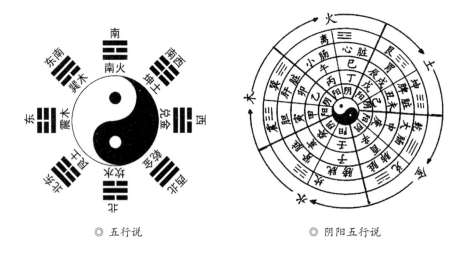

◎ 五行说　　　　　　　　◎ 阴阳五行说

说,物质到了没有一半的时候,就不能再分了,此时的物质可谓"端"。他又指出,"端,是无间也",即"端"是无法间断的。可以看出,墨子的"端"说实际上是原子说的雏形。这说明中国古代学者同古希腊哲学家一样,也早就具有了原始的物质小单位的概念。虽然提出的时间稍晚,但在内容上也可同古希腊原子论相媲美。

5. 物质守恒思想

公元 1 世纪东汉时期的唯物主义哲学家王充(27—约 97 年)在《论衡》中指出,"天地不生,故不死;阴阳不生,故不死","夫有始者必有终,有终者必有死,唯无始终者乃长生不死"。可见,这里已经是相当深刻地阐发了物质不灭思想。而在成书至少不晚于公元 3 世纪西晋的《列子》中则有更深刻和精彩的论述。它指出"物损于彼者,盈于此;成于此者,亏于彼""往来相接,间不可省(减少)"。这段明确的物质守恒思想已同 18 世纪俄国化学家罗蒙诺索夫的有关论述十分接近,然而在时间上却要早 1000 多年。

(五)产生了世界最早的炼金术

中国是世界上最早从事炼金或炼丹活动的国家,中国在商朝就已经出现了简单的炼金术,到公元前 2 世纪的西汉时期已经相当盛行。西汉武帝刘彻(公元前 156—公元前 87 年)曾召"天下怀协道艺之士"从事炼金活动。而西方直到公元后 1 世纪才在埃及出现,约比中国晚 500 多年。此外,中国也是最早撰写炼金著作的国家。公元 2 世纪东汉炼丹家魏伯阳所著《周易参同契》,是现今世界上存在的最古老的炼丹著作。到了唐代初期,炼金术发展达到了一个高峰,影响到许多义人墨士也参与了活动。诗人李白在《寄王屋山人孟人融》中就有"所期就金液,飞步登云车"的句子;杜甫在《先寄严郑公五首》中则提到:"衰颜欲付紫金丹";而白居易则曾钻研学习过魏伯阳的炼丹理论,说"授我参同契,其辞妙且微",并曾亲自炼丹。他在《炼药不成命酒独醉》中说,"丹砂见火空,不能留姹女,争免作衰翁。"当时炼金术盛行的情况,可见一斑。

炼金术虽然是古人企图"点石成金"或炼制"长生不老"药物的方术,然而也都是以古代物质理论和古代化学工艺知识相结合而形成的"类化学实验"活动,从而也积累了相当丰富的化学知识,为近代科学化学的产生奠定了基础。例如,现代的"化学"(Chemistry)一词就是由"炼金术"(alchemy)一词演化而来。化学科学的产生也是如此。

7世纪,中国炼丹术西传至阿拉伯,8世纪开始传入欧洲,并同西方炼金术结合在一起逐步发展成为近代化学,直至现代化学科学。因此可以说,中国不仅是炼金术的发源地,而且也是整个化学的发源地。

(六)发明了火药——人类首次实现的人工化学爆炸

中国炼丹家至迟在8世纪的唐代就在世界上最早发明了火药,首次实现了人工化学爆炸。在8或9世纪成书的《真元妙道要略》中已经明确提到,"有以硫黄、雄黄合硝石并密烧之,焰起,烧手面及烬屋舍者"。这可能是人类关于火药的最早记载。中国能够最早发明火药的原因在于中国炼丹家经常使用硝石(KNO_3)、硫黄和木炭等物质,为火药的发明创造了前提条件。其中强氧化剂硝石的引用是发明的关键。

中国不仅首先发明了火药,而且也首先把火药用于军事,制造火器。970年北宋兵部令史冯继升把火药用于弓箭,制出"弓火箭",成为早期的火器。11世纪,在曾公亮(998—1078年)编的《武经总要》中已经记载了毒药烟球、蒺藜火球及火炮等三种火器所用火药的配方。这是世界上现存最早的军用火药配方,至少要比欧洲早100多年。因为欧洲第一次提到火药的时间是1285年以后的事。

中国火药和火器在13世纪时传入阿拉伯,后又传入欧洲,成为欧洲新兴资产阶级向封建势力进行斗争的有力武

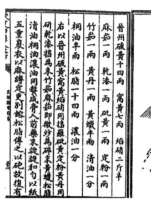

◎《武经总要》

器,依此打破了封建社会的森严壁垒。所以马克思把火药、指南针和印刷术等三大发明称为"资产阶级发展的必要的先决条件",对欧洲近代社会的发展起到了重大推动作用。

(七)最早发现和开采了石油

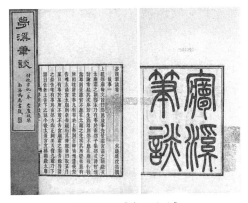

◎ 沈括的《梦溪笔谈》

世界上最早发现的石油是在中国现今陕西省延安市的延河流域。据东汉著名历史学家班固所著《汉书·地理志》记载:"上郡高奴县(指延安一带),有洧水,肥可燃。"据考证,这是目前对石油最早的记载。

世界上第一个为石油命名的人,是我国北宋大科学家沈括,他在1080年到延河流域考察后所著《梦溪笔谈》中记载,"石油至多,生于地中无穷,此物后必大行于世。"第一次综合了"可燃水""肥""石漆""石蜡水"等名称,提出了"石油"这个科学的命名。

我国又是开采石油最早的国家,1303年前,延长县就有石油井的存在。据1303年成书的《大元一统志》记载,"在延长县南迎河,有凿开石油一井,其油可燃,兼治六畜疥癣",又"延川县西北八十里,永坪村有一井……"1907年,我国大陆第一口油井在延长县七里村打成。

四、天文学

中国是世界上天文学起步最早、发展最快的国家之一,天文学也是我国古代最发达的四门自然科学(其他三门为农学、医学和数学)之一,天文学方面屡有革新的优良历法、令人惊羡的发明创造、卓有见识的宇宙观等,在世界天文学发展史上，无不占据重要的地位。

我国古代天文学的成就大体可归纳为五个方面，即天象观察、星空划分、仪器制作、历法编订、宇宙理论。

（一）天象观察

我国最早的天象观察，可以追溯到好几千年以前。无论是对太阳、月亮、行星、彗星、新星、恒星，以及日食和月食、太阳黑子、日珥、流星雨等罕见天象，都有着悠久而丰富的记载，观察仔细、记录精确、描述详尽，其水平之高，达到使今人惊讶的程度，这些记载至今仍具有很高的科学价值。在我国河南安阳出土的殷墟甲骨文中，已有丰富的天文现象的记载。这表明远在公元前14世纪时，我们祖先的天文学已很发达了。举世公认，我国有世界上最早最完整的天象记载。我国是欧洲文艺复兴以前天文现象最精确的观测者和记录的最好保存者。春秋时代，留下了世界上公认的首次哈雷彗星的确切记录。《春秋》记载，公元前613年，"有星孛入于北斗"，即指哈雷彗星，这一记录比欧洲早600多年。至清代宣统二年（1910年），史书对哈雷彗星出现的记载多达31次。西汉关于太阳黑子的记录，被世界公认为是有关太阳黑子的最早记录。僧一行还是世界上用科学方法实测地球子午线长度的创始人。在实测中他认识到，在小范围有限的空间里得到的认识，不能任意向大范围甚至无际的空间推演，这是我国科学思想史上的一大进步。

（二）星空划分

我国古代把星空分为若干区域，称为星官或星宿，类似于现在的星座。西汉人司马迁《史记》中"天官书"详细记述了当时把星空分为中官、东官、西官、南官和北官五个天区的情况。三国时期吴国人陈卓，为我国古星象图的集大成与奠基者。他以甘德、石申与巫咸三家的全天星图为蓝本，将星空分别为283官共有1465颗星。283官含三垣、二十八宿及其他星官。到了隋代，我国对于星空的区域划分已经基本上固定下来，并且一直沿用到近代。这就是著名的三垣四象二十八宿。

三垣是将北极周围的天空星象分为紫微垣、太微垣和天市垣三个区域。其中紫微垣居中且最大,它象征人间帝王的宫殿在天上的位置,这里的星星大多以皇宫中的人员和事物来命名。太微垣在紫微垣的西南方,太微是政府的意思,因此太微垣中的星星大多以朝廷中的官员和场所来命名。天市垣在紫微垣的东南方、太微垣的东边,是三垣中的下垣。它是天上的都市,指皇帝率领诸侯在浏览各地的场景。因此,这个垣中的星名均以与皇帝有关的人员、各诸侯国的地名以及某些货市的名称来命名。

四象是指东方苍龙、西方白虎、南方朱雀和北方玄武。其中玄武是龟的意思。

在四象的基础上,把每一象分为七段,每一段叫作"宿",一共二十八宿,环天一周。二十八宿的位置正好是月球运行经过的地方,月球绕地球公转的周期是 27 天多,一天约经过一宿。所以二十八宿就不仅仅是星空区划了,它还成为制订历法的根据。

(三)天文仪器

我国古代在创制天文仪器方面,也做出了杰出的贡献,创造性地设计和制造了许多种精巧的观察和测量仪器。

1. 圭表

圭表是一种既简单又重要的测天仪器,它由垂直的表(一般高八尺)和水平的圭组成。圭表的主要功能是测定冬至日所在,并进而确定回归年长度,此外,通过观测表影的变化可确定方向和节气。

◎ 汝阴侯圭表

◎ 故宫日晷

◎ 漏刻

2. 日晷

又称"日规"，是我国古代利用日影测得时刻的一种计时仪器。通常由铜制的指针和石制的圆盘组成。铜制的指针叫作"晷针"，垂直地穿过圆盘中心，起着圭表中立竿的作用，因此，晷针又叫"表"，石制的圆盘叫作"晷面"，安放在石台上，呈南高北低，使晷面平行于天赤道面，这样，晷针的上端正好指向北天极，下端正好指向南天极。在晷面的正反两面刻画出 12 个大格，每个大格代表两个小时。当太阳光照在日晷上时，晷针的影子就会投向晷面，太阳由东向西移动，投向晷面的晷针影子也慢慢地由西向东移动。于是，移动着的晷针影子好像是现代钟表的指针，晷面则是钟表的表面，以此来显示时刻。

3. 漏刻

漏刻是古代的一种计时工具，不仅古代中国用，而且古埃及、古巴比伦等文明古国都使用过。漏是指计时用的漏壶，刻是指划分一天的时间单位，它通过漏壶的浮箭来计量一昼夜的时刻。

4. 浑仪

浑仪是我国古代的一种天文观测仪器。在古代，"浑"字含有圆球的意义。最初，浑仪的结构很简单，只有三个圆环和一根金属轴。最外面的那个圆环固定在正南北方向上，叫作"子午环"；中间固定着的圆环平行于地球赤道面，叫作"赤道环"；最里面的圆环可以绕金属轴旋转，叫作"赤经环"；赤经环与金属轴相交于两点，一点指向北天极，另一点指向南天极。在赤经环面上装着一根望筒，可以绕赤经环中心转动，用望筒对准某颗星星，然后，根据赤道环和赤经环上的刻度来确定该星在天空中的位置。后来，古人为了便于观测太

◎ 浑仪

阳、行星和月球等天体,在浑仪内又添置了几个圆环,也就是说环内再套环,使浑仪成为多种用途的天文观测仪器。

5. 天体仪

古称"浑象",是我国古代一种用于演示天象的仪器。我国古人很早就会制造这种仪器,它可以用来直观、形象地了解日、月、星辰的相互位置和运动规律,可以说天体仪是现代天球仪的直接祖先。

6. 水运仪象台

水运仪象台是宋代苏颂、韩公廉等人设计制造的一座大型天文仪器,它把观测天象的浑仪、演示天象的浑象和报时装置巧妙地结合在一起,是我国古代一项卓越的创造。

(四)历法著作

历法是中国古代天文学的重要内容,它不仅包括年、月、日、时、节气的安排,还包括日、月、行星运动,交食,晷影,漏刻,恒星出没,天空分区,等等。因此,中国古代历法有现今天文年历的性质。

现在保留下来最古老的典籍之一《夏小正》相传是夏代的历书。其中记载了人们由观察天象和物候决定农时季节的知识。它原是《大戴礼记》中的一篇,后来单独成册流传。据考证,正文只有400多字。就天文知识来说,它按12个月的顺序记述了每月的星象,如早晨和黄昏出现在南方的星星,北斗柄的指向,银河在天空的位置,太阳到了恒星间什么地方等。此外还有每月的气象、物候以及应该做的农事和政治活动。例如,"正月,启蛰,……鞠则见,初昏参中,斗柄悬在下,……"这里"鞠"和"参"都是星名,"斗柄"就是北斗七星组成勺子形的把子。这部书是否是夏代的历书,学术界还没有定论,但它至迟在春秋时代已经成书,而且根据书中反映的天象等情况,说明确有更早时代的资料。春秋时代我国历法已经形成自己固定的系统,基本上确立19年7闰的原则,这比西方早160年。

汉武帝时,天文学家制定出中国第一部较完整的历书《太初历》,开始以正月为岁首。自汉代起,就有完整系统的历法著作留传到现在,包括在各历史朝代中颁行过和没有颁行过的历法共约100种,绝大部分收集在"二十四史"的《律历志》中,这是研究中国历法的资料宝库。唐朝天文学家僧一行制定的《大衍历》比较准确地反映了太阳运行的规律,系统周密,表明中国古代历法体系的成熟。北宋科学家沈括的突出贡献体现在天文学方面,把四季二十四节气和12个月完全统一起来的"十二气历"更加简便,有利于农事安排。元初设立太史局编制新历法。郭守敬于1280年编订的《授时历》,通过三年多的200次测量,经过计算,采用365.2425日作为一个回归年的长度。这个数值与现今世界上通用的公历值相同,而在六七百年前,郭守敬能够测算得那么精密,实在是很了不起,比欧洲的格里高列历早了300年。

(五)宇宙理论

随着天文学研究的深入,出现了系统的宇宙理论。中国古代主要有"论天三家",即盖天说、浑天说和宣夜说。

1. 从直观出发的盖天说

盖天说可能起源于殷末周初,它在发展过程中也有几种不同的见解。南北朝时祖暅著《天文录》说:"盖天之说,又有三体:一云天如车盖,游乎八极之中;一云天形如笠,中央高而四边下;一云天如欹车盖,南高北下。"早期的盖天说是天圆地方说,认为"天圆如张盖,地方如棋局"。到了汉代,盖天说形成了较为成熟的理论,西汉中期成书的《周髀算经》是盖天说的代表作。认为"天象盖笠,地法覆盘",即天地都是圆拱形状,互相平行,相距8万里,天总在地上。盖天说的主要观测器是表(即髀),利用勾股定理做出定量计算,赋予盖天说以数学化的形式,使盖天说成为当时有影响的一个学派。

2. 以球形大地为基础的浑天说

浑天说可能始于战国时代。浑天说的集大成者是张衡,其代表作《浑仪注》中说:"浑天如鸡子。天体圆如弹丸,地如鸡中黄,孤居于内,天大而地小。天表里有水,天之包地,犹壳之裹黄。天地各乘气而立,载水而浮。"浑天说提出后,并未能立即取代盖天说,而是两家各执一端,争论不休。但是,在宇宙结构的认识上,浑天说显然要比盖天说进步得多,能更好地解释许多天象。并且,借助当时最先进的观天仪——浑天仪,浑天家可以用精确的观测事实来论证浑天说;利用浑象,可以形象地演示天体的运行,使人们不得不折服于浑天说的卓越思想。因此,浑天说逐渐取得了优势地位。到了唐代,天文学家僧一行等人通过天地测试彻底否定了盖天说,使浑天说在中国古代天文领域称雄了上千年。

3. 提供了朴素的无限宇宙概念的宣夜说

宣夜说的代表人物是东汉时的郄萌,主张"日月众星,自然浮生虚空之中,其行其止,皆须气焉",创造了天体飘浮于气体中的理论,并且在其进一步发展中认为连天体自身,包括遥远的恒星和银河都是由气体组成。它同盖天说、浑天说本质的不同在于:它承认天是没有形质的,天体各有自己的运动规律,宇宙是无限的空间。这三点即使在今天也是有意义的。或许正因为它的先进思想离当时人们的认识水平太远,它不可能为多数人所接受。在近代科学诞生以后,依据万有引力定律和天体力学规律说明了天体的运动,证明了宣夜说的基本观点是正确的,然而在古代缺乏理论的证明,只能使它保留在思想领域,成为一种思辨的假说。随着时间的流逝,人们对宣夜说的观点也渐渐淡漠了。唐代天文学家李淳风,在他所著的《晋书·天文志》中保留了宣夜说的唯一资料,才使这一思想得以保存下来。

五、地理学

我国最早的"地理"概念出现在周朝。《周易·系辞》中提出:"故能弥纶天地之道,仰以观于天文,俯以察于地理,是故知幽明之故。"东汉人王充在《论衡》中把"天文"解释为星象；把"地理"解释为地形。唐人孔颖达进一步解释说："天有悬象而成文章，故称天文也；地有山川、原隰，各有条理，故称地理也。""地理"的概念中含有地形及其出现与分布规律性的观念，并有了推究其演变的初步意向。它不仅要弄清地表的形态，而且还须推究这些形态分布的相互关系，探索隐藏在事实后面的原因和道理。周代地理概念的提出，有利于地理知识的集中和地理内容的条理化。战国时古代地理著作《山海经》18卷，记录成文，其中已提到潮汐与月亮的关系。大约成书于战国时代的《禹贡》，是我国古代文献中一篇具有系统地理观念的著作，在世界上也是极古老的区域地理著作。《禹贡》全篇仅用 1193 个字，就把当时知道的全国地理概貌，从政区划分到农业、物产、贡赋、山河、交通运输等内容，分区表述。

在 4 世纪到 14 世纪的中古时期，中国的地理知识和思想有长足的进步。这时候中国在方志、沿革地理、域外地理、自然地理和地图等方面都有很大的成就。例如，法显的《法显传》、玄奘的《大唐西域记》，至今仍是研究中亚、印度历史地理的重要文献；郦道元的《水经注》至今仍为考证中国水资源和水环境演变的要著；沈括的《梦溪笔谈》一书提出了河流的侵蚀、搬运和堆积作用，并用以解释华北平原形成的原因，较西方类似的观点早 4 个世纪。明代地理学发展中的杰出代表是徐霞客。他在流水地貌的考察研究中，成为世界上最早提出分水岭、流域面积的科学家之一。他科学地指出，岩溶地貌的形成是流水溶蚀、侵蚀和机械崩塌共同作用的结果。他在岩溶地貌研究的成就上领先欧洲 1—2 世纪。

中国古代的地图绘制技术源远流长，在大约公元前 21 世纪的夏朝，就有《河伯献图》的神话故事。周代系统的地理知识，已开始用地图来表示。据《尚书·洛诰》记载，周成王要营建洛邑，命周公选勘地址，周公选好城址之后，使人将城址地形图及占卜吉兆的结果"伻来，以图及献卜"，敬献成王。此记载说明，早在 3000 多年前，地图的使用已融入社会生活之中了。中国不仅有最早编制的地图，而且还创建了编图的一套理论，这就是西晋裴秀的"制图六体说"。裴秀依据六体理论绘制了著名的《禹贡地域图》，共十八幅，是见于记载最早的地图集。唐人贾耽以裴秀的制图六体为指导，编绘出《关中陇石及山南九州等图》与全国的大地图《海内华夷图》等。《海内华夷图》内容丰富、位置准确、绘制技术全面。元人朱思本继承裴秀、贾耽"计里画方"法,注重实地资料的考证,并与地图对照,慎重取舍,绘成《舆地图》,刻石于上清之三华院,可惜后来失传。但其求实求精的制图方法则影响了以后 200 多年的地图发展。清康熙帝时组织一次全国大地测量,以天文观测为基础,开展三角测量法进而测图。1708 年开始测制,历经 10 年,完成了《皇舆全览图》的编制,这是我国第一部实测的地图,也是当时世界上最好的大型地图。

中国古代虽然没有地质学方面的专著,但历代典籍中也有不少记载,尤其关于地震的史料之多在世界上是首屈一指的。

六、生物学

绚丽多彩的生物世界是人类赖以生存和发展的重要物质基础。在辽阔的中国大地上,蕴藏有丰富的植物和动物资源。从远古时候,中华民族的祖先就劳动、繁衍、生息在这块富饶的土地上。

采集植物和渔猎野生的动物,是远古时候祖先们获取食物的最重要方式。但是采食植物和渔猎动物也并非一件容易的事。哪些植物或动物是可以食用的,哪些是不能食用的?它们都长成什么样?怎样识别它们?那些可以食用的植物或动物又都生活在什么样的地方?要回答这些问题,已经涉及动植物的形态、分类和生态知识。传说中国有一位圣人名叫神农,他为使百姓有食物吃,"乃求可食之物,尝百草之实,察酸苦之味"。为尝试"百草",他"一天而遇七十毒"。这些传说,从一个侧面反映了中国古代人民为寻找食用植物所作的各种努力。他们辨认和品尝各种野生动植物,并从中获得了种种经验和知识。在古代还没有出现文字时,这种经验和知识,可以通过口头相传或简单的图画而得到流传和积累。因此,生物学知识的渊源,可以追溯到历史悠久的远古时代。

新石器时代,人们根据已经积累的动植物知识,终于能够将自然界中一些可供食用的动物或植物，驯化或培育成为更符合人类需要的家养动物或栽培植物。六七千年前，粟这种禾本科植物，已经在黄河流域被广泛地种植着，此外如黍、稷、高粱等耐寒的植物也先后被生活在古代的北方居民培育成为重要的人类食物来源。在南方则水稻最早被培育，在长江流域、太湖地区和浙江北部一带，早在六七千年前就已经普遍种植水稻。在距今约7000年的浙江河姆渡遗址中，出土的大量稻谷就是证明。在动物方面，马、牛、羊、猪、狗、鸡等都是较早就被驯化了的动物。我国是把野猪培育成家猪的最早国家之一，在河姆渡遗址中，就出土有陶猪，它的形状是：四肢短，头小，腹部下垂，但前躯与后躯几乎等长，既像现在的野猪，也像现在的家猪。

人们在开发利用动植物资源的实践中，也进一步扩大和加深了有关动植物的知识。在我国各地新石器时代的文化遗址中，出土许多刻画有动、植物形象的陶器。在辛店文化遗址中出土的一个陶罐外壁上有一幅太阳与植物的图画，画的中间是一棵刚出土不久的植物子叶，子叶的两旁，画了两个闪射着阳光的太阳。图画很明显地反映了当时人们对阳光与植物生长发育关系的重要性的认识。在河南临汝闫村出土的距今已有5000年的一个彩色陶器上，绘制着一幅鹳鸟衔鱼的图画，这幅鹳鱼图清楚地反映了古代人们对鹳鸟形态和生活习性的认识。以上事实说明：中国古代传统的生物学知识，早在原始社会时期就已经孕育和萌芽。

商、周时期，生物学知识获得了初步的发展。文字的产生和发展为生物知识的积累和发展创造了有利的条件。甲骨文和《诗经》中都有关于动植物方面的大量著录和记载，反映了我国古代早期有关动植物形态、分类和生态习性方面的丰富知识。春秋战国是传统生物学发展的重要时期。首先是对动植物的多样性有了更深入和广泛的认识，出现了系统分类动植物的观念。

秦汉魏晋南北朝时期，由于农牧业、园艺和医药生产发展的需要，大大推动了对经济性动植物的调查和研究。用药治病在我国有悠久的历史，自然界中种类繁多的动植物，是最重要的药物资源。在先秦的著作中，已经提到了许多药用动植物。在古代，记载药物的著作称之为本草。《神农本草经》总结了秦汉以前用药治病的经验，是我国最早的一部记载药物的本草。它主要著录了药用动植物的名称、生活环境和药用价值。在这个时期,对药用动植物的总结研究,除了《神农本草经》,还有南朝梁人陶弘景《神农本草经集注》等著作。从此,对药用动植物进行研究的本草学,便成为中国传统生物学研究的主流。除了本草,对经济性动植物研究的成果还反映在农书(如贾思勰《齐民要术》)、记载农艺动植物的各种专谱(如戴凯之《竹谱》)和各种记载地方动植物的"志"书(如嵇含《南方草木状》和沈莹《临海水土异物志》)里。这类著作的产生和发展对传统生物学的发展有着重要的影响。此外,这个时期对《诗经》和《尔雅》所载动植物的研究,也从另一个侧面促进了生物学的发展。三国人陆机《毛诗草木鸟兽虫鱼疏》和晋人郭璞《尔雅注》等,对动植物名实的考订和分类研究都取得了一定的成果,对后来动植物的研究有很大影响。

从隋唐至宋元,对药用动植物的研究取得辉煌成果,产生了像《唐本草》(苏敬等编撰)、《图经本草》(苏颂编撰)、《证类本草》(唐慎微著)等许多大型的综合性本草著作。这些著作在前人工作基础上,不仅所载药用动植物种类大大增加,而且对各种动植物的名称考订和形态、分类、生活习性、产地等的描述也都更加详细。这些著作的问世不仅丰富了祖国医药方面的知识,而且也将我国传统的动植物分类学研究提高到新的水平。这个时期,有关农艺动植物的研究也更加广泛和深入,记载某一类或某一种动物或植物的专书大量涌现。从隋唐至明清,对某一类动物或植物进行研究并写成专书的,动物方面的有鸟、兽、虫(包括无脊椎动物和一些爬行动物)、鱼类,植物方面的有谷、蔬、瓜、野菜、果、木、禾、草、卉、苔等类。宋代对《尔雅》所载动植物的研究成为传统生物学的一个组成部分。陆佃的《埤雅》和罗愿的《尔雅翼》则已不再是单纯解释词义的书。例如,《尔雅翼》32卷,分门别类,是专门考述各种动植物名称(正名、别名)、形态、生理(生长发育或生活习性)的专书。这些著作除勤于书本考证外,也重视身履目验,所以有许多论述是胜于前人的。

明清时期,我国传统的动、植物分类研究发展到了高峰。朱橚的《救荒本草》著录植物414种。同以往的本草不同,《救荒本草》对每种植物的描述是来源于对每一种植物的实验研究和实际观察,并且对每一种植物都附有一幅精确的写生图。李时珍的《本草纲目》集历代药用动植物研究之大成。它以

16 部为纲,60 类为目。纲下有目,始有明确的分类层次。吴其浚的《植物名实图考》不仅所载植物种类更多,而且开始摆脱单纯实用性的框框,向着纯粹植物学的方向转变。

从 19 世纪 50 年代开始,西方近代生物学知识逐渐传入中国。从此,中国生物学研究开始突破传统的训诂、注释和偏重实用的医药学、农学框架,转为以实验观察为基础的生物学系统的研究。

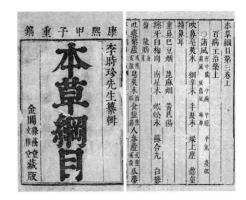

◎《本草纲目》

七、医学

(一)中医简史

中医药学自古远的夏商开始问世,一直延续至今,成为神州大地灿烂古文化中的一颗璀璨的明珠,更成为中华民族的骄傲。

商和西周时期,已有较丰富的医药学知识,在甲骨文中所见的疾病有数十种,包括眼、耳、口腔、肠胃等各种分科,同时在商代遗址中还出土了石贬镰等医疗用具等。

春秋战国之际名医扁鹊在诊治中采用“望、闻、问、切”,形成了中医的传统方法,医学著作《黄帝内经》此时也出现了。《黄帝内经》成书于战国时代,是中国现存最早的中医理论专著。《黄帝内经》收载成方 13 首,有 10 种中成药,并有丸、散、酒、丹等剂型。《黄帝内经》总结了春秋至战国时代的医疗经验和学术理论,并吸收了秦汉以前有关天文学、历算学、生物学、地理学、人类学、心理学,运用阴阳、五行、天人合一的理论,对人体的解剖、生理、病理以及疾病的诊断、治疗与预防做了比较全面的阐述,确立了中医学

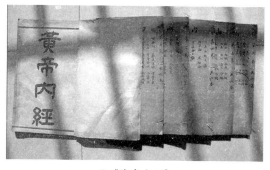

◎《黄帝内经》

◎《神农本草经》

独特的理论体系,成为中医药学发展的理论基础和源泉,奠定了中医药学的理论基础。

秦汉时期的《神农本草经》,为我国早期临床用药经验的第一次系统总结,历代被誉为中药学经典著作。全书分三卷,载药365种(植物药252种,动物药67种,矿物药46种),分上、中、下三品,文字简练古朴。书中对每一味药的产地、性质、采集时间、入药部位和主治病症都有详细记载。对各种药物怎样相互配合应用以及简单的制剂,都做了概述。更可贵的是早在2000年前,我们的祖先通过大量的治疗实践,已经发现了许多特效药物。例如,麻黄可以治疗哮喘,大黄可以泻火,常山可以治疗疟疾等。这些都已用现代科学分析的方法得到证实。东汉人张仲景的《伤寒杂病论》用传统的四诊法,总结出了汗、吐、下、和、温、清、补、消等八法。针对伤寒一类病症,作者采用了"六经辨证"(将外感疾病演变过程中的各种症候群,进行综合分析,归纳其病变部位、寒热趋向、邪正盛衰,而区分为太阳、阳明、少阳、太阴、厥阴、少阴六经)的方法。张仲景的医学思想和治疗方法为中医临床的辨证施治奠定了基础,后人称他为"医圣"。东汉末年华佗在进行外科手术时已经开始使用麻醉药物;他还提倡体育运动,首创了模仿五种动物动作的保健操——五禽戏。

魏晋南北朝时期,中医的研究主要集中于对前代的整理、总结,这一时期出现了王叔和的《脉经》,这是我国现存最早的脉学专著。皇甫谧的《针灸甲乙经》是我国现存最早的针灸学专著。葛洪的《肘后救卒方》,是一部急救手册,保存了许多民间验方,有很强的实用性。

隋唐时期的《新修本草》是我国历史上第一部国家颁布的药典,收录了844种药物,详细记载了对中药的选择、炮制、煎制、服用等。孙思邈的《千金方》是一部临床实用百科全书,作者认为"人命至重,有贵千金",此书载方5300个,对后世有很大影响,孙思邈被后人称为"药王"。

宋元时期药物学新著不断出现,北宋人唐慎微所著的《经史证类备急本草》收录药物1700多种,在《本草纲目》问世前,是公认的本草学范本。这一时期出现了不同的医学流派,著名的有所谓"金元四大家",即刘完素的火热说、张从正的攻邪说、李东垣的脾胃说和朱震亨的养阴说。这四家各有各的主张,对继承和发展中医学做出了贡献。

明清时代,李时珍的《本草纲目》被誉为"东方药学巨典"。《本草纲目》共52卷190万字,收录了药物1892种,收集医方11096个,插图1160幅,分为16部60类。书中对药物的名称、性能、用途、制作过程有详细的说明,而且还纠正了前代的一些错误。另外,在治疗传染病方面,明代出现了接种牛痘以预防天花的方法。明末吴有性的《温疫论》首创温病学说,进一步丰富了中医药学体系。清代的温病学说形成完整的理论体系,其中有名的医家有叶天士、王士雄等人。

中医还有一套独特的针疗体系,针灸就是针法和灸法,即在病人身体某一部位用针刺或用火的温热烧烤。早在新石器时代就已出现了砭行疗法,周代出现了针灸用针。隋唐时孙思邈曾绘制大型针灸挂图,明确地标出了人体十二经脉的位置。北宋人王唯一修编了《铜人俞穴针灸图说》,还制成了模仿人体的针灸铜人供学习、练习针灸使用。

(二)中医基本内容

1. 中医理论

中医学以阴阳五行作为理论基础,将人体看成是气、形、神的统一体,通过"望、闻、问、切"四诊合参的方法,探求病因、病性、病位,分析病机及人体五脏六腑、经络关节、气血津液的变化，判断邪正消长，进而得出病名，归纳出证型，以辨证论治原则，制定"汗、吐、下、和、温、清、补、消"等治法，使用中药、针灸、推拿、按摩、拔罐、气功、食疗等多种治疗手段，使人体达到阴阳调和而康复。2018 年 10 月 1 日，世界卫生组织首次将中医纳入其具有全球影响力的医学纲要。

《黄帝内经》《难经》《伤寒杂病论》《神农本草经》号称中医四大经典。

2. 医科分类

分类有利于提高中医医生对疾病专一的研究和治疗，也为患者问医就诊提供了方便，主要有：

内科：中医内科主要治疗外感病和内伤病两大类。外感病是由外感风、寒、暑、湿、燥、火六淫及疫疠之气所致疾病。内伤病主要指脏腑经络病、气血津液病等杂病。

外科：中医外科主要治疗包括疮疡、瘿、瘤、岩、肛门直肠疾病、男性前阴病、皮肤病及性传播疾病、外伤性疾病与周围血管病等。

儿科：中医儿科主要治疗小儿疾病。由于小儿的生理特点和病理特点与成人不同，因而治疗的方法和用药也与成人不同。其主要表现在：小儿抗御外邪的能力差，一旦发病，证候的传变迅速，与成人有着很大差异。患儿对疾病的痛苦往往不能正确表达，加上小儿腑脏娇嫩，对药物的反应和耐受力也与成人不同，因而开设小儿专科很有必要。

妇科：中医妇科主要治疗妇女月经病、带下病、妊娠病、产后病、乳房疾病、前阴疾病和妇科杂病。中医治疗妇人疾病具有一定优势，如功能失调性子宫出血、子宫内膜异位症、多

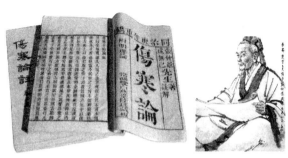

◎ 张仲景和他的《伤寒杂病论》

囊卵巢综合征、绝经后骨质疏松症等。

针灸科：中医针灸是针刺法和灸法的合称。针法是把毫针按一定穴位刺入患者体内，用捻、提等手法，通过对经络腧穴的刺激来治疗疾病。灸法是把燃烧着的艾绒按一定穴位熏灼体表的经络腧穴，利用热的刺激来治疗疾病。针灸疗法适用于各科疾病，包括许多功能性疾病和传染病，以及部分器质性疾病。

五官科：主要治疗耳、鼻、咽喉、口腔疾病、眼睛疾病。

骨伤科：中医骨伤历史悠久，源远流长，是中华各族人民长期与损伤及筋骨疾患做斗争的经验总结，具有丰富的学术内容和卓著的医疗成就，是中医学重要的组成部分，对中华民族的繁衍昌盛和世界医学的发展产生了深远的影响。

3. 中医十大流派

（1）医经学派

以研究古代医学的基础理论为主，古代记载的医经有七家，但是仅有《黄帝内经》流传下来，对《黄帝内经》的研究也就奠定了中医学理论的基础。医经学派的著名人物和代表作品有扁鹊和《难经》、华佗和《中藏经》、皇甫谧和《针灸甲乙经》、全元起和《内经训解》、杨上善和《太素》、王冰和《素问注》、吴昆和《素问吴注》、张介宾和《类经》等。

（2）经方学派

"经方"即经验方，宋代以后因为张仲景的《伤寒杂病论》被尊为经典著作，所以"经方"就用来专指《伤寒杂病论》中记载的"经典方"。经方学派明清最盛，代表人物有方有执、柯琴、徐大椿、喻嘉言、张锡驹等。主要典籍有：《伤寒杂病论》《古今录验》《近效方》《崔氏方》《肘后方》《千金方》《外台秘要》等。

（3）伤寒学派

专门研究张仲景的《伤寒论》和《伤寒杂病论》中有关伤寒论的一部分，形成于晋代，绵延至清代，著名人物有王叔和、孙思邈、巢元方、王焘、庞安时、常器之、郭雍等。主要典籍有：张仲景《伤寒杂病论》、庞安时撰《伤寒总病论》、许叔微《伤寒百证歌》《伤寒九十论》《伤寒发微论》、郭雍《伤寒补亡论》等。

（4）河间学派

以刘完素（刘河间）为主。金元四大医学家之一，研究五运六气，为"寒凉派"的创始人。他发挥《内经》理论，提倡火热论，并重视针灸治法，临床施治重视井穴、原穴。并喜用五腧穴，以火热论思想指导针灸临床，形成了以清热泻火为基点的针灸学术思想，对金元以后的医家影响很大。他还倡导伤寒火热病机理论，主张寒凉攻邪，善用防风通圣散、双解散等方治疗。

（5）易水学派

易水学派肇始于金代，因创始人张元素是河北易县（金之易州）人而称其为易水学派。该派以张元素著《洁古珍珠囊》《医学启源》《洁古家珍》，李东垣著《脾胃论》《兰室秘藏》《内外伤辨惑论》，罗天益著《卫生宝鉴》等为代表。该派传人及私淑者还有王好古、薛己、李中梓、张璐、赵献可等名家。易水学派与河间学派之间既有学术争鸣又互相尊重，成为中国医学史上的美谈。

（6）攻邪学派

攻邪学派以攻击病邪作为治病的首要任务，强调邪留则正伤，邪去则正安之理，善于运用汗、吐、下三法。其学说的产生，远则取法于《内经》《伤寒论》，近则受刘河间火热论及其治病经验的影响，张从正为该学派的代表人物。张从正，金朝著名医家。《金史》载："其法宗刘守真，用药多寒凉。"阐发河间六气病机之旨，尝有"风从火化，湿与燥兼"之论，并认为风、火、湿、燥，皆为邪气，邪留正伤，邪去正安，故治法一以攻邪为宗，遂成为攻邪派的师祖。张从正的入室弟子有麻九畴、常德，私淑从正之学的有李子范。

（7）丹溪学派

由朱丹溪创立。该派治疗以滋阴为主。他创立"阳常有余，阴常不足"的论点，强调保护阴气的重要性，确立"滋阴降火"的治则，为倡导滋阴学说打下牢固的基础。朱丹溪的医学成就主要是"相火论""阳有余阴不足论"，并在此基础上确立"滋阴降火"的治则，倡导滋阴学说及《局方发挥》一书，并擅长气、血、痰、郁等杂病的论治。其他如恶寒非寒、恶热非热之论，养老、慈幼、茹淡、节饮食、节情欲等论，大都从养阴出发，均对后世有深远的影响。

（8）温补学派

继河间（刘完素）、丹溪（朱丹溪）之学广为传播之后，明代时医用药多偏执于苦寒，常损伤脾胃，克伐真阳，又形成了新的寒凉时弊。鉴于此，以薛己为先导的一些医家在继承李东垣脾胃学说的基础上，进而探讨肾和命门病机，从阴阳水火不足的角度探讨脏腑虚损的病机与辨证治疗，建立了以温养补虚为临床特色的辨治虚损病症的系列方法，强调脾胃和肾命阳气对生命的主宰作用，在辨证论治方面，立足于先后天，或侧重脾胃，或侧重肾命，而善用甘温之味，后世称之为"温补学派"。代表医家有薛己、孙一奎、赵献可、张景岳、李中梓等。

（9）温病学派

以叶天士为代表。该派用药多以寒凉轻灵为特点。崇尚阴柔，恣用寒凉，治病喜欢补而害怕攻下，喜轻避重，讲究平和。用药大都是桑叶、菊花、金银花、连翘、丝瓜络、豆豉、薄荷等所谓轻灵之药。畏麻黄、附子、大黄、干姜、硫黄等如畏虎。该派对现代中医的影响极深。

（10）汇通学派

清末民初主张将中西医学汇聚沟通的一派医学家。在此主旨下，有试图从理论上汇通者；有在临床上中西药物综合使用者；也有主张借以改进中医或中医科学化者，因他们对中西医为不同理论体系尚缺乏深入了解，致使该派的学说和实践只展现于一时，没能流传下来。但因该派的学者在一个时期内，致力于兴办学校、创立期刊，意在通过接受新知，取长补短发展中医，在当时的历史情况下，也起到了培养中医人才和传播中医学术的作用。此外，汇通学派还成为其后中西医结合的先声。朱沛文主要从生理解剖学的角度出发，认为两个体系各有短长，"各有是非，不能偏主，有宜从华者，有宜从洋者。大约中华儒者精于穷理而拙于格物，西洋智士长于格物而短于穷理。"他反对"空谈名理"，重视"察脏腑官骸体用"，主张把二者结合起来。但他的汇通还没有深入到临床应用阶段。恽铁樵对西医作了较深入的学习、研究，从理论上阐明了中西医汇通的重要意义。他一方面在著作中与全盘否定、消灭中医的谬论开展论战，维护中医的生存权益；另一方面又主张"欲昌明中医学，自当沟通中西,取长补短""吸取西医之长,与之化合,以产生新中医"。认为这种中医是一种"不中不西,亦中亦西"的医学。代表作有《群经见智录》《生理新语》《脉学发微》等。张锡纯不仅从理论上进行中西医学汇通的尝试,更进一步从临床上,尤其是中药与西药的结合方面身体力行,付诸实践,创制出一些中西药结合的治疗方剂。他的代表作是《医学衷中参西录》。杨则民的《内经哲学之检讨》则主要从哲学的高度探讨中医理论之提高、中西医辨证和辨病之互通。

第二十章
中国交通文化

一、中国交通简史

中国交通有着悠久丰富的历史，自国家出现以来，就受到历朝历代的重视。

先秦时期，我国古代交通粗具规模。早在3000多年前的商朝，我国古代交通已有所发展。根据甲骨文、金文、出土实物及古籍记载，商朝不仅有了"车马""步辇""舟船"等交通工具，而且开始建立"驲传"制度，进行有组织的通信活动。到了春秋战国时期，战争频繁，又修筑了许多通行战车的道路。中原各国陆路交通纵横交错，还沿途设立了"驲置"，即驿站。水路交通不仅利用长江、淮河和黄河等天然河道，而且相继开凿了胥河、邗沟、菏水和鸿沟等人工运河。

秦汉时期，水陆交通形成全国网络。全国性交通网的形成，始于秦代。秦始皇统一中国后，颁布"车同轨"的法令，把过去杂乱的交通路线加以整修和连接，建成遍及全国的驰道，车辆可以畅行各地。同时又设置驿道，颁布有关邮驿的法令，建立起传递官府文书和军事情报的邮传系统。汉朝开辟了经西域通往西方的道路"丝绸之路"。汉朝在秦朝原有道路的基础上，继续扩建延伸发展了以京都为中心、向四面八方辐射的交通网。秦汉时期水运事业有了

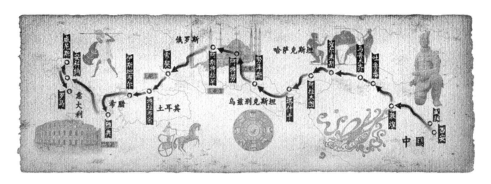

◎ 丝绸之路

较大发展,秦朝挖掘的灵渠把长江水系和珠江水系连接起来,汉朝则开辟了沟通世界两大帝国——东方的汉帝国和西方的罗马帝国的海上航线。

隋唐时期,我国水陆交通进入了一个新的历史阶段。隋朝时完成了贯穿南北的大运河工程,这是世界上开凿最早、规模最大、里程最长的运河。唐朝时海上贸易逐渐发展起来,开辟了新的海上航线,加强了东西方的交流和联系。唐朝京都长安发展为国内外交通的重要枢纽和中心,变成世界上最大的都市之一。唐朝在各水陆要道上广设馆驿,每30里一驿,构成了以京都长安为中心、遍布于全国的驿路系统。条条大路通向长安。

宋元时期,古代交通进入鼎盛时期。宋朝将指南针应用到海船上,使航海技术大大提高。宋朝已把帆船作为海上交通的重要工具,从广州、泉州等地出航东南亚、印度洋以至波斯湾。元朝沿海航运事业最发达。元朝除继续开挖运河,使京杭大运河全线通航外,又开辟了以海运为主的漕运路线,从海上最多时年运粮达360万石。元朝的幅员之大,盛于前代;驿路分布之广,也为前代所不及。在全国水陆通道上,遍设站亦(驿站),构成了以大都(今北京)为中心、通向全国乃至境外的稠密的驿路交通网。

明清时期,我国古代交通日趋衰落。明代造船业的规模最大,出现了造船高峰。这一时期在交通史上最重要的事件,就是明朝大航海家郑和,从1405年到1433年先后七次渡洋远航,把我国古代航海活动推向了顶峰。但是好景不长,不久以后明清两朝相继实行了海禁,航海事业从此就一蹶不振。1840年鸦片战争以后,帝国主义纷纷侵入,近代交通工具火车、轮船和汽车相继兴起,铁路、航线和公路不断开辟,遂使我国以帆船为主要工具的古代水上运输业,以畜力车、人力车为主要工具的古代陆路运输业和以邮驿为主要方式的古代邮政通信业,日趋衰落并逐步废弃。

二、中国交通文化的基本内容

(一)道路

早在公元前 2000 年前,中国已有可以行驶牛、马车的道路。据《古史考》记载:"黄帝作车,任重致远。少昊时略加牛,禹时奚仲驾马。"西周时道路粗具规模。在道路规划方面有"匠人营国,国中九经九纬,经涂九轨,环涂七环,野涂五轨"(《周礼》)的记载;在道路管理方面有"司空视途","列树以表道,立鄙食以守路","雨毕而除道,水涸而成梁"(《周语》)的记载;在道路质量方面有"周道如砥,其直如矢"(《诗经》)的记载。

战国时代秦惠王始建陕西至四川的褒斜栈道。这条栈道是在峭岩陡壁上凿孔架木铺板而成一条通道。

秦朝时期,秦始皇在道路修建方面强调"车同轨、书同文"(《史记》),并"为驰道于天下"(《汉书》),修建车马大道,统一道路宽度采取了一系列措施。公元前500 年左右, 随着一些城市兴起和发展,形成许多商队道路。公元前 2 世纪,中国通往中亚细亚和欧洲的丝绸之路开始发展起来。

◎ 宋代的仪制令。仪制令是宋政府立于各州县通衢要道的石碑,相当于现在的交通规则。

秦汉时期发展了馆驿制度,10 里设亭,30 里设驿。西汉设亭道路延续总长可达十万里。唐代是中国古代道路发展的极盛时期,初步形成以城市为中心的四通八达的道路网。宋代、元代、明代对驿道网的建设和管理也有所发展。清代的道路网系统分为三等:"官马大路",由北京向各方辐射,通往各省城;"大路",自省城通往地方重要城市;"小路",自大路或各地重要城市通往各市镇的支线。在各条道路的重要地点设驿站。"官马大路"分成东北路、东路、西路和中路四大干线,共长 4000 余华里。

(二)桥梁

简单地说,桥便是架空的道路。建桥最主要的目的,就是为了解决跨水或者越谷的交通,以便运输工具或行人在桥上畅通无阻。若从最早或者最主要的功用来说,桥应该是专指跨水行空的道路。故《说文解字》段玉裁的注释为:"梁之字,用木跨水,今之桥也。"说明桥的最初含义是指架木于水面上的通道,以后方有引申为架于悬崖峭壁上的"栈道"和架于楼阁宫殿间的"飞阁"等天桥形式。现代,桥又在城市交通中发挥重要作用,平地起桥(立交桥),贯通东西南北,不仅有助于缓解交通堵塞,还成为现代化城市的亮丽风景。

中国是桥的故乡,自古就有"桥的国度"之称,发展于隋,兴盛于宋。遍布在神州大地的桥、编织成四通八达的交通网络,连接着祖国的四面八方。中国古代桥梁的建筑艺术,有不少是世界桥梁史上的创举,充分显示了中国古代劳动人民的非凡智慧与才能。福建泉州洛阳桥、河北赵州桥、北京卢沟桥、广东潮州广济桥并称中国四大古桥。

◎ 北京卢沟桥

(三)车辆

中国是最早造车的国家之一,相传距今约 5000 年前的黄帝时代就已出现了车。最初的车以圆形木板作为车轮,称为"辁"。夏朝时,薛人奚仲担任"车正"一职,对车辆作出重大

◎ 秦兵马俑坑出土的驷马战车

改进,从此开始使用带辐条的空心车轮。

商代时,车辆已十分普遍,贵族下葬时,通常都有成套车马及驾人陪葬。商代的车基本都为单辕两轭,这可以从甲骨文中象形文字"车"的字形得到证实。

春秋战国时期,诸侯之间战争频繁,而且盛行车战,动辄就使用数百乘甚至数千乘战车进行作战,因此就有了"百乘之国""千乘之国"的说法。这一时期,造车技术已非常成熟,《考工记》中就对车轮制造的平正均衡、稳定耐磨提出了具体的要求。

秦代时,战车仍是主要的作战工具,秦兵马俑坑就出土驷马战车 100 多辆。同时,车作为日常乘行工具也有了很大的发展。秦统一后,实行"车同轨"制度,车辆制造进入标准化阶段。早期的车厢很小,只能站立乘行,后来车厢逐渐扩大,出现了可坐乘的安车。秦陵出土的二件铜车马均仿自真实车马,比例为真车的二分之一。一号车为立乘之前导车,长 2.25 米,高 1.52 米。单辕双轭(è),套驾四马。二号车为坐乘之安车,全长 3.28 米,高 1.04 米。车厢分前后两室,前室为驾驶室,后室为乘主座席。车厢上有椭圆形车盖。车为单辕双轮,前驾四匹铜马。

汉代机动部队多以骑兵充任,战车从此消失。同时,乘行车辆结构也有很大变化,单辕车逐渐被两辕车取代。

三国时期,还出现了计里鼓车和指南车这两种带有精巧机械装置的车辆,前者用于记录行驶里程,后者用于指示行驶方向。

魏晋时期出现了独轮车这种便捷的车式装载工具，一直沿用至今，有人甚至认为，史书中记载的诸葛亮发明的木牛流马其实就是一种独轮车。早期车辆多以马拉，魏晋南北朝时开始流行牛车。牛车速度虽不及马车，但行驶颠簸小，乘坐相对舒适。

宋代开始，轿子逐渐流行，客观上抑制了载人车辆的发展。乘轿时，虽前呼后拥，极为风光，但从机械科学角度看，以人力的非轮式机械代替畜力的轮式机械，无疑是技术上的一大退步。中国古代造车技术也因此长期停滞不前，最终被来自西方的四轮机械动力驱动车辆取代。

（四）舟船

我国在商朝就能制造木船，在周朝，黄河、长江和珠江领域已有较大规模的内河船。早期的木板船比较简单，而且还保留着独木舟的某些痕迹，其船底就是由三只独木舟前后连接而成，中间挖空成槽，两侧再加舷板，先弯成弧形，再将它钉在船底上。这种古船虽然在不同部位保留着独木舟的特点，但显然已经是独木与板材复合组装的木板船。

随着舟船的进一步演化，到了春秋战国时期，较大的诸侯国都有自己的造船业。其中尤以地处长江中下游的楚、吴、越三国及雄踞山东半岛的齐国最为发达。此时，舟已经广泛地应用于日常生活和作战。

到了汉代，中国的造船技术更为进步，船上除桨外，还有锚、舵。隋炀帝时期建造的船舶最大的共有四层，高 45 尺，长 200 尺，上层有正殿、内殿、东西朝堂，中间二层有 120 个房间。唐代时期的李皋发明了利用车轮代替橹、桨划行的车船。到了宋代，船舶普遍使用罗盘针，并发明了避免触礁沉没的隔水舱。同时，还出现了 10 桅 10 帆的大型船舶。15 世纪，中国的帆船已成为世界上最大、最牢固、适航性最优越的船舶。中国古代航海造船技术的进步，在国际上处于领先地位。

（五）运河

运河界定历来不一。按人们约定俗成的提法：狭义上讲，运河是人工开凿

◎ 胥河:世界上最早并且仍在发挥航运作用的人工运河

的通航河道。广义上讲，运河是用以沟通地区或水域间水运的人工水道，通常与自然水道或其他运河相连。除航运外，运河还可用于灌溉、分洪、排涝、给水等。

中国的运河建设历史悠久，开凿于公元前506年的胥河，是世界上最古老的人工运河，也是中国现有记载的最早的运河，还是世界上开凿最早的运河。公元前486年泰伯奔吴，带人开凿伯渎港即邗沟江南段（即古运河无锡段），又称古吴水，为古运河重要的组成部分，历经2500年历史，至今还在通航，比京杭大运河早了1000多年。鸿沟，魏惠王九年（前361年），自今河南原阳县北开大沟引黄河水南流入圃田泽（今河南郑州、中牟之间），又自圃田泽引水至国都大梁（今河南开封）城北，绕城趋南，经通许、太康，注入沙水，再南至陈（今河南淮阳）东南入淮河支流颍水。鸿沟的开凿联结了河、济、濮、泗、菏、睢、颍、汝、涡等数条河道，形成黄淮平原以人工运河为干流，以自然河流为分支的水运交通网。鸿沟水系的形成是先秦运河草创时期的总结。始皇帝二十八年（公元前219年），为沟通湘江和漓江之间的航运而开挖了灵渠。主要建于中国隋朝的京杭大运河是世界上最长的运河。

（六）邮驿

邮驿是中国古代设立的以传递公文、接待过往官员为主的官方交通通信组织，有时也运输官府所需少量物品。历代有不同名称，早期称传、遽、邮、置等，汉代称邮驿，元以后多称驿站，尚有亭、舍、馆、铺等，都是古代交通系统的组成部分。中国的邮驿源远流长。原始社会出现了以物示意的通信，奴隶社会发展为早期的声光通信和邮传，到封建社会时，中国的邮驿在世界上已居于前列。

在我国古代，把骑马送信称为邮驿。据甲骨文记载，商朝时就已经有了邮驿，周朝时进一步得到了完善。那时的邮驿，在送信的大道上，每隔 34 里设有一个驿站，驿站中备有马匹，在送信过程中可以在站里换马换人，使官府的公文、信件能够一站接一站不停地传递下去。我国邮驿制度经历了春秋、汉、唐、宋、元的各个朝代的发展，一直到清朝中叶才逐渐衰落，被现代邮政取代。

邮驿是官府的通信组织，只许传送官府的文件，而不允许传送私人信件。由于生产的发展和生活的需要，人们对通信的要求越来越迫切，出外经商的、做工的以及战乱年代被迫出征的战士和远离家乡逃荒避难的人们，都需要和家人亲友通信。特别是各地商人为了互相交流商情、商谈贸易、寄递账单等都迫切需要通信。于是民间传递信件的业务就应运而生了。大约在唐朝的时候，长安、洛阳之间就有了专门为商人服务的"驿驴"。当时还有一种叫飞钱的办法，就是各地商人可以把在长安贩卖货物挣的钱存入各地方官府驻长安的机构。这些机构发给商人存钱的收据，商人拿着收据回到地方后，再凭收据到各地方官府取钱，这样就免除了路上被强盗抢走钱财的风险。明朝初年，在西南地区出现了叫"麻乡约"的民邮机构。那时候许多外省人移居到地广人稀、土地肥沃的四川省，尤以湖北省孝感的人最多，他们虽然定居在四川，但仍很想念家乡的亲人，所以每年都定期举行集会，并推举代表回乡探亲，同时也帮助同乡捎带书信和包裹，天长日久，就成了传统。于是人们干脆就成立了叫"麻乡约"的商行，专门负责替人传递包裹和信件，兼营货物运输。

到了明朝永乐年间，民间出现了专业民邮机构——民信局。民信局的出现是民间贸易、民间交往日益发展的必然结果。民信局首先出现在著名的港口城市——宁波。那里工商业发达，是水陆交通的重镇，当地有许多人外出经商做官。当时的宁波绍兴一带人士遍布全国各地，他们之间的书信往来非常频繁，但托人转代非常不便，一封信要经过很长时间才能到达收信人手中。在这种背景下，民信局产生了。由于适应了形势的需要，所以民信局发展很快。不久，在全国各地尤其是大城市和一些沿海口岸相继建立了许多家民信局。这些民信局一般都有一定的管辖范围，路途遥远的邮件常常需要几个民信局

◎ 大清邮局

互相合作，才能把邮件传递到目的地。当时的民信局经营范围很广，既能传递信件、包裹，也能汇兑银钱，甚至还能托运一些大件物品。民信局在清咸丰、同治年间发展到了鼎盛时期，全国大小民信局多达数千家。在广东、福建的沿海地区还出现了专门为海外侨胞服务的民信局——侨批局。那时候许多穷苦百姓为生活所迫不得不漂洋过海到异国他乡去谋生，虽然身在海外，但仍心系故土，需要和家乡的亲人通信联系，也需要给家人寄回金钱和物品。民信局为了满足这些人的需要，成立了专门为侨胞办理通信和汇款业务的机构，只是因为福建方言中把"信"说成"批"，所以才叫"侨批局"。

具有现代意义的邮政局——大清邮政是在 1896 年正式成立的。

三、中外交通举要

（一）陆上丝绸之路

1877 年，德国地质地理学家李希霍芬在其著作《中国》一书中，把"从公元前 114 年至公元 127 年间，中国与中亚、中国与印度间以丝绸贸易为媒介的这条西域交通道路"命名为"丝绸之路"，这一名词很快被学术界和大众所接受，并正式运用。

传统的丝绸之路，起自中国古代都城长安，经中亚国家、阿富汗、伊朗、伊拉克、叙利亚等而到达地中海，以罗马为终点，全长 6440 公里。这条路被认为是联结亚欧大陆的古代东西方文明的交汇之路，而丝绸则是最具代表性的货物。数千年来，游牧民族或部落、商人、教徒、外交家、士兵和学术考察者沿着丝绸之路四处活动。

（二）海上丝绸之路

海上丝绸之路，是古代中国与外国交通贸易和文化交往的海上通道，也称"海上陶瓷之路"和"海上香料之路"，1913 年由法国的东方学家沙畹首次提及。海上丝路萌芽于商周，发展于春秋战国，形成于秦汉，兴于唐宋，转变于明清，是已知最为古老的海上航线。中国海上丝路分为东海航线和南海航线两条线路，其中主要以南海为中心。

南海航线，又称南海丝绸之路，起点主要是广州和泉州。先秦时期，岭南先民在南海乃至南太平洋沿岸及其岛屿开辟了以陶瓷为纽带的交易圈。唐代的"广州通海夷道"，是中国海上丝绸之路的最早叫法，是当时世界上最长的远洋航线。明朝时郑和下西洋更标志着海上丝路发展到了极盛时期。南海丝路从中国经中南半岛和南海诸国，穿过印度洋，进入红海，抵达东非和欧洲，途经 100 多个国家和地区，成为中国与外国贸易往来和文化交流的海上大通道，并推动了沿线各国的共同发展。

东海航线，也叫"东方海上丝路"。春秋战国时期，齐国在胶东半岛开辟了"循海岸水行"直通辽东半岛、朝鲜半岛、日本列岛直至东南亚的黄金通道。唐代，山东半岛和江浙沿海的中韩日海上贸易逐渐兴起。宋代，宁波成为中韩日海上贸易的主要港口。

中国境内海上丝绸之路主要有广州、泉州、宁波三个主港和其他支线港组成。

（三）草原丝绸之路

草原丝绸之路是指蒙古草原地带沟通欧亚大陆的商贸大通道，是丝绸之路的重要组成部分；主要路线由中原地区向北越过古阴山（今大青山）、燕山一带长城沿线,西北穿越蒙古高原、中西亚北部,直达地中海欧洲地区。

草原丝绸之路主要包括三个部分。阴山道:由关内京畿北上塞上大同云中或中受降城。参天可汗道:由塞上至回鹘、突厥牙帐哈拉和林。西段:由哈拉和林往西经阿尔泰山、南俄草原等地,横跨欧亚大陆。

(四)万里茶道

万里茶道是继丝绸之路衰落之后在欧亚大陆兴起的又一条重要的国际商道。万里茶道从中国福建崇安(现武夷山市)起,途经江西、湖南、湖北、河南、山西、河北、内蒙古、从伊林(现二连浩特)进入现蒙古国境内,沿阿尔泰军台,穿越沙漠戈壁,经库伦(现乌兰巴托)到达中俄边境的通商口岸恰克图。全程约4760公里,其中水路1480公里、陆路3280公里。茶道在俄罗斯境内继续延伸,从恰克图经伊尔库茨克、新西伯利亚、秋明、莫斯科、彼得堡等十几个城市,又转入中亚和欧洲其他国家,使茶叶之路延长到1.3万公里之多,成为名副其实的"万里茶路"。

(五)茶马古道

茶马古道是指存在于中国西南地区,以马帮为主要交通工具的民间国际商贸通道,是中国西南民族经济文化交流的走廊。茶马古道源于古代西南边疆的茶马互市,兴于唐宋,盛于明清,二战中后期最为兴盛。

具体说来,茶马古道主要分南、北两条道,即滇藏道和川藏道,连接川滇藏,延伸入不丹、尼泊尔、印度境内,直到抵达西亚、西非红海海岸。滇藏道起自云南西部洱海一带产茶区,经丽江、中甸(今香格里拉市)、德钦、芒康、察雅至昌都,再由昌都通往卫藏地区。川藏道则以今四川雅安一带产茶区为起点,首先进入康定,自康定起,川藏道又分南、北两条支线:北线是从康定向北,经道孚、炉霍、甘孜、德格、江达、抵达昌都(即今川藏公路的北线),再由昌都通往卫藏地区;南线则是从康定向南,经雅江、理塘、巴塘、芒康、左贡至昌都(即今川藏公路的南线),再由昌都通向卫藏地区。

后 记
一个草根的文化长征

　　2019 年，我终于感觉到我的心血之作可以掀起"红盖头"了，于是在打印社出了几本向朋友交流汇报。这可是一个"十年怀胎"的产儿，是十年磨出的一"剑"，从 2009 年到 2019 年，整整整了十年，不愧是一次漫长的文化长征。这一方面是因为工作量超大，另一方面也是因为我是一个追求完美的人，不到自己满意，绝不会公之于众。

　　其实，在研读传统文化、编写心得体会的过程中，并未想到出版。我不是作家，也不是学者，研读传统文化，纯粹是我的兴趣和爱好。当然，既然花了这么多功夫和心血，自然也希望得到尊重和认可。于是，在领导和朋友的促成下，我决定推出此书。然而，无名人士出书一般是费力不讨好的事情，不但无利可图，而且也无名可图，对我来说，年近半百，衣食无忧，生活低调，也无须图名。

　　——那何苦呢？

　　十年闲暇埋头国故，何苦呢？

　　不图名利花钱出书，何苦呢？

　　——爱人这样想，也许你也这样想。

　　对爱情的渴望，对知识的追求，对人类苦难不可遏制的同情，是支配我一生的单纯而强烈的三种感情。——英国大学者罗素在《我为何而生》一文中这样写道。我感同身受。我知道，我不是罗素，但我仰望罗素。多年来，我养成了一个阅读、思考和写作的习惯，这也是我最大的乐趣。在编写该书时，我并没想到出版，对我来说，只是由于"对知识的追求"，从而怀着一种对传统文化的狂热和坚持坐冷板凳的毅力，苦思冥想，上下求索，给自己一个答案而已。只是没想到的是，竟然花了这么长时间——十年，人生又有几个十年呢？

其实，自从20世纪80年代"文化热"出现以来，关于中国传统文化的普及读物已不计其数。然而，以2017年为例，不管是马新主编的《中国文化四季》系列丛书，还是干春松等人编著的《中国文化常识》，都有一个强大的精英团队作为支撑，而我只是草根一个，独自前行。

草根编著的书会很好吗？是骡子是马拉出来遛遛，这个问题只能留给读者回答。我要说的是，该书要回答的问题是"中国文化何以灿烂"。这个问题并不难，当然观念或方法很重要，并且需要大量时间。我认为，本书最大的亮点或价值是，第一次从形态的角度来全面解读中国传统文化，为博大精深、光辉灿烂的中国传统文化理出了一个精致的形态结构（体系），同时力图为每一种具体的形态再勾画出一个基本结构，以便普通读者能用最少的时间求得对传统文化最全面、最系统的了解。或者说，我所做的工作是对中国传统文化的"再整理"，这正是我的初心。它是一个系统工程，本书只是其中的一个成果。并且，相对于丛书、多卷本或大部头，本书的篇幅也非常适中，20余万字，可谓简明扼要、言简意赅。

为此，本书参考了大量相关书籍以及网络信息，有的在文中已经注明，有的在书后参考书籍中列出，但还参考或直接引用了一些资料，未一一注明，敬请谅解。作为一个草根，对传统文化很难有精深的了解，我所做的工作，只是广泛阅读、比较鉴别、择优重组、化繁为简，为中国传统文化勾画出一个概貌来。

长沙市岳麓区是一个文化大区，近年来更是成立了社会科学界联合会，立时代之潮头、通古今之变化、发思想之先声，对哲学社会科学、中华传统文化非常重视。作为岳麓区的一员，我感同身受。特别是本书的出版，更是得到了罗予武、雷云飞、曾高杰、黄颖、喻剑平、王丽君、赵杰、熊小平等领导、同事和朋友的关心和支持，在此一并表示感谢。

最后：

如果有可能，我祈愿本书至少每个中国家庭拥有一本！

如果有可能，我想广泛听取读者意见争取推出修订本。

参考资料

一、文化辞书类

《辞海》,上海辞书出版社,1980年版。

杨金鼎主编:《中国文化史词典》,浙江古籍出版社1987年8月版。

《中国文化史三百题》,上海古籍出版社1987年11月版。

王余光、徐雁主编:《中国读书大辞典》,南京大学出版社1993年5月版。

二、文化概论类

李中华:《中国文化概论》,中国文化书院1987年。

张凯:《中国文化史》,北京燕山出版社1992年2月版。

张岱年、方克立主编:《中国文化概论》,北京师范大学出版社1994年5月版。

冯天瑜:《中国文化史纲》,北京语言文化大学出版社1994年8月版。

贾文丰、王少华等著：《中国古代文化史精要》，中州古籍出版社 2002 年 8 月版。

叶朗、费振刚、王天有主编：《中国文化导读》，三联书店 2007 年 1 月版。

李一宇主编：《中国文化的由来》，中国档案出版社 2007 年 1 月版。

李惠民主编：《中国传统文化新编》，中央广播电视大学出版社 2011 年 9 月版。

三、文化形态类

1. 中国汉字文化类

王力：《中国语言学史》，山西人民出版社 1981 年 8 月版。

彭斐章主编：《目录学教程》，高等教育出版社 2004 年 7 月版。

李致忠、周少川、张木早：《中国典籍史》，上海人民出版社 2004 年 9 月版。

胡奇光：《中国小学史》，上海人民出版社 2005 年 8 月版。

张大可、俞樟华：《中国文献学》，福建人民出版社 2005 年 9 月版。

郭小武：《汉字史话》，社会科学文献出版社 2012 年 1 月版。

2. 中国农耕文化类

张云飞：《中国农家》，宗教文化出版社 1996 年 11 月版。

李根蟠：《中国古代农业》，商务印书馆 1998 年 11 月版。

曾雄生：《中国农学史（修订本）》，福建人民出版社 2008 年 3 月版。

游修龄：《中华农耕文化漫谈》，浙江大学出版社 2014 年 1 月版。

陈新岗等著：《中国传统农耕文化》，山东大学出版社 2017 年 10 月版。

3. 中国游牧文化类

阿勒得尔图主编：《游牧文化论》，吉林文史出版社 2014 年 5 月版。

4. 中国海洋文化类

曲金良主编:《海洋文化概论》,中国海洋大学出版社 1999 年 12 月版。

《走向海洋》,海洋出版社 2012 年 1 月版。

5. 中国儒家文化类

陈志良等:《中国儒家》,宗教文化出版社 1996 年 11 月版。

加润国:《中国儒教史话》,河北大学出版社 1999 年 10 月版。

6. 中国民俗文化类

乌丙安:《中国民俗学》,辽宁大学出版社 1985 年 8 月版。

戴钦祥、陆钦、李亚麟:《中国古代服饰》,商务印书馆 1998 年 11 月版。

正己编:《中国饮食文化》,吉林科学技术出版社 2000 年 1 月版。

李维冰、华干林主编:《中国饮食文化概论》, 中国商业出版社 2006 年 6 月版。

侯杰、王小蕾著:《民间信仰史话》,社会科学文献出版社 2012 年 6 月版。

李楠编著:《中国古代服饰》,中国商业出版社 2015 年 1 月版。

7. 中国民族文化类

李德洙主编:《中国少数民族文化史》,辽宁人民出版社 1994 年 6 月版。

陈玉屏主编:《中国古代民族融合问题研究》, 四川民族出版社 2003 年 7 月版。

8. 中国宗教文化类

陈麟书、朱森溥编著:《世界七大宗教》,重庆出版社 1986 年 8 月版。

中国佛教协会编:《中国佛教漫谈》,江苏古籍出版社 1990 年 2 月版。

《中国五大宗教知识读本》,社会科学文献出版社 2007 年 5 月版。

9. 中国政治文化类

钱穆:《中国历代政治得失》,九州出版社 2012 年 2 月版。

10. 中国法律文化类

张洪林主编:《中国传统法律文化》,华南理工大学出版社 2018 年 1 月版。

11. 中国军事文化类

汤昌和:《中国古代军事思想》,河北大学出版社 1993 年 10 月版。
郭海燕:《中国传统兵学》,山东大学出版社 2017 年 10 月版。

12. 中国经济文化类

戴扬本:《中国经济史话》,中国国际广播出版社 2010 年 4 月版。
吴晓波:《历代经济变革得失》,浙江大学出版社 2013 年 8 月版。

13. 中国体育文化类

国家体育总局体育文化发展中心编辑:《中国体育 5000 年》,人民体育出版社 2008 年版。

龚飞、梁柱平主编:《中国体育史简编》,西南交通大学出版社 2010 年 8 月版。

14. 中国古典文学类

14—0 文学总论
游国恩等主编:《中国文学史》(四卷本),人民文学出版社 1963 年版。
姜书阁:《中国文学史四十讲》,湖南人民出版社 1984 年 4 月版。
褚斌杰:《中国古代文体概论》,北京大学出版社 1984 年 6 月版。
《中国古代文学史专题(修订版)》,学林出版社 2004 年 4 月版。

14—1 中国神话类

袁珂：《中国古代神话》，中华书局 1960 年 1 月版。

袁珂：《袁珂神话论集》，四川大学出版社 1996 年 9 月版。

崔祝等：《中国神话大全》，西南师范大学出版社 1999 年 1 月版。

14—2 中国寓言类

陈蒲清：《中国古代寓言史》，湖南教育出版社 1983 年 11 月版。

14—3 中国诗类

张建业：《中国诗歌简史》，中国青年出版社 1986 年 12 月版。

14—4 中国散文类

谭家健：《中国古代散文史稿》，重庆出版社 2006 年 1 月版。

14—5 中国小说类

齐裕焜主编：《中国古代小说演变史》，敦煌文艺出版社 2002 年 8 月版。

15. 中国传统艺术类

15—0 艺术总论

孙美兰主编：《艺术概论》，高等教育出版社 1989 年 7 月版。

王斌明编著：《中国艺术史》，经济科学出版社 2013 年 5 月版。

苏立文著：《中国艺术史》，上海人民出版社 2014 年 4 月版。

李朴园：《中国艺术史概论》，崇文书局 2015 年 1 月版。

15—1 中国音乐类

袁静芳编著：《民族器乐》，人民音乐出版社 1987 年 3 月版。

彭亚娜、王俊、杨建编著：《大学音乐教程》，中南工业大学出版社 1993 年 7 月版。

臧一冰：《中国音乐史(第三版)》，武汉大学出版社 2011 年 8 月版。

15—2 中国舞蹈类

袁禾：《中国古代舞蹈史教程》，上海音乐出版社 2004 年 5 月版。

15—3 中国绘画类

任道斌、关乃平：《中国绘画史》，二十一世纪出版社 1997 年 10 月版。

15—4 中国书法类

茹桂:《书法十讲》,陕西人民美术出版社 1980 年 7 月版。

熊绍庚编著:《书法教程》,华东师范大学出版社 1991 年 6 月版。

张志和:《中国古代书法艺术史》,中国社会科学出版社 2015 年 9 月版。

15—5 中国篆刻类

《中国篆刻艺术》,上海书画出版社 1980 年 11 月版。

吴清辉编著:《中国篆刻学》,西泠印社 1999 年 5 月版。

15—6 中国雕塑类

吴为山:《中国古代雕塑风格论》,百花文艺出版社 2017 年 1 月版。

15—7 中国戏曲类

麻文琦、谢雍君、宋波:《中国戏曲史》,文化艺术出版社 2012 年 6 月版。

15—8 中国杂技类

刘荫柏:《中国古代杂技》,商务印书馆 1997 年 12 月版。

15—9 中国工艺美术类

田自秉:《中国工艺美术史》,知识出版社 1985 年 1 月版。

15—10 中国建筑类

任常泰、孟亚男著:《中国园林史》,北京燕山出版社 1993 年 4 月版。

赵擎寰、郭玉兰编著:《中国古代建筑艺术》,北京科学技术出版社 1995 年 1 月版。

16. 中国史学文化类

白寿彝主编:《中国史学史》,北京师范大学出版社 2004 年 10 月版。

《简明中国历史读本》,中国社会科学出版社 2012 年 7 月版。

17. 中国术数文化类

宋会群:《中国术数文化史》,河南大学出版社 1999 年 8 月版。

18. 中国古代科技类

郑文光、席泽宗著：《中国历史上的宇宙理论》，人民出版社 1975 年 7 月版。

《中国天文学简史》，天津科学技术出版社 1979 年 10 月版。

鲁兆麟：《中医各家学说》，中医古籍出版社 1987 年 8 月版。

中国科学院自然科学史研究所主编：《中国古代科技成就》，中国青年出版社 1995 年 9 月版。

李慕寒等著：《文化地理学引论》，中国矿业大学出版社 1995 年版。

朱海滨著：《鸟瞰中华——中国文化地理》，沈阳出版社 1997 年版。

汪子春、程宝绰著：《中国古代生物学》，商务印书馆 1997 年 12 月版。

胡兆量等编著：《中国文化地理概述》，北京大学出版社 2001 年版。

《中国古代重要科技发明创造》，中国科学技术出版社 2016 年 6 月版。

王玉喜、韩仲秋：《格物致知：中国传统科技》，山东大学出版社 2017 年 10 月版。

19. 中国交通文化类

王崇焕：《中国古代交通》，商务印书馆 1996 年 12 月版。

董莉莉、陈树淑：《周流天下：中国传统交通文化》，山东大学出版社 2017 年 10 月版。